日语专业系列教材

商务日语函电

第二版

主编◎张思瑶

华东师范大学出版社
·上海·

图书在版编目（CIP）数据

商务日语函电/张思瑶主编. —2版. —上海：
华东师范大学出版社，2020
 ISBN 978-7-5760-0543-1

Ⅰ.①商… Ⅱ.①张… Ⅲ.①商务-日语-电报信函-写作 Ⅳ.①F7

中国版本图书馆CIP数据核字(2020)第198939号

商务日语函电（第二版）

主　　编	张思瑶
责任编辑	孔　凡
装帧设计	卢晓红
出版发行	华东师范大学出版社
社　　址	上海市中山北路3663号　邮编200062
网　　址	www.ecnupress.com.cn
电　　话	021-60821666　行政传真021-62572105
客服电话	021-62865537　门市（邮购）电话021-62869887
地　　址	上海市中山北路3663号华东师范大学校内先锋路口
网　　店	http://hdsdcbs.tmall.com/
印 刷 者	上海景条印刷有限公司
开　　本	787毫米×1092毫米　1/16
印　　张	18.5
字　　数	460千字
版　　次	2021年10月第2版
印　　次	2025年6月第3次
书　　号	ISBN 978-7-5760-0543-1
定　　价	45.00元
出版人	王焰

（如发现本版图书有印订质量问题，请寄回本社客服中心调换或电话021-62865537联系）

第二版前言

21世纪的20年代,世界达成了共识即人类是命运共同体,国际社会交流越发紧密。中日关系发展面临重要机遇,经济合作与往来日趋扩大与频繁。当下是数字时代,即无纸化时代,纸质书信的往来变得越发珍贵,也更能传递真情实感。在这样的背景下,日语商务文件的写作逐渐成为日语教育的重要内容之一。《商务日语函电(第二版)》正是顺应中日交流的形势,满足社会主义市场经济发展与中日经济交流之需而作。

本书的第一版于2013年出版,在其后的7年间,时代大踏步发展,热点时事不断更新。因此笔者在第一版的基础上,决定修订,在保留原有特点的基础上,加入热点问题的相关内容。例如:人工智能、5G通信、新材料开发、外卖食品、物联网、网约车、新型病毒防疫物资、无界限图书馆等,并新增附录"常用商贸词汇",共计166词。希望为广大日语学习者、商贸工作者提供参考,有所助益。

全书共分为四章,43课,文例达160个。

第一章是日语商务信函基础知识介绍。简要介绍了商务信函的基本格式与构成,包括商务信函基本礼节、企业内外信函的不同、头语与结语的搭配、各季节问候。同时介绍了电子邮件信函,包含了写法和礼节、注意事项等。第二章为商贸类信函,共27课内容,按照商贸发生的顺序,涵盖介绍、洽谈、产品介绍、询价、订货、付款、运输、抗议、索赔等。第三章是企业内部文书,共9课内容,如通知、报告、会议纪要、建议、计划等。第四章则为社交礼仪类信函,共分5课,包含邀请函、祝贺函、慰问函和致谢函等。

本书在修订改版的过程中,编者做了大量的调研,利用多年的积累,严格依据日本的商务函电格式进行编写。

本书特色之一是书中呈现大量的文例,每课4个,便于读者学习、模仿、直至活用。除此之外,每课均设置了写作要领、例句详解、常用表达和练习四个专栏。同时,练习形式多样,包含填空、翻译、改错、替换说法等。

其中:文例展现的形式不止于文章呈现和要点讲述,第1个文例着重介绍写作重点;第2个文例则以改错的形式进一步强调写作要点;第3个文例以同类说法替换的方式扩展语言应用;而第4个文例则以练习的形式,给出写作要点,并附参考文例。文例呈现形式多样,大量可理解输入后

的可理解输出，符合二语习得的学习机制。

　　本书的编写离不开各方力量的帮助和支持，尤其是出版社编辑孔凡女士的大力支持！正是由于他们的启发和引导，本书的修订才得以最终完成，在此表示由衷的感谢！由于编者时间和精力有限，书中难免有疏漏之处，敬请各位读者和同行予以批评指正。

编　者

2021年10月

目　次

第一章　基礎知識

第 1 課　ビジネス文書の基礎　/2
第 2 課　Eメールの基礎　/6

第二章　取引上のビジネス文書

第 3 課　新規取引先紹介の依頼状　/10
第 4 課　取引先の紹介状　/15
第 5 課　新規取引の申込み　/21
第 6 課　申込みへの承諾状/辞退状　/27
第 7 課　新規取引先の信用状況の照会状　/33
第 8 課　新製品の案内状　/39
第 9 課　新製品説明会の案内状　/45
第10課　新規開店の挨拶状　/52
第11課　見積もりの依頼状　/58
第12課　見積案内状　/64
第13課　見積もりの辞退状　/71
第14課　交渉状　/77
第15課　契約書　/83
第16課　注文状　/90
第17課　確認状　/96
第18課　支払方法・信用状(L/C)　/101
第19課　支払いの請求状　/107
第20課　送入金関連通知状　/113
第21課　支払いの督促状　/118
第22課　包装に関するビジネス文書　/124

第 23 課　積み出しに関するビジネス文書　/131

第 24 課　出荷・着荷の通知状　/137

第 25 課　保険に関するビジネス文書　/142

第 26 課　代理の申入れや依頼　/148

第 27 課　抗議状　/156

第 28 課　弁解状・反駁状　/163

第 29 課　お詫び状　/169

第三章　社内文書

第 30 課　始末書　/176

第 31 課　報告書　/180

第 32 課　掲示文　/186

第 33 課　回覧文　/190

第 34 課　通知文　/194

第 35 課　案内文　/198

第 36 課　照会文　/202

第 37 課　回答文　/206

第 38 課　依頼文　/210

第四章　社交・儀礼上のビジネス文書

第 39 課　招待状　/216

第 40 課　祝賀状　/223

第 41 課　お見舞い状　/229

第 42 課　お悔やみ状　/235

第 43 課　礼状　/241

練習問題の答え

附　録

第一章

基礎知識

第1課　ビジネス文書の基礎

一．ビジネス文書の基本マナー

　ビジネス文書は、簡潔にわかり易く書く事が最も重要である。また、同じビジネス文書でも、社内文書と社外文書では言葉の使い方が大きく変わってくる。

　例えば、同じ会社で自分より遥かに職位も年齢も高い山田部長と言えども、お客様に紹介する文書では「弊社の山田は今年59才で、御社の田中部長様と同じ年です。」と、他社の部長には敬称をつけても、自社の部長には敬称を一切つけない。

　このようなビジネス文書のマナーは日本人でも、社会人経験の無い学生では上手く区別して使う事が出来ない。また、ビジネス文章で気をつけなければいけないのが、二重敬語なのである。

　『お客様が弊社にお越しになられましたら、受付に「営業部の山本」とお言いつけ下さい。』

　この文章は正しく見えるが、実は［お客様］と［なられましたら］の二つの敬語が一文で使われているので、二重敬語となっている。

　ビジネス文章だけでは無く、文章を書く時に共通で言える事であるが、社内文書にしても、社外文書にしても一つの文章での言葉遣いは統一しなければならない。

　「客を蹴ったので、お客はお怒りになられました。」
　「客が蹴りましたので、怒った。」
　「お客が蹴られたので、怒ってやった。」

　これらは、いずれも一文で言葉遣いが一致していないので、文章として不合格である。

　ビジネス文章は日本人が社会人になったら、必ずマスターしなければならない必須項目である。沢山のビジネス文章を書き、立派な社会人として認められよう。

二．社内文書と社外文書の違い

　社内文書は文字通り、社内だけで流通する文書である。代表的なものに「通知書」「報告書」「稟議書」などがある。

　一方、社外文書には「注文書」や「請求書」などの取引に付随するもの、「招待状」のように会社同士の社交を目的とするものなどがある。

　前者はウチ向け、後者はソト向けのものなので、おのずと形式面で大きな違いが出てくる。

社内文書と社外文書の違い

	社内文書	社外文書
発信責任	一社員として	会社を代表して
主目的	回覧・記録	取引・証拠
形式	効率優先	格調重視
文体	ていねい語	敬語

三．頭語と結語の組み合わせ方

　頭語と結語は手紙特有の言葉で、「こんにちは」と「さようなら」にあたる。一般的なものは拝啓で始まり、敬具で終わるというように、対にして使う。その組み合わせは下記の表で紹介するが、言葉の意味によって決まっているので、間違えないように注意しよう。

	頭　語	結　語
一般的な文章	拝啓	敬具
	拝呈・啓白・啓上	敬具・敬白・拝具
丁重にする場合	謹啓・謹呈	敬白・謹言・敬具
急用の場合	急啓・急白	敬具・敬白・草々
挨拶を省略する場合	前略	草々
	冠省	不一
返信の時	拝復	敬具
見舞いの時	急啓	早々・草々
訃報の時	頭語なし	合掌・敬具

四．事項の挨拶

　四季のはっきりした、日本特有の季節の言葉で始まる時候の挨拶を日本人は好む。月ごとの慣用句の中から選んで使おう。

1月(睦月)　　漢語表現　　和語表現
　　　　　　　新春の候　　寒さもゆるみ気持ちのよいお正月を迎えましたが
　　　　　　　初春の候　　松の内も明け
　　　　　　　厳寒の候　　寒さ厳しき折
　　　　　　　寒風の項　　例年にない厳しい寒さが続いておりますが
2月(如月)　　漢語表現　　和語表現
　　　　　　　立春の候　　余寒なお厳しき折

	余寒の候	寒さいまだ厳しい折から
	残寒の候	立春のみぎり
	向春の候	立春とは名ばかりの寒い日が続きますが
3月（弥生）	漢語表現	和語表現
	早春の候	水温む季節となりましたが
	浅春の候	春の訪れがかすかに感じられる今日この頃
	春陽の候	日増しに春めいてまいりましたが
	春寒の候	日ことに暖かくなってまいりましたが
4月（卯月）	漢語表現	和語表現
	陽春の候	春もたけなわとなりましたが
	春暖の候	桜花咲き誇る季節となり
	桜花の候	花冷えの今日この頃
	売春の候	陽射しもやわらかくなりましたが
5月（皐月）	漢語表現	和語表現
	若葉の候	風薫る季節
	新緑の候	若葉の美しい季節となりましたが
	薫風の候	若葉のすがすがしい季節になりましたが
	青葉の候	新緑のまぶしい季節になりましたが
6月（水無月）	漢語表現	和語表現
	初夏の候	木々の緑もいよいよ濃くなり
	梅雨の候	日増しに夏らしくなってまいりました
	入梅の候	あじさいの花咲く頃
	立夏の候	麦秋のみぎり
7月（文月）	漢語表現	和語表現
	盛夏の候	ようやく梅雨も明け
	猛暑の候	暑さの厳しき折から
	酷暑の候	日ごとに厚さが厳しくなってまいりました
	炎夏の候	酷暑のみぎり
8月（葉月）	漢語表現	和語表現
	残暑の候	いまだ暑さ厳しき折
	炎暑の候	残暑厳しき折から
	立秋の候	残暑厳しい今日この頃
	晩夏の候	立秋とは名ばかりの
9月（長月）	漢語表現	和語表現
	初秋の候	朝夕はしのぎやすくなってきましたが
	清涼の候	朝夕はようやく涼しくなり
	新秋の候	虫の音も聞かれる今日この頃

	秋涼の候	爽やかな初秋の季節となりましたが
10月(神無月)	漢語表現	和語表現
	仲秋の候	秋も深まってまいりましたが
	紅葉の候	秋の深まりを感じる今日この頃
	秋冷の候	すっかり日も短くなってまいりましたが
	錦秋の候	日増しに秋も深まり
11月(霜月)	漢語表現	和語表現
	晩秋の候	朝晩は冷え込んでまいりましたが
	向寒の候	寒さが日増しに加わり
	冷秋の候	秋色日増しに濃く
	初霜の候	冬も間近に迫り
12月(師走)	漢語表現	和語表現
	初冬の候	寒さが身にしみる今日この頃
	寒冷の候	木枯らしが身にしみる頃
	師走の候	めっきり寒くなってまいりましたが
	歳末の候	年の瀬も押しつまりましたが

第2課　Eメールの基礎

一．Eメールとは

　Eメールとは、インターネットの便利さを利用した文書やファイルのやり取りを指し、手軽に情報が送れ、返信も簡単にできることから、ビジネスシーンでは不可欠の通信手段になった。

二．Eメールの書き方とマナー

　Eメールの定着とともに、その書き方も定着しつつある。
　簡単なあいさつ文のあとはただちに用件に入り、文書量は極力、短いものにする。
　普通の手紙の文書のように、一行の文字数を統一せず、字切れのいいところでどんどん改行したり、小さなブロック単位で空白スペースを入れることで読みやすいものにしていく。

1. 件名だけでも内容がわかるように
　件名だけでもおよその内容がつかめるよう、つけ方には配慮をする。
　① 固有名詞やキーワードを入れる。② 日付や回数など特定できる数字を入れる。③ 重要性や緊急度がわかるようにする。「重要」「至急」「緊急」などを付記して目立たせる。④ 用件を明示する。例えば「ご報告」「ご提案」「お願い」など、主旨や目的をはっきりさせる。⑤ 件名の最後に名前を入れて目立たせる。

2. ビジネスメールに長文は不適
　開いた画面で文面の全体がぱっと目に入るくらいの分量がベストである(10行以内が目安)。

3. 段落の始めを1字下げにする必要はない

4. 字切れで、改行を入れる
　パソコン上の文字は紙と違って読みづらいもの。少しでも読みやすくなるよう、字切れのいいところで改行を入れる(行ごとの文字数を統一する必要はない)。

5. 空白スペースを頻繁に入れる
　段落ごとに空白スペースを入れると読みやすい。

6. 記号や半角カタカナ、文字装飾は使わない
　記号(特殊文字)やローマ数字、半角のカタカナ、文字装飾は文字化けすることがあるので、使わない。

7. 最後に「署名」をつける
　末尾欄に送信者の名前、連絡先を入れる。

三．結びの書き方

　ビジネスメールの場合、結びの言葉も通常のビジネス文章よりややシンプルにまとめる。

1. 一般的な締めの挨拶
   - 以上、よろしくお願い致します。
   - よろしくご検討くださいませ。
   - では、またご連絡致します。
   - ご協力のほど、よろしくお願い致します。
   - では、失礼致します。
   - では、またメールします。

2. 内容をまとめて
   　まずは・以上・取り急ぎメールにて＋
   - ご案内まで
   - ご通知申し上げます。
   - お礼かたがたご報告まで。
   - 用件のみにて失礼します。
   - お知らせまで
   - お祝い申し上げます。
   - ご挨拶とお知らせまで。

3. 返事を依頼する
   　お手数ですが・恐れ入りますが＋　　　メールにて・電話にて・文章にて＋
   - お返事をお願いします。
   - ご了承くださいますようお願いします。
   - ご返信お願い致します。
   - ご回答をお願いします。
   - ご連絡くださいますようお願いします。

四．Eメール利用時の諸注意

- 緊急の用件は避ける

　Eメールの特徴は、相手がすぐ見てくれるかどうかわからないところにある。
　緊急を要する場合は、やはり電話で相手を直接つかまえよう。

- 受け取ったら返信を

　相手の用件に対する返答に時間がかかる場合には、とりあえずメールを受け取った旨の返信だけでもすぐに出しておく必要がある。
　より親切なのは、いつごろまでに回答できるか、今後のめどを書き添えておくことである。

- 他の人のメールアドレスを不用意に教えない。

五．添付ファイルをつけるときは

　メールの本文には必要事項だけ記し、本題の詳細情報を別ファイルの状態で送信したい場合は、添付ファイル機能がとても便利である。
　その際、添付ファイルはメールとは違うソフトで作成されているから、受け取った相手が開けるかどうか、事前に確認する必要がある。
　また、大容量ファイルは受信まで時間がかかり迷惑になる。保存形式を軽くしたり、圧縮するのがマナーである。

第二章

取引上のビジネス文書

第3課　新規取引先紹介の依頼状

- 作成の目的

相手に頼みごとを了解してもらい、お互いの利益につなげるためのものである。依頼の内容や希望をできるだけ具体的に示し、お互いのメリットになることをアピールする。

- 書き方のポイント

① タイトルは「〜ご紹介のお願い／〜についてのお願い」にする。② 相手の好意を訴え、助力を仰ぐ姿勢が望ましいので、礼儀正しく丁重に、誠意をこめて書く。③ 依頼要件を明確にする。詳細内容を箇条書き。④ 理由、目的を明記する。説得力のある理由と目的は大切。

文例1

【请确认以下例文中的写作重点】
场景说明

　　核心目的：请求对方介绍经销商。

　　信函要点：本公司所销售的智能音箱在东北地区市场取得了佳绩，并一直致力于创新研发和提升服务。公司为扩大销路，急需在上海地区寻找经销商。请上海地区的合作伙伴帮忙推荐一家经销商。

取引先ご紹介のお願い

拝啓

　初冬の候、貴社ますますご清栄のこととお喜び申し上げます。平素はひとかたならぬご厚情にあずかり厚くお礼申し上げます。

　さて、このたび、弊社で発売したスマートスピーカーは東北地域で売れ行きが好調でございます。① <u>この製品は元来のスピーカーと違い、対話型の音声操作に対応したAIアシスタント機能を持つスピーカーです。</u>そして、弊社は常に新機軸を打ち出し、優れた技術、品質並びに行き届いたサービスをモットーにしています。② <u>現在、来年の1月を目標に、上海にも営業所を開設し、製品販売することを画策しております。</u>

　つきましては、以前からお付き合いいただいた貴社に、③ <u>現地の商社をご紹介いただければと存じ、書状を差し上げた次第です。</u>

① 商品のメリットを一言まとめてアピールする。
② 紹介してほしい理由を具体的に、明確に示す。
③ 依頼内容を具体的に伝える。

甚だ勝手なお願いで恐縮ですが、何卒お時間をいただき詳細をご説明させていただきたく存じます。④ 近々弊社の営業担当を連れてお伺いしたいと思いますので、その際ご教示いただければ幸甚でございます。
　不躾ではございますが、まずは書中を持ちましてお伺いかたがたお願い申し上げます。

敬具

④ 直接伺って面談するという意を表す。

ビジネス用語	
売れ行き（うれゆき）	销路，销量
好調（こうちょう）	顺利，情况良好
アシスタント	助手，助理
機軸（きじく）	方式，方法
打ち出す（うちだす）	提出
行き届く	周到，完善
モットー	宗旨
画策（かくさく）	策划，谋划
教示（きょうじ）	指教，指点
幸甚（こうじん）	十分荣幸
かたがた	顺便，兼

文例 2

【请指出并改正下列例文中的错误】

场景说明
　　核心目的：恳请对方从中引见介绍对方公司部长。
　　信函要点：本公司生产的点心"白色恋人"，想扩大销售。恳请田中先生从中引见，介绍采购部长佐藤先生给本公司认识。并强调只要从中引见认识即可，不会给对方添麻烦。

取引先ご紹介のお願い

拝啓
　時下ますますご清栄のことを、お慶び申し上げます。日頃は格別のご愛顧を賜り、ありがとう存じます。
　さて、突然ながら不躾なお願いを申します失礼をお許しください。
　田中様① には、もしよろしければ同氏へご紹介いただけないものかと存じ、お願い申しあげる次第でございます。
　私どもは「白い恋人」という和菓子を製産販売いたしておりますが、この上は、全国の皆さまにぜひお召し上がりいただきたいというのが私ども生産社の願いでございます。
　つきましては、全国に強力な販売ネットをお持ちの東京商事株式会

① 田中さんに紹介してもらう理由を伝えるべき。書き換え例：「田中様は東京商事株式会社の仕入れ部長佐藤氏と大学のご同窓でご親交がおありと承っておりますが、もしよろしければ…」。

社様とお取引をお願いできないものかと考える次第でございます。この件につきまして、田中様にぜひご紹介いただきたく、ここに伏してお願い申し上げます。また、ご紹介いただければ、その後のことは当社から責任をもって連絡させていただきます。貴社にご迷惑をおかけすることは一切ございません。

　重ね重ね、不躾なお願いで恐れ入りますが、まずは② 書状をもってお願い申し上げます。

敬具

② 終わりに「書状」でお願いする理由を述べるべきか、後日直接伺うことなど、伝えるべきである。例えば「近日中に、弊社担当職員を参上させますので、よろしくご引見のほどお願い申し上げます。」

ビジネス用語	
不躾（ぶしつけ）	冒失，冒昧
親交（しんこう）	深交，亲密的交往
製産（せいさん）	制造生产
召し上がる（めしあがる）	"吃、喝"的敬语
伏す（ふす）	叩拜
重ね重ね（かさねがさね）	屡次，再三
参上（さんじょう）	拜访，造访

文例3

【请考虑，例文中的粗体字部分，还有别的表达方法吗？】

场景说明

　　核心目的：恳请引见客户。

　　信函要点：本公司随着新产品的发售，希望开发新客户。希望对方公司能帮忙，在该公司的客户中予以介绍，并提及如果能建立新贸易关系，对新客户的业绩是有贡献的。

取引先ご紹介のお願い

拝啓

　平素はひとかたならぬお引き立てを賜り、誠にありがとうございます。

　さて、弊社では新製品発売に伴いまして、新たなお客様を開拓すべく、目下営業活動を展開しております。

　つきましては、まことに① 勝手なお願いとは存じますが、貴社のお取引先で、当社の製品を扱っていただける会社にお心当たりはございませんでしょうか。

　② 貴社にご紹介いただけますならば、当方もたいへん安心ですし、本商談により、新規の取引先各位の業績にも③ 寄与できると考えております。

　なお、ご④ 承諾くだされば、早速に当社の担当者を参上させまして、詳細をご説明申し上げます。

① 不躾。

② 貴社のご推薦があれば、必ず先方の取引先も安心されるかと存じます。

③ 貢献；役に立つ。

④ 承知；承引；引き受ける。

ご⑤**多用**中まことに恐縮ではございますが、何卒ご検討くださいますよう、お願い申し上げます。

⑤ 多忙。

敬具

ビジネス用語	
ひとかたならぬ	格外,分外
引き立て(ひきたて)	关照,照顾
目下(もっか)	当前,目前
心当たり(こころあたり)	猜想;线索,头绪
寄与(きよ)	贡献,有助于
承諾(しょうだく)	应允,诺许
多用(たよう)	百忙,繁忙

重点例文の解釈

1. ～でございます

说明:前接名词;形容动词。是「である」的礼貌表达。

例句:

① 勝手なお願いでございますが…/提出冒昧的要求……

② 日時などにつきましては、下記の通りでございます。/日期等相关信息,如下所示。

2. ～次第です

说明:前接连体形。意为:"情况;情由;原因"。

例句:

① 2、3伺いたいことがあり、お便りした次第です。/有几个问题想向您请教教,特此奉函。

② ぜひとも貴社のご事業の一翼を担いたく、新規取引のお申し込みを致す次第でございます。/想为贵公司添砖加瓦,因此特此请求与贵公司建立新的合作关系。

3. かたがた

说明:意为"顺便,借机;兼"。

例句:

① 散歩かたがた夕焼けを観る。/外出散步顺便看晚霞。

② 一度お礼かたがたお伺いしようと思っています。/准备向您道谢,顺便拜访您一次。

4. ひとかたならぬ

说明:意为"格外,分外;非常"。

例句:

① ひとかたならぬご協力をいただきました。/蒙您的格外帮助。

② ひとかたならぬお世話になりまして、ありがとうございます。/蒙您格外照顾,非常感谢。

常套表現

◆ 先般ご懇談の折にお話がございました、〇〇〇〇株式会社のご担当者様を、ぜひ弊社にお引合わせ下さいますよう、お願い申し上げる次第です。/想拜托您,能给我们引见之前我们谈

及的××股份公司的负责人。
- ◆ ご多忙のところ恐縮に存じますが、ご紹介の労を賜りたく、厚かましさをも顧みず、かくは本状を差し上げるしだいでございます。/在您百忙中十分抱歉,恳请您能原谅我们的唐突,予以介绍为感。
- ◆ 本来ならば参上してお願い申しあげるべきところでございますが、日夜にわたりお忙しいと伺いましたので、ご意をお伺いしたく書中にて失礼させていただきます。/本应亲自拜访提出请求,但听闻您日夜忙碌,请允许我暂且以书面形式询问贵意。
- ◆ 競争の激しい業界、すさまじいばかりの売込み攻勢で、どのように仕入先を決めればよいのか困惑いたしております。/在业内竞争激烈,猛烈的推销攻势下,很难决定哪家采购商。
- ◆ ご紹介賜りましたならば、貴台に一切ご迷惑をおかけしないことを堅くお約束いたします。/我们承诺,除蒙您介绍外,不再给您添麻烦。

練習問題

1. 下記の文に不適切なところを訂正しなさい。
   （1）弊社は目下、新製品デュクロンの拡販のため適当な提携先を求めておりますが、あいにく日本の市場には不慣れなため、どこが適当か判断がつきかねないでおります。
   （2）つきましては、貴社の幅広いご交際先の中から日本地区におけるカーペットの販売代理店として優良な企業をご紹介していただけますよう、ぜひお願い申し上げます。
   （3）ご参考までに、弊社のパンフレットその他の資料を同封していただきました。まずは書中にてご依頼申し上げます。
   （4）この際、貴台のお力添えに対し、山田部長に対し弊社をご紹介願えれば、誠に幸いに存じます。
   （5）平素は格別のお引き立てをくださいまして、ありがたく御礼申し上げます。

2. 下記のキーワードを使って、翻訳しなさい。
   （1）如果可以的话,我想去您那里取您介绍的负责人名片,再次恳请您有空时与我联系。（いただく、紹介、参上、重ねて）
   （2）今后于公于私还望您多多提拔关照。（公私にわたり、厚情）
   （3）其实我们与山田营业部长曾经在贵公司举办的宴会上交换过名片。但是没有深交。（パーティの席上、名刺交換、深いお付き合い）
   （4）冒昧突然提出无理请求,烦请能帮忙介绍○○市的客户的话,我们则深感荣幸。（勝手、幸いに存じる）
   （5）近几日我会让负责职员登门拜访,烦请您给予引见。（担当職員、参上、引見）

3. 下記の要点にそって、例文を作りなさい。
   （1）テーマを「取引先ご紹介のお願い」にする。
   （2）文頭に先日聞いた話にはお礼を言う。
   （3）○○会社の○○さんを紹介してほしい。
   （4）紹介してもらう以上に迷惑をかけない。
   （5）必要ならばすぐに伺ってもいい。

第4課　取引先の紹介状

- **作成の目的**

　友人や関係部門・企業に対して、自分の存じ寄りの人物や組織を紹介するときに作る文章である。ビジネスの場合には、紹介する上に、これからの申し込みに対して、更なる資料請求或いは引き合いが来れば、成約につながる可能性が大きいので、責任をもって、細心の注意を払うべきである。

- **種類とフォーム**

　代理店、取引先、販売会社、下請け企業、人の紹介などがある。当課で店の紹介をメインにする。次の二つ大別できる。

　① 一般的な紹介状——文章・手紙による正式な紹介状。

　② 名刺に書く紹介状——紹介先が目下か同輩に限る。目上の方には失礼に当たる。

- **書き方のポイント**

　① 自分との関係を明記する。紹介する者の氏名、職歴、人柄、業績なども忘れずに。② 紹介する理由と目的、条件などをはっきり書く。紹介する内容はできるだけ正確・簡潔に書き、判断材料になりそうな情報はなるべく詳しく、先方が判断しやすいようにする。③ 押し付けるような表現はしない。先方に負担を感じさせるような言い回しにならないように注意する。④ ほめ過ぎは禁物。よいことばかりを並べて、短所・欠点を隠すと、後でトラブルの元になる。

文例1

【请确认以下例文中的写作重点】

场景说明

　　　核心目的：引介加盟店。

　　　信函要点：向某美容企业介绍中国华东地区的加盟店。该美容店与我公司有合作关系,已经具有一定规模,在六座城市设有分店,并已有20年创业经验,顾客数达3,000人以上,信誉良好,故推荐以合作为盼。

特約店のご推薦

謹啓　向寒の候、貴社ご盛業の由大慶に存じます。平素格別のご愛顧を賜り厚くお礼申し上げます。

① 推薦する理由を明らかにする。	さて、① 貴社におかれましては、新たに中国華東地区の営業エリア拡大を図るべく、特約店をお探しと伺っております。
② 推薦する会社と当社との関係を教える。	つきましては、② 当社と取引関係にある株式会社エストをご推薦いたします。
③ 推薦する会社の規模や実績、信用度などを端的に述べる。	③ 同社は、華東地域の6都市に支店を張り、優れたサービスや信頼性の高さには定番があり、顧客人数は3,000人に上ったと伺い、ご推薦に値するものと思われます。同封の同社契約書に示す通り、創業二十年を迎える堅実なエステサロンであります。
	ご多用中恐縮ですが、ご引見の上、ご高配を賜りますれば幸甚に存じます。
④ 相手の判断に委ね、直接連絡するようにお願いする。	なお、④ 貴社のご意向の概要は、すでに先方に伝えてありますので、必要であれば直接ご連絡くださいますようお願い申し上げます。
	とりあえず、ご推薦まで申し上げます。
	謹白

ビジネス用語	
向寒（こうかん）	转寒，渐冷
大慶（たいけい）	可喜，衷心地祝贺
値する（あたいする）	值得
エステサロン	美容美发沙龙
高配（こうはい）	照顾，关照
幸甚（こうじん）	幸甚，十分荣幸

文例 2

【请指出并改正下列例文中的错误】

场景说明

　　核心目的：引介软件开发公司。

　　信函要点：致信人是某公司的软件开发承包商，听闻某公司仍有其他待开发系统，因此推荐介绍本公司熟知的电脑系统服务公司。该公司地处名古屋，拥有先进的技术与权威人才，并与其部长已经有10多年的交情。恳请对方公司给予考虑。

ソフト開発会社の紹介

	拝啓　残寒の候、貴社いよいよご盛業のこととお喜び申し上げます。平素はコンピューターシステム開発に当社をご利用いただき、誠にありがとうございます。
① 事前に話していない場合、「突然ではございますが；突然で恐縮ですが」などを書き入れるべき。	さてこのたび、① 弊社と関連のあるコンピューターシステムサービス株式会社をご紹介申し上げます。

同社は、② 名古屋市の会社で、同部長は③ 信頼できる方であります。④ ご利用いただければ、きっとご満足いただけると確信いたします。
もしよろしければ、お会いくださいますようお願い申し上げます。
まずは取り急ぎ書面にてご紹介まで。

敬具

② どういう会社か紹介するべき。書き換え例「同社は名古屋市において、システムの開発に先端な技術を持ち、有力な人材を有しています。」
③ 信頼できる根拠を明記するべき。書き換え例「同部長とは、仕事上十数年のお付き合いがあり信頼できる方であります。」
④ 紹介する理由と目的をはっきりと書く。書き換え例「このたび御社におかれましては、さらに開発予定のシステムがおありと伺っておりますが、もし可能でしたらぜひ同社のことを、ご考慮くださいますようお願いします。」

ビジネス用語	
先端（せんたん）	先进；尖端
有力（ゆうりょく）	有力•有权威

文例3

【请考虑，例文中的粗体字部分，还有别的表达方法吗？】
场景说明
　　核心目的：介绍运输公司。
　　信函要点：应对方要求，帮忙介绍一家运输公司。该运输公司是我公司10年间一直合作的安运股份公司，已有20年历史，货物送达准确快速，且从未接到过客户投诉。请对方公司接见该公司营业部长国分先生。随函附寄安运公司的介绍及简历各1份。

運送会社の紹介

拝啓　秋涼の候、貴社ますますご清栄のこととお慶び申し上げます。平素は格別のお引き立てをいただき、ありがとうございます。
　さて、① <u>過般お話のございました</u>運送会社ご紹介の件につきましては、長年当社の仕事をしている安運株式会社が、貴社のご要請に② <u>もっとも適</u>しているものと判断いたし、ご紹介申し上げる次第でございます。
　安運株式会社は、創業20年という歴史のある会社です。同社の概要につきましては、添付の会社案内および会社経歴書をご高覧いただきたく存じます。
　同社の仕事は迅速かつ丁寧にして確実このうえなく、当社配送業務において、過去10年間、納品先からの苦情が出たことが、これまで一切ございません。同社は熱心で誠実な経営により、発展③ <u>の一途を辿っております</u>。
　④ <u>同社営業部長の国分氏が参上いたしますので、ご引見いただき、ご検討ご判断賜れば幸いに存じます。</u>
　まずは失礼ながら書面にてご紹介を申し上げます。

敬具

① 先般ご依頼を受けておりました/先般お申し越しいただきました
② 最適
③ しつづけております。
④ ご多忙のところ恐縮でございますが、同社営業部長の国分氏よりご引見の申し込みがあると存じますが、ご面談いただければ幸いです。

記

同封書類：会社案内　1部

　　　　　　会社経歴書　1部

以上

ビジネス用語	
過般（かはん）	不久之前；前些日子
先般（せんぱん）	前几天；上次
申し越す（もうしこす）	（用书信）传达，传话，通知
要請（ようせい）	要求；请求
迅速（じんそく）	迅速
かつ	且，并且；而且
苦情（くじょう）	抱怨；投诉
一途を辿る（いっとをたどる）	一路；日趋

重点例文の解釈

1. 唐突（とうとつ）

说明：意为"贸然，冒昧，唐突"。

例句：

① 唐突な質問を発されて、びっくりした。/被突如其来的一问吓了一跳。

② 唐突で恐縮ですが…/我很冒昧……

2. 引見（いんけん）

说明：意为"（身份高的人）接见、召见（他人）"。

例句：

① 皇居で大使を引見する。/在皇居接见大使。

② 近く小生の名刺を持ってお伺いさせますから、よろしくご引見のほどお願い申し上げます。/近几日我会让他持名片去见您，请誉予接见为感。

3. 申し越す（もうしこす）

说明：意为"（用书信）传达，传话，通知"。

例句：

① お申し越しの件はご承知しました。/您要传达的意思，我明白了。

② 書面でお申し越しの件。/来信所提之事。

4. このうえない

说明：意为"没有比……更；无比，最"。

例句：

① このうえない名誉。/至高的名誉。

② このうえなく重要な仕事。/最重要的工作。

5. 一途を辿る（いっとをたどる）

说明：意为"只；一个劲儿"。

例句：

① 輸出は増加の一途を辿る。/出口不断增加。

② 株価が下落の一途を辿る。/股价一路下跌。

常套表現

- 同社は食品部門を中心に業務を展開しておられる中堅商社で、昨今の厳しい経済環境にもかかわらず年々着実に売り上げを伸ばしております。/该公司是以食品业务为主的主力贸易公司，在近来的严峻经济背景下也能坚持每年的营业额不断增加。

- このたび同部長が御地へ販路拡張のため出張されることになり、貴社への紹介を熱望されましたので、ご紹介申し上げる次第です。/此次该公司部长为了扩大销路而出差来此，希望能认识贵公司，特此引见介绍。

- 貴社におかれましては東京地区の特約代理店を新たに設けられることと拝承致しましたが、弊社と数年の取引をしております社長の○○氏をご紹介致します。/喜闻贵公司将在东京地区新设立特约经销店，特把与我公司有多年合作关系的社长××介绍给您。

- 早速ではございますが、先般ご依頼を受けておりました弁護士の紹介の件で、当社の総務部の者に確認しましたところ、博大弁護士事務所の松井先生が適任とのことですので、ご紹介申し上げます。/前几日您提及希望介绍律师一事，我跟总务部的人员确认后，认为博大律师事务所的松井先生很合适，特此介绍。

- 同社は創業○○年の老舗で、現在の社長の平山三太郎氏とは私も親しく交際を致しております。堅実一本の経営で、銀行筋や、地元での信望も厚い会社ですから安心してお取引いただける会社ではないかと思います。/该公司是自××年创立的老字号，现在的社长平山三郎先生与我是挚交。他们秉承着踏实经营的理念，在银行业和当地享有很高的威望，因此我认为应该可以作为交易对象。

- つきましては貴社御用のうち○○部門について株式会社○○にご用命いただければ、当社としても有難く存じますので、誠に勝手なお願いでございますが宜しくご高配下さいますようお願い申し上げます。/因此贵公司公务中的××部门，如能委托给××股份公司的话，我们也会感到高兴，虽然很唐突，但希望贵公司能给予考虑为盼。

練習問題

1. 下記名刺に書く簡単な紹介状を中国語に訳しなさい。

（1）○○不動産の景山徹氏をご紹介します。よろしくご引見のほどを。

（2）経営研究所の桑原進氏をご紹介します。長年の知友で、御社の5ヵ年計画についてお話をおうかがいしたいとのことです。

2. 下記の場合は、日本語でどういうのか。

（1）事前に話をしていない場合、クッション言葉を入れる時。

（2）先日頼まれた話を、もう一度言い出す時。

（3）紹介した人に会ってもらいたい時。

3. 下記の要点にそって、例文を作りなさい。

（1）テーマを「下請け企業の紹介」にする。

（2）先方は新たに下請け業者を探すと聞いたので、二十年来取引をしてきた〇〇株式会社を紹介する。

（3）当社はプラスチック加工メーカーでは指折りの中堅企業なので、先方の下請けに最適である。

第5課　新規取引の申込み

- **作成の目的**
  新規取引の申込状は、当方の意思を積極的に、しかも正確に伝えて、相手の承諾を取り付ける目的のために作成する文章である。
- **種類とフォーム**
  自薦の申込みや紹介者がある申込み、2種類がある。内容的には、新規取引、特約店・代理店、委託販売、参加・出品などの申込みなどがある。
- **書き方のポイント**
  ① 自社の説明。当方の事業規模や形態などを具体的に述べる。紹介者がある場合、紹介者と自社との関係を、簡潔に説明する。② 申込みたい理由を明記する。なぜ申込みたいかという理由が重要な説得の要素になる。具体的、簡潔に、熱意を込めて理由を説明するのが大切。③ 取引条件など具体的に明記する。④ 信用の裏付けを明記する。参考資料を添付するとともに、信用の裏づけ調査できるように、照会先などを知らせることも大切。

文例1

【请确认以下例文中的写作重点】
场景说明
　　　核心目的：向某公司申请新业务的信函。
　　　信函要点：向对方公司发出合作意愿书，通过书信约定见面详谈。介绍从何处得知对方的业务计划，跟本公司业务吻合，期待共展宏图。介绍本公司的业务和规模及评价，关于本公司信誉可以咨询中国银行相关人士。随函附公司介绍和合作具体条件说明。

新規取引のお願い

拝啓　初冬の候、貴社ますますご隆昌のこととお慶び申し上げます。
　① <u>さて、誠に突然ではございますが、ご訪問させていただく本状を差し上げました。</u>
　② <u>小社は11月5日から10日にかけて、上海市で開催された第2回中国国際輸入博覧会の際には、御社のブースに訪問させて頂きました。それに日本貿易振興機構（JETRO）が取りまとめるジャパン・パビリオン</u>

① 手紙に留まらず、直接面会してもらうことをお願いする。
② 相手会社の経営計画を知るきっかけを明記する。

を通じて、貴社が中国本土へ向けた販路開拓の意志を存じておりました。それに貴社のアイスクリームや菓子の高名をかねて伺っております。

　ご高承のことと存じますが、小社は中国の菓子業界では好評を博しており、創業以来の豊富な経験と実績を生かして、③ ぜひとも貴社のご事業の一翼を担えると自負しております。

　なお、④ 小社の経歴、事業概要など詳細についての資料を同封致しましたので、ご高覧の上、何分のご回答を賜わりたくお待ちいたしております。また、小社信用状況は中国銀行の諏訪頭取にご照会いただきたく存じます。後日直接御社へお伺い致しますので、その節は是非とも宜しくお願いします。

敬具

記

同封書類：会社・営業案内　1通
　　　　　取引条件　1通

以上

③ 取引申し込みたい理由を熱意を込めて説明する。
④ 会社を紹介するパンフレットや取引の詳細条件を一緒に送る。

ビジネス用語	
差し上げる（さしあげる）	奉上,奉送（あげる的自谦语表达）
ブース	展位
日本貿易振興機構（にほんぼうえきしんこうきこう）	日本贸易振兴机构
パビリオン	展示厅,展示馆
販路（はんろ）	销路
高名（こうめい）	（您的）大名
かねて	早先,多年以前
諏訪（すわ）	日本姓氏
頭取（とうどり）	银行行长

文例2

【请指出并改正下列例文中的错误】

场景说明

　　核心目的：邀请某个公司成为我公司特约经销店。

　　信函要点：我公司地处北陆地区富山市,是从事中学生学习软件开发销售的公司,且一直以来受到好评。此次公司战略规划在东北地区开展业务之时,听闻对方公司,而向对方发出邀请。请对方公司在商讨后,于本月内给予答复。随附特约经销合同。

特約店申し込みのお願い

　謹啓　時下ますますご清栄のこととお喜び申し上げます。

　　さて、突然にお手紙を差し上げますご無礼をお許しください。① 私

どもは、2001年創業以来、基礎義務教育を充実するという信念をもとに一貫して中学生向けの学習補助ソフトを開発販売してまいりました。幸い、読者および保護者の好評を得て、北陸地方では売れ行きが伸び続けております。

　このたび東北地区への進出を検討するにあたり、長年の取引先である教学印刷社様より貴社のご尊名を承りました。当社としましても東北地区は未知の地区であり、ご協力いただけるパートナーが是非とも必要だと考えております。

　つきましては、早速東北地区における② 特約店を貴社にいたしたく、ご協力お願い申し上げる次第です。

　なお、誠に恐縮ですが、同封いたしました特約規定を十分ご検討の上、今月中にご返事いただければ幸甚に存じます。③ まずは書面にて特約店のお申込みまで。

謹白

記

同封書類：特約規定　1通

以上

① 自社の所在地・業種などをきちんと明らかにする。書き換え例「富山市に本社を置くソフト開発販売会社です」。

② 強引なイメージになり、相手の反感を買うので、依頼表現に書き換える。例：「特約店として貴社のお力を賜りたく」。

③ 文末に、当社の信用状態がわかる手がかりを書いておくべき。例「また、弊社の信用状況につきましては、○○銀行富山支店にお問い合わせくだされば幸甚です」。

ビジネス用語	
特約店（とくやくてん）	特约经销店
幸い（さいわい）	正好；幸亏
北陸地方（ほくりくちほう）	北陆地区（福井、石川、富山、新潟四县的总称）
売れ行き（うれゆき）	销路；销售
パートナー	伙伴；合作者
幸甚（こうじん）	幸甚；不胜荣幸

文例3

【请考虑，例文中的粗体字部分，还有别的表达方法吗？】

场景说明

　　核心目的：委托某公司销售本公司商品。

　　信函要点：我公司是创业至今有20年历史的医疗器械专业生产厂商，地处九州地区。此次公司计划扩大销售网，在东北地区寻找委托销售商。听闻对方公司是省内首屈一指的活跃企业，特致函给对方公司寻求建立合作关系。随附公司说明和营业简介，并提及如有意向合作，将亲自前往商讨具体合作事宜。本公司的信用情况，可咨询亲和银行大野分行。

委託販売のお願い

拝啓　初春の候、貴店益々ご盛業のこととお慶び申し上げます。

さて、突然にて恐縮でございますが、貴社との新規お取引をお願い申し上げたく、本状を差し上げました。

弊社は、創業20年になる医療機器の専門メーカーで、九州地方を中心に営業しております。このたび、弊社の営業方針で販売網を① **拡大**するにあたり、県下随一の躍進企業として貴社のご尊名を② **承りました**。ぜひとも弊社製品の委託販売をお願いしたいと存じた次第です。

弊社の事業内容につきましては、会社案内書および営業案内書を③ **一緒に送らせていただきました**ので、ご検討のうえ、お返事いただければ幸いです。また具体的なお取引条件などは、④ **ご連絡くだされば**、直接参上して詳しくご説明させていただきたいと存じます。

また、弊社の信用状況につきましては、親和銀行大野支店にお問い合わせくださればご理解いただけるかと存じます。

まずは、略儀ながら書中をもってお願い申し上げます。

敬具

記

添付書類：会社案内書　営業案内書　各1通

以上

① 範囲、規模、勢力などを広げて大きくすることを表す「拡張」と書き換えてもよい。
② かねがね伺っておりました。
③ 同封いたします；ご送付申し上げます。
④ ご一報いただければ

ビジネス用語	
新規（しんき）	重新；新
取引（とりひき）	贸易；交易
案内書（あんないしょ）	指南；参考手册
検討（けんとう）	讨论；探讨研究
一報（いっぽう）	通知一声
問い合わせ（といあわせ）	询问；查询
略儀（りゃくぎ）	简略方式
書中（しょちゅう）	书信；奉函

重点例文の解釈

1. 何分（なにぶん）

说明：意为"请，务请"，等同于「なにとぞ」。

例句：

① なにぶん子供をよろしくお願いします。／望您多关照孩子。

② 何分のご寄付をお願いいたします。／希望您能捐一些钱。

2. ～をもとに

说明：接在名词后。意为"以……为基础"。主要用于表示制造、制作、创作的基础、原型、素材

等。注意「～に基づいて」则表示判断或行为的根据。

例句：

① この案は住民の意見をもとにして作成された。/这个方案是根据居民的意见制定的。

② この映画は史実をもとにして創られている。/这部电影是以史实为蓝本创作的。

3. 幸甚（こうじん）

说明：意为"幸甚；十分荣幸"。

例句：

① ご賛成くだされば幸甚の至りです。/承蒙同意，荣幸之至。

② 十日までにご返事をいただければ、幸甚に存じます。/如蒙十日前给予回复，将不胜荣幸。

4. 賜る（たまわる）

说明：意为"承蒙，赏赐"。

例句：

① 来賓の方々からお祝いの言葉を賜り、ありがとうございます。/承蒙各位来宾的庆贺之词，非常感谢。

② この度は結構なお品を賜り、誠に有難うございます。/此次收到您的如此厚礼，深表感谢。

5. 略儀ながら（りゃくぎながら）

说明：意为"简略方式"。

例句：

① 略儀ながら紙上をもってお礼申し上げます。/书此致谢，幸恕不周。

② 略儀ながら書面をもってお知らせ申し上げます。/暂以书面形式，通知如上。

常套表現

- 御地において事務用品の老舗を営んでおられます貴店に是非ご協力を賜りたく、ここに謹んでお願い申し上げる次第です。/贵公司在当地办公用品经销商中资深名大，因此由衷地恳请贵公司能给予我们大力协助。

- まずは書面にて大変失礼ではございますが、新規取引のお願いを申し上げます。/虽有失礼节，暂以书面形式提出我方申请建立新业务的请求。

- このほど、新型のサーフボードの開発に伴い、いっそう販路を拡大したいものと企図いたしております。つきましては、新潟地区において、サマースポーツ用品の販売で名声の高い貴社に、ぜひ弊社の新型サーフボードをお取り扱いいただきたく、お願い申し上げる次第です。/最近伴随着新型冲浪板的开发，意图进一步扩大销路。因此向在新潟地区以经营夏季体育用品而闻名的贵公司提出申请，能够经销我公司的新型冲浪板。

- おかげをもちまして業績も順調で、このたび業務内容を拡大して紳士服の販売をいたすこととなりました。つきましては、紳士服の総合メーカーとして実績を誇る貴社製品をぜひお取り扱わせていただきたく、お願い申し上げます。/正由于大家的协助，本公司业绩喜人，而此次计划扩充业务内容营销男士服装。贵公司作为男士服装的综合生产商以优良的业绩而闻名，因此我公司申请经销贵公司产品。

- このたび取引先店舗からの要望もあり、この際ぜひ御社の製品を販売させていただきたく、改めて申入れさせていただき、勝手ながら貴意をお伺い申し上げます。/应客户店铺的要求，我公司申请销售贵公司的产品，不知贵公司意下如何？
- 突然ではございますが、かねてよりご案内いただいておりました貴社製品の3DテレビML14につきまして、新たにお取引いただきたくお願い申し上げます。/恕我突然奉书，前日听闻贵公司介绍的3D电视ML14产品，务请建立业务关系。
- つきましては、大学を多く擁しておられる御地でご名声の高い貴店にも、是非弊社のお取り扱い商品を手がけていただきたく、お願い申し上げる次第です。/贵地拥有诸多大学学府，且贵公司名声高旺，因此务请贵公司能代理我公司的经销商品。

練習問題

1. 下記の話を書き言葉に書き換えなさい。
   (1) 一緒に送りますので、査収してください。
   (2) できれば声をかけてほしい。
   (3) 初めて手紙を送ります。
   (4) お名前を聞きました。
   (5) 記載した条件を認めてくれれば取引関係を作りたい。
   (6) どうか見てもらってから返事を待ちます。
   (7) 特約店として、貴社の力を借りたい。
   (8) 当社の信用状況を○○社長に聞いてください。
   (9) 直接行って詳しく説明したい。
   (10) 県内一番の中堅会社。

2. 下記の空白を埋めなさい。
   (1) 突然のことで誠に（　　　）でございますが。
   (2) 同封の弊社営業案内書をご（　　　）くださるよう、お願い申し上げます。
   (3) 今回、貴店のご隆盛ぶりを（　　　）、ぜひお取引をお願い申し上げる次第です。
   (4) 営業担当の方にご足労いただければ（　　　）でございます。
   (5) ご指導を（　　　）、ありがとうございます。

3. 下記の要点にそって、例文を作りなさい。
   (1) テーマを「外注加工の申し込み」にする。
   (2) 弊社はキッチン用換気扇の製造メーカーだ。貴社に部材の加工をお願いする。
   (3) マルヤマ建築会社より紹介してもらった。
   (4) 承諾すれば知らせてほしい。その後担当者を伺わせる。
   (5) 委託加工の部材は別紙に記載される。

第6課　申込みへの承諾状/辞退状

- 作成の目的

  相手の申込みを承諾する、或いは辞退する時に作成した文章。

- 種類とフォーム

  相手の申込みが前提になっているので、頭語は「拝復」と書く。先頭に承諾か辞退か、簡潔にはっきりと伝えておく。それから承諾か辞退する理由を明らかにする。辞退の場合、断りの理由について、適当にぼかした書き方をしておくのも必要。

  新規取引、委託販売、特約代理店などの申し込みへの承諾と辞退がある。

- 書き方のポイント

  承諾する場合：

  ① どの範囲承諾するのか、単純明快に書く。承諾は契約の申入れに対する回答になるので、慎重に検討し、余計な事項は書かない。② 取引条件を再確認する。③ 卑屈にも横柄にもならないように注意する。

  辞退する場合：

  ① 返事を早めに出す。② 冒頭で申し込みへのお礼を述べる。③ 明確に断る。④ 断る理由を明記する。

文例1

【请确认以下例文中的写作重点】

场景说明

　　核心目的：同意建立新业务关系。

　　信函要点：同意对方公司建立新业务申请，并夸赞对方在业内的地位，并对未来合作的前景表示期望。并分点罗列交易条件，如对方公司同意的话，即签署交易合同为盼。

新規お取引① ご承諾について

② 拝復　貴社いよいよご隆昌のこととお慶び申し上げます。

　さて、先般、貴社よりお申し越しの新規取引のご依頼につきまして、③ まことにありがたく存じます。④ 貴社におかれましては、人工知能（AI）技術が業界トップの座に着かれていると伺っております。⑤ 貴社

① タイトルで承諾の旨を伝える。
② 相手の申し込みが前提になっているので、頭語は「拝復」と書く。

のハイテクとうまく融合すれば、将来的にAI技術は車両のスピードや交通量といったデータ情報を収集し、リアルタイムで信号機を変えたり、待ち時間の間隔をコントロールすることが可能になります。これからの自動運転の新時代に入るために力を尽くせると信じております。早速新規取引の条件や詳細事項を相談したうえで、謹んでご通知申し上げます。⑥ 下記の取引条件につきましては、十分ご検討のうえ、ご応諾いただければ、ただちに取引契約の締結をさせていただきたく存じております。

　　まずは、新規取引承諾のご通知と取引条件のご連絡まで。

敬具

記

⑦ 1. 仕入価　　定価の70％
2. 決済日　　毎月25％日締め、翌月5日支払い
3. 決済方法　50％現金、50％約束手形
4. 運送方法　貴社ご指定
5. 運賃諸掛　商品発送の運賃諸掛は貴社負担、返品発送の運賃諸掛は弊社負担

以上

左栏批注：
③ 相手の申し込みに対してお礼を言う。
④ 相手の会社を褒めることがうまく取引関係を作るのに欠かせないもの。
⑤ 取引関係を築いたら収められる成果を明記し、よい関係を続けたいとヒントする。
⑥ 相手に判断を委ねる姿勢を表す。
⑦ 取引条件は、分かりやすく整理して別記箇条書きにする。

ビジネス用語	
申し越し（もうしこし）	来信所提之事
トップの座に着く（トップのざにつく）	位处首位
ハイテク	高新技术
リアルタイム	实时
間隔（かんかく）	间隔，距离
コントロール	操纵，调控
応諾（おうだく）	应允，同意
ただちに	立即；直接
約束手形（やくそくてがた）	期票
諸掛（しょがかり）	各种费用

文例2

【请指出并改正下列例文中的错误】

场景说明

　　核心目的：谢绝建立业务往来。

　　信函要点：对方来函要求与我公司建立业务往来。但由于我公司的新产品受到好评，订单过多，生产赶不及订单要求，无法保证按期交货。故无法再扩展新业务，予以谢绝，并希望对方能体察并谅解。

第6課　申込みへの承諾状/辞退状

お取引のお申し込みについてのご① 辞退

拝復　盛夏の候、貴社ご盛業のこととお慶び申し上げます。
　さて、このほどは新規お取引のお申込みを② 辞退させていただきます。
　お蔭様で当社の新製品は予想を上回る大好評で、生産量が受注量に追いつかず、すでに承っておりますご注文分に関しても、納入期日がお約束できない状況が続いております。
　つきましては、誠に遺憾に存じますが、③ やむを得ずお申入れを辞退させていただくほかございません。ご賢察のうえ、悪しからずご了承くださいますよう、お願い申し上げます。
　まずは、取り急ぎお詫びまで申し上げます。

敬具

① タイトルで「辞退」を書くと、あまりにもあからさまで、丁寧に欠けている。書き換え例「返事」。
② 相手の申込みへの謝辞が必要。書き換え例「頂戴し、まことにありがたく存じます。」
③ 一時的な拒否を強調しておくべき。書き換え例「今回はやむを得ず」。

ビジネス用語	
辞退（じたい）	谢绝，推辞
上回る（うわまわる）	超过，超出，高（大）于
追いつく（おいつく）	追上，赶上
賢察（けんさつ）	明察，明鉴
悪しからず（あしからず）	请勿见怪；请多包涵
了承（りょうしょう）	谅解，晓得
申入れ（もうしいれ）	申请

文例3

【请考虑，例文中的粗体字部分，还有别的表达方法吗？】
场景说明
　　核心目的：同意对方成为本公司代理店。
　　信函要点：5月6日接到对方公司申请成为我公司销售代理店的信函。经过讨论决定接受对方的申请。对方公司知名度很高，地区服务评价好，相信借助对方公司的帮助，一定能使关西地区的客户了解我公司产品。并且我公司对对方提出的交易条件没有异议，希望能尽早签订正式合同。因此希望对方公司负责人能来访详谈。

代理店お申込みへの承諾状

拝復　初秋の候、貴店益々ご繁栄のこと、大慶に存じ上げます。
　さて、5月6日付貴信、謹んで① **拝読いたしました**。ご書面によりますと、弊社の販売代理店をご希望との由、② **早速検討いたしました結果、喜んで承諾させていただくことになりました。**
　③ **貴社の知名度や、地域に密着したサービスの評判も聞き及んでおりますので、貴社のお力添えで、関西地区の皆様に、当社の商品に関心**

① 確かに拝受いたしました。
② ご検討させていただいた結果、お申入れの件、謹んでお受けすることにいたしました。

を寄せていただくことができますことと、社員一同確信いたしております。

　つきましては、貴店よりご提示のお取引条件等にも④ **異存**はございませんので、さっそく正式契約の運びに至りたく願っております。近日中に担当の方にご足労いただければ、詳細についてもご検討いただければ、幸甚でございます。

敬具

③ 貴関西地方にも代理店を設けたく存じておりましたところ、貴店のような伝統のある老舗から、ご協力をお申し出がありましたことは、願ってもない幸いと喜んでいる次第でございます。
④ 異議

ビジネス用語	
拝読（はいどく）	拜读
由（よし）	据说，听说
聞き及ぶ（ききおよぶ）	耳闻；久仰
力添え（ちからぞえ）	援助，支援
異存（いぞん）	异议；反对意见
運び（はこび）	阶段
足労（そくろう）	劳步；劳驾
謹む（つつしむ）	谨慎；慎重
異議（いぎ）	异议；不同意见

重点例文の解釈

1. このほど

说明：意为"这回，这次"。

例句：

① このほど本社からこちらに転任してまいりました。/这次从总公司调任至此。

② このほど新規取引をお願いすることに決まりましたので、ここに謹んでご通知申し上げます。/此次决定建立业务往来，谨向您通知如上。

2. 上回る（うわまわる）

说明：意为"超过，超越"。

例句：

① 平均を上回る営業成績をあげた。/创下超过平均的营业业绩。

② 新製品の出来は従来の水準をはるかに上回った。/新产品远远超出了以往水平。

3. 賢察（けんさつ）

说明：意为"明察，明鉴"。

例句：

① 何卒ご賢察の上ご了承のほどお願いいたします。/敬请明察，并予以谅解。

② 現在の窮境をご賢察ください。/请体察我现在的困难处境。

4. やむを得ない（やむをえない）

说明：意为"不得已，无可奈何"。

例句：

① 多少の混乱はやむを得ない。/难以避免会出现一些混乱。

② この天気では欠航もやむを得ない。/这样的天气航班取消也是没办法的事。

5. 悪しからず（あしからず）

说明：意为"不要见怪；原谅"。

例句：

① 悪しからずご了承お願いします。/请予原谅。

② 右のようなわけで出席できませんが、どうか悪しからずご了承ください。/由于上述原因不能出席请别见怪，希见谅。

6. 運び（はこび）

说明：意为"进展情况；程序"。

例句：

① 彼の論文集はいよいよ出版の運びとなった。/他的论文集终于到了出版阶段。

② さっそく正式契約の運びに至りたく願っております。/希望能尽快进入正式签约阶段。

常套表現

◆ 弊社製の食器取引お申し入れに関するご書面拝受いたしました。弊社の製品を高く評価くださいまして、誠にありがとうございます。/关于要求建立业务往来，销售本公司生产的餐具的大函敬悉。承蒙您对我公司产品给予高度评价，非常感谢。

◆ 当店では、この度店舗を改装いたし、売り場を拡張する準備を進めておりました折のお申入れ、ご検討させていただいた結果、喜んでお受けすることにいたしました。/本店这次在重新装修店铺，积极准备扩大铺面时，收到了您的请求函，经过研究很乐意接受您的请求。

◆ 目下、貴社の貴地における販売網はなお未整備なので、この際、販売推進の面で貴方の協力が得られれば誠に幸甚であります。/因目前我方在贵地销售网点尚不健全，当此之际，在推销方面如能得到贵方协作，实属幸甚。

◆ 弊社は○○製鋼株式会社とは、長きにわたりお付き合いをさせていただいており、ここで仮に貴社の製品を取り扱わせていただきましても、貴社の希望される販売額には遠く及ばないと思われます。/因为本公司已经与××制钢股份公司有长期业务往来，现在假如经办贵公司的产品，也远远不及贵公司所希望的销售额。

◆ このところ弊社は、経営の合理化を図るべく業務縮小を目指し、新規のお取引はすべて辞退申し上げているところです。/最近我公司为了整合经营而致力于缩小业务规模，因此停止一切新业务开发。

◆ 生産態勢を急遽見直しておりますので、それが整いました折には改めてお取引お願いいたしたく存じますので、今後ともご支援のほどお願い申し上げます。/我方会抓紧时间重新判断生产状态，在整顿完备后想重新开展业务往来，因此希望贵公司今后也能给予支持。

◆ 先日お申し越し賜りました新規お取引に関しまして、慎重に検討を重ねてまいりましたが、弊社は家具問屋であり、雑貨業界を取り巻く環境の厳しさを考慮いたしますと、時期尚早と思慮いたします。/有关前些天蒙您函告新交易一事，经再三慎重研讨后认为，我公司隶属家具批发行业，杂货行业竞争境况相当严峻，所以目前进入该行业为时尚早。

練習問題

1. 次の文章の下線部に入れる語句を書き出しなさい。

（＿＿1＿＿）

（＿2＿）貴店ますますご隆盛のことと存じ上げます。

さて、このたびは新規取引の（＿＿3＿＿）をいただき、（＿＿4＿＿）。

さっそく検討させていただきました結果、甚だ残念ではございますが、やむを得ずお申入れを（＿＿5＿＿）させていただくほかございません。

現在のところ弊社に（＿＿6＿＿）経営合理化の一環として営業面の規模縮小を実施しておりまして、これ以上の新規お取引は無理との結論が出された（＿＿7＿＿）です。

なにとぞ（＿＿8＿＿）、ご了承いただきますようお願い申し上げます。

まずは、（＿＿9＿＿）申し上げます。

敬具

2. 下記の文を正しく順を並べなさい。
   (1) ① ご連絡申し上げます　　② 取引契約の締結を
       ③ ただちに　　　　　　　④ させていただきたく
   (2) ① 取引条件のご連絡　　　② ご通知と
       ③ まで　　　　　　　　　④ 新規取引承認の
   (3) ① お約束できない　　　　② 納入期日が
       ③ 続いております　　　　④ 状況が
   (4) ① ご賢察の　　　　　　　② 悪しからず
       ③ うえ　　　　　　　　　④ ご了承ください
   (5) ① ご提示のお取引条件等にも　② より
       ③ 異存はございません　　　　④ 貴店

3. 下記の要点にそって、例文を作りなさい。
   (1) テーマを「販売特約店申し込みの件」にする。
   (2) 先方の会社から新製品「売れ売れ寝具」の販売特約店の申込状をもらった。
   (3) 現在丸元家具会社と取引していて、寝台関連製品を取り扱っている。
   (4) 寝具関連製品の販売部門を増設する予定がない。
   (5) よって、相手の申し込みを断る。

第7課　新規取引先の信用状況の照会状

- **作成の目的**

「照会」とはこちらの質問・疑問に回答してもらうことである。新規取引を作るときに、相手の会社の信用状況を証明してもらうときに作る文章である。

- **種類とフォーム**

照会には、在庫状況照会、販売状況照会、システム使用状況照会、取引条件照会、貨物着否照会などがあるが、本課では信用状況照会をメインにする。また信用状況照会には、先方会社が明記した照会先への照会と、先方会社が知らない状態で関連会社への照会、二種類がある。

- **書き方のポイント**

① タイトルは「～ご照会」「～お問い合わせ」にする。② 知りたいことを明快に示す。③ なぜ知りたいのか理由を明記する。理由もなく尋ねると、高圧的で横暴な印象になりかねない。④ 手数をかけさせることを詫びる。特に回答義務がない相手に、詫びる姿勢が大切。⑤ 相手に回答義務のない照会はより丁寧に。十分な回答をもらうために、できるだけ丁寧に依頼し、相手の好意を引き出す配慮が必要。⑥ 親しい相手でない場合は、返信用の切手、はがき、封筒を同封する。

文例 1

【请确认以下例文中的写作重点】
场景说明
　　核心目的：询问美味屋速食公司信用状况。
　　信函要点：本公司由于此次新型肺炎感染扩大导致居家隔离时间较长而令速食品人气倍增，我公司供不应求，故计划委托加工给岐阜县的美味屋速食公司。但由于是初次合作，因此想通过对方公司能私下告知该公司的业务状况，并承诺一定会严守商业机密。如产生费用，则由我方公司承担，并随附寻函文件。

インスタント食品会社の信用状況の① ご照会

拝啓　時下ますますご清栄の由お慶び申し上げます。平素は並々ならぬご愛顧を賜り、厚くお礼を申し上げます。
　さて、このほど新型肺炎の感染の拡大で自宅待機のことが長引いて

① タイトルで「～ご照会」を明記すれば、一目瞭然である。

② 知りたい理由を簡潔明快に伝える。	しまいました。それでインスタント食品が爆発的に人気が高まり、小社は増産に追われている状態に陥ってしまいました。② <u>そこで岐阜県の旨い屋インスタント会社に委託加工を依頼致したいところですが、同社とは初取引のため、信用状態が不明です。</u>
③ 知りたい事柄を簡潔に伝える。	つきまして、大変恐縮ですが、同社の信用状態についてご内報賜りたく、本状にてお伺いする次第です。下記の件につきまして、お差し障りのない範囲で結構ですので、③ <u>同社の信用状況をお聞かせいただければ幸いに存じております。</u>下記のお聞きしたい項目を同封いたします、後日直接御社にお訪ねする際にご回答をお聞かせくださいますようお願い申し上げます。
④ できる限り相手に負担をかけないことを申し出る。	なお、④ <u>ご回答内容につきましては極秘として、貴社にご迷惑をおかけすることは決してございません。</u>また、その調査に費用が発生する場合には、弊社が負担させていただきます。勝手ながらなにとぞお願い致します。
	<div align="right">敬具</div>
	<div align="center">記</div>
⑤ 回答しやすいように問い合わせ内容を別記するように心掛ける。	⑤ 1. 貴社との取引経緯 2. 旨い屋インスタント食品会社の信用状況 3. その他のご高見
	<div align="right">以上</div>

ビジネス用語	
インスタント	即席，速成
並々ならぬ（なみなみならぬ）	非同一般；极大的
長引く（ながびく）	拖长，拖延
陥る（おちいる）	陷入；落入
委託加工（いたくかこう）	委托加工；来料加工
内報（ないほう）	内部通报，私下通知
差し障り（さしさわり）	不妥当；妨碍
極秘（ごくひ）	机密，绝密

文例2

【请指出并改正下列例文中的错误】

场景说明

　　核心目的：询问DL策划股份公司经营情况。

　　信函要点：由于我公司与DL策划股份公司建立业务往来，在对方公司知情下，向该公司的交易银行询问公司经营情况。询问内容包括资产及营业情况、当地的信誉度、社长笹川一郎的简历及信誉。

株式会社DL企画に関するご照会について

拝啓　新緑の候、貴行にはますますご隆昌のこととお喜び申し上げます。

　さて、このたび弊社では株式会社DL企画と新規取引を開始することになりました。① <u>ついては</u>、同社の社会概要に貴行がお取引銀行として挙げられていますので、ご多忙中誠に恐縮ですが、同社に関して下記事項をお知らせくださいますよう、お願い申し上げます。

　なお、本件に関しては、② <u>固く守秘いたしますのでご安心ください。</u>
③ <u>また、弊社でお役に立つことがありましたらいつでもご協力いたしますので、なんなりとお申し出くださるようお願い申しあげます。</u>

敬具

記

1. 調査対象先　福岡市中央区天神町1丁目2番地
　　　　　　　株式会社DL企画
2. 資産・営業状況
3. 御地における信用度合い
4. 笹川一郎社長の経歴・信用度合い

以上

① さらなる丁寧な言い方「つきましては」にする。

② 相手の会社が指定した取引銀行に照会するので、秘密にする必要がない。書き換え例「株式会社DL企画様もご承知ですので、ご安心ください」。

③ 答える義務がある照会先に、これからの協力する意を表さずに、簡潔に文章を終えるべき。書き換え例「よろしくご高配賜わりますようお願い申しあげます」。

ビジネス用語	
取引銀行（とりひきぎんこう）	往来銀行
守秘（しゅひ）	保密
度合い（どあい）	程度

文例3

【请考虑,例文中的粗体字部分,还有别的表达方法吗?】
场景说明

　　核心目的：询问东洋经济公司相关情况。
　　信函要点：东洋经济公司来函申请与我公司建立新业务,但我公司对该公司的情况,特别是财政内容不了解,故发此函。希望对方公司能介绍该公司的概要、营业状况、信用状况、代表人的相关信息,其他等内容。并承诺双方都履行保密义务。

株式会社東洋経済に関するご照会のお願い

謹啓　陽春の候、ますますご盛栄のこととお喜び申し上げます。

　さて、誠に突然で恐縮ではございますが、御社とお取引がございます株式会社東洋経済様の信用状態につき、ご教示頂きたくご連絡させて頂きました。

① このたび株式会社東洋経済様から当社宛に新規お取引のお申し入れがございました

② 当社と致しましては株式会社東洋経済の財政内容等全く不案内なものですので、目下思案中の状態でございます

③ 差し障りない

④ 内容に関しましてはすべて、社外秘で扱わせて頂きます

実はこの度、① 株式会社東洋経済様より新規取引のお申込みを受けましたが、② 同社についての情報不足、とくに財政内容等全く存じないため、思案中でございます。そこで、同社とお取引のある貴社により、下記の件につきまして、③ 差し支えない範囲でご教示いただければ幸いに存じます。

なお、④ この件に関しては固く守秘いたしますのでご安心ください。また、当社からのお願いにつきましてもご内密にしていただきたく、よろしくご高配賜わりますようお願い申しあげます。

敬白

記

1. 会社概要
2. 営業状況
3. 信用情報
4. 代表者に関する情報
5. その他

以上

ビジネス用語	
陽春(ようしゅん)	阳春,春天
盛栄(せいえい)	兴盛,繁荣
思案(しあん)	思量,盘算
差し支える(さしつかえる)	妨碍,有影响
不案内(ふあんない)	不熟悉;生疏
目下(もっか)	目前,现在

重点例文の解釈

1. 並々ならぬ(なみなみならぬ)

说明：意为"非同一般；极大的"。

例句：

① この子の才能は並々ならぬものがある。/这个孩子的才能不同寻常。

② 並々ならぬ苦心をする。/付出不寻常的努力。

2. 差し障り(さしさわり)

说明：意为"不妥；妨碍"。

例句：

① 差し障りがなければ、その件について詳しく話してくれませんか。/如果没有不方便的话,请跟我谈谈有关那件事情的详细情况。

② その話は差し障りがあるのでやめましょう。/这话欠妥,不要说了。

3. 思案（しあん）
说明：意为"思量；盘算"。
例句：
① 卒業後どうするかは目下思案中です。/现在正在考虑毕业后怎么办。
② どう金を工面しようかと思案する。/盘算怎样张罗钱。

4. 不案内（ふあんない）
说明：意为"不熟悉；生疏"。
例句：
① 着任して間もないのですべてに不案内だ。/刚到任不久，对一切都很生疏。
② パソコンには不案内だ。/对电脑是外行。

常套表現

◆ さて、今般、福岡市伊藤貿易株式会社が、弊社との取り引きを希望され、照会先として貴社を指定してこられました。つきましては、ご多用中誠に恐縮ではございますが、同社の下記の事項について、お差し支えのない範囲でお聞かせ賜わりたく、お願い申しあげます。/此次地处福冈市的伊藤贸易股份公司，提出希望与我公司开展业务往来的要求，并指定贵公司作为咨询方。因此，在您百忙之中很过意不去，烦请就该公司的下述事项，在允许的范围内，赐复为感。

◆ 商事より信用照会先として貴行を指名してまいりましたので、同商事の信用状態についてご教示賜りたく、とくに取引の限度について、貴行において差し支えのない範囲内でお聞かせいただきたく、ここにお願い申し上げます。/该商社指名贵银行为信用咨询方，请就该商社信用状况，特别是在业务上，在允许范围内予以赐教。

◆ 本件は厳秘に付し、決して貴殿にご迷惑をお掛けいたしません。ご腹蔵のないご回答が頂ければ、この上ない幸いと存じます。/这件事我们保证严守机密，一定不给贵方增添麻烦。如您能直言不讳地回答，则无上欣喜。

◆ ご書状の中で貴行が信用照会先として指定されておりました。誠に失礼ですが、株式会社○○様の信用状態につき下記の事項のみで結構でございますから、お知らせ下さいますようお願い申し上げます。/在书信中指定贵行为信用咨询方。因此烦请就××股份公司回答以下事项为感。

◆ 承りますと、社長の長谷川氏は、2年前に池田様の会社とお取引があったとのこと。そこで同氏について何かご記憶のことがあるかと思い、お尋ねする次第です。/听闻长谷川社长2年前与池田先生的公司有贸易往来，故此询问您对该社长是否有印象？

◆ ○○社の財政状態、一般の評判、経営状態に関しての貴殿のご意見をいただきたいと存じます。/我们希望能就××公司的财政状况、一般信用情况以及经营状况等听听您的高见。

練習問題

1. 下記の文を日本語に訳しなさい。
（1）我们特别想了解的是该公司的产品质量、普遍知名度以及是否具有大量生产和装运能力。

（2）百忙之中打扰，颇感愧疚。恳请秘密相告上述商店之简历、营业状况、来往银行以及贵公司对其的看法。

　　（3）地处神户的 SH 公司最近与我公司联系，提出希望成为我公司在该地销售电脑配套用品的分代理店。贵行若能向我们提供该商社的财务和营业状况，将不胜感激。

　　（4）此次得到华本电机公司的新业务邀请函，故特奉此函，进行事前调查。

　　（5）我们会对您的回答内容保密，请放心。

2. 下記の話し言葉を書き言葉に書き換えなさい。

　　（1）このたびわが社は〇〇会社に委託加工を依頼したいです。

　　（2）恐れ入りますが、同社の信用状態を内報してもらいたいので、本状で聞きます。

　　（3）忙しいところもうしわけないが、同社に関して下記事項を知らせてください。

　　（4）〇〇会社の信用状態について、教えてもらいたく、連絡をしました。

　　（5）〇〇について全くわからないので、今いろいろ考えているんです。

3. 下記の要点にそって、例文を作りなさい。

　　（1）テーマを「株式会社〇〇に関するご照会のお願い」にする。

　　（2）先方会社と取引がある株式会社〇〇様の「営業状態、信用状態、先方の意見」について照会する。

　　（3）株式会社〇〇様から新規取引の申込みがあり、先方会社と長年の取引関係がある。

　　（4）先方会社の回答を守秘する。

　　（5）返信希望日：〇〇年 5 月 10 日（火）。

第8課　新製品の案内状

- 作成の目的

　新商品の案内とは自社発売の新商品に関する案内状として使用し、先方に興味を持ってきてもらうために書かれたビジネス文書である。

- 書き方のポイント

　① タイトルは「～ご案内」「～ご紹介」にする。② 紹介の趣旨を明確に述べる。③ 商品名、開発経緯、商品特徴、性能、メリット、価格条件、保証、アフターサービス、注意事項などを明記する。④ 問い合わせ先も明記しておく。

文例1

【请确认以下例文中的写作重点】

场景说明

　　　核心目的：新产品"未来光"的推介函。

　　　信函要点：本公司在折叠智能手机变为媒体主流的形势下，致力于低价推出"未来光"折叠手机，将于6月1日开始发售。该产品是纵向折叠型，6.7寸显示屏，外观如过去流行的两折叠型手机，薄款低价是卖点。随寄产品目录一份，并写明垂询方式。

新製品「未来光」の① ご案内

拝啓　若葉の候、貴社ますますご清栄のこととお慶び申し上げます。平素は格別のお引き立てに預かり、厚く御礼申し上げます。

　さて、このたび小社ではこれから折り畳みスマホのコンセプトがメディアに盛んに登場する傾向の中、主力製品である「未来光」の新シリーズスマホを売り出す次第でございます。② 昨年が終わるころには、他社は非常に高い価格で折り畳みスマホを売り出したのですが、大衆化に向かってはなかなか超えられない「鉄のハードル」となっているのは現状です。小社はコストダウンに取り組んできて、低価格でセールスポイントにしていきたく存じております。来る6月1日より発売することとなりましたので、③ お知らせいたします。

　　④ 本社の商品は横方向の折り畳み式と違い、縦方向の折り畳み式

① タイトルで「ご案内、ご紹介」を明記する。

② 背景の紹介を通して、本製品のありがたさをアピールする。

③ 紹介の趣旨を明確に述べる。
④ 商品のセールスポイントをPRする。

で、ディスプレイは6.7インチ、折りたたむとコンパクトな正方形になり、かつて流行った「二つ折りガラケー」を思わせるタイプにしております。それにさらに薄型や低価格化も実現した画期的な商品でございます。早速、同製品のカタログ他各種資料をお送り致しますので、ご参照いただければ幸甚に存じます。

　ぜひ貴社におかれましては、同製品を一度お試しいただき、採用のご検討を宜しくお願い申し上げる次第です。

　まずは略儀ながら、書面にてご案内を申し上げます。

敬具

記

同封書類　　カタログ一式　1部

⑤ <u>本件についての問い合わせ先：広報担当：高橋</u>

電話：09-0719-2420

FAX：09-0719-2421

Email：mvds@yahoo.co.jp

以上

⑤ 問い合わせ先を明記しておく。

ビジネス用語	
若葉（わかば）	嫩叶,新叶
引き立て（ひきたて）	关照,照顾
コンセプト	概念,创意
主力（しゅりょく）	主力
ハードル	障碍,难关
セールスポイント	卖点
来る（きたる）	下(次);即将来临的
コンパクト	小型;便携式
組み込む（くみこむ）	编入,加入
画期的（かっきてき）	划时代的
問い合わせ（といあわせ）	询问,查询,垂询

文例2

【请指出并改正下列例文中的错误】

场景说明

　　核心目的：介绍新商品球棒"红极一时"。

　　信函要点：此次本公司新开发的棒球棒"红极一时"，其特殊构造，贴合人体体格，即便是刚开始玩棒球的孩子，也能运用自如。该商品将于9月20日由媒体发布，10月1日开始发售。在此之前，想先向客户高冈先生介绍，其可先于他人了解该商品，故发此函。随寄宣传册1份。

① 新商品のご案内

拝啓　② いつもお世話になっております。

　さて、このたび弊社では少年用打力強化バットの製品化に成功し、新商品として「スマッシュヒット」を開発いたしました。

　この「スマッシュヒット」は、従来のサービスにはない優れた機能を兼ね備えた、弊社の③ 自信作でございます。

　9月20日にプレス発表そして10月1日に発売の予定でございますが、④ 商品の詳細が載りましたパンフレットを同封させていただきました。

　何とぞご検討の上ご用命賜りますよう、ご案内かたがたお願い申しあげます。

　　　　　　　　　　　　　　　　　　　　　　　　　敬具

記

同封書類：パンフレット　一部

　　　　　　　　　　　　　　　　　　　　　　　　　以上

ビジネス用語	
打力（だりょく）	击球的力量
バット	棒球棒
スマッシュヒット	红极一时；非常成功
兼ね備える（かねそなえる）	兼备，双全
自信作（じしんさく）	得意之作
プレス	新闻界；报纸
用命（ようめい）	吩咐；指示

① 新商品の名前を記すべき。書き換え例「新商品『スマッシュヒット』のご案内」。
② 前文を簡略化しすぎて丁寧さが感じられない。書き換え例「紅葉の季節、貴社ますますご清祥のこととお慶び申し上げます。平素はひとかたならぬご愛顧を賜り、厚くお礼申し上げます」。
③ いかに相手の心をつかむ魅力的な要素を盛り込めるかが大事。書き換え例「…自信作でございます。このバットは特殊構造によって、個人の体格にあわせ、野球を始めたばかりの子様でも、楽しみながら上達できる、と自負するまでに至りました」。
④ 相手が特別という気持ちを伝える。書き換え例「その前にぜひ日頃お世話になっております高岡様にご高覧いただきたく、商品の詳細が…」。

文例3

【请考虑,例文中的粗体字部分,还有别的表达方法吗?】

场景说明

　　核心目的：介绍新产品"东方"。

　　信函要点：我国公司早前就致力开发的彩色手表"东方"得以完成，即将发售。该彩色手表是用颜色的变化告知时间,通过镂空的时针,可看到下面不同颜色,除外观漂亮以外性能也好,相信必定在日本年轻人中销售火爆。因此致函希望对方公司能够经销该产品,同时希望对公司此前的产品也能继续给予认可和销售。写明垂询联系方式,随寄产品目录一份。

新製品「オリエント」のご案内

拝啓　初秋の候、貴社ますますご隆盛のこととお喜び申し上げます。平素は並々ならぬお引き立てを賜り、厚くお礼申し上げます。

① このほど、弊社においてかねてより鋭意研究開発を進めておりました新製品「オリエント」の製品化に成功いたしました。
② を吸い寄せ；に受けられ
③ 自負する次第です。

　さて、① このたび弊社では、かねてより開発を行っておりました新製品の「オリエント」という色時計が完成し、販売の運びとなりました。
　オリエント時計は色の変化で時刻を告げる腕時計であり、文字盤の中央部分が回転し、文字盤に開いた時針の形の穴から見える色が変わります。同商品は色や形を工夫して見栄えと同時に機能も高めるようになっておりますので、必ず消費者② の目を引き、日本でも若者を中心に多くの購買が見込まれるものと③ 確信いたしております。
　つきましては、何卒お取り扱いいただくよう、オリエント時計のカタログを同封させていただきます。また、その他弊社製品も引き続き御愛顧賜りますよう、お願い申し上げます。
　また、この件についてのお問い合わせは、下記までお願い致します。

敬具

記

同封書類：　　カタログ　一式
本件についての問い合わせ先：セールス部　京谷
　　　　　　　　　03－1111－1234

以上

ビジネス用語	
オリエント	东方；亚洲
かねてより	早先，老早
時針（じしん）	时针
見栄え（みばえ）	漂亮；美观
見込む（みこむ）	预料，估计；相信，信赖
鋭意（えいい）	锐意，专心
吸い寄せる（すいよせる）	吸引，招引

重点例文の解釈

1. 預かる/与る（あずかる）
说明：意为"接受恩惠"。
例句：
① 毎度お引き立てにあずかり、ありがとうございます。/每次多蒙照顾,深为感谢。
② お褒めにあずかり恐縮です。/承蒙夸奖,深感不安。

2. 組み込む（くみこむ）
说明：意为"编入,加入"。
例句：
① 駅前の開発を計画に組み込む。/站前开发编入进计划中。

② カードにICチップを組み込む。/在卡中加入IC芯片。

3. ～にとどまらず

说明：意为"不仅,不限于"。

例句：

① そのブームは大都市にとどまらず地方にも広がっていった。/那种热潮不仅大城市,也传至乡间。

② 英語にとどまらず理数系科目でもいい点を取る。/不仅英语,理科也取得了好成绩。

4. 併せて（あわせて）

说明：意为"并,同时",多用于文章语。

例句：

① 併せてご健康を祈ります。/并祝健康。

② 新春を賀し奉り、併せて平素のご無沙汰をお詫び致します。/恭贺新春,并对久疏问候致以歉意。

5. 一方ならぬ（ひとかたならぬ）

说明：意为"格外,分外；非常,特别"。

例句：

① 在京中は一方ならぬお世話になり、ありがとうございました。/在京期间承蒙格外关照,谢谢。

② 一方ならぬご協力をいただきました。/蒙您特别的协助。

6. かねてより

说明：意为"事先,老早,早先,原先"。

例句：

① かねてよりの計画。/原先的计划。

② ご高名はかねてより伺っております。/久仰大名。

常套表現

◆ このたび弊社は、イタリアの老舗家具メーカー「○○」と代理店契約を締結し、日本国内における「○○」商品の卸販売をすることとなりました。/此次我公司与意大利的家具老字号"○○"生产商签订了代理经销合同,在日本国内进行"○○"商品的批售。

◆ 貴社の事務合理化に必ずお役立ていただけるものと自信をもって送り出した新製品「電子手帳NI型」を、ぜひ一度ご高覧賜りますようご案内申し上げます。/我们相信新产品"电子手册NI型"必定对贵公司的事务合理化整合起到助推作用,因此烦请您务必过目垂览。

◆ この度当社では、全米で大人気の多機能鍋セット「クイッククッキング」を輸入し、販売することになりました。鍋料理はもちろん、煮物から蒸し料理まで幅広い用途に対応しており、省エネにも貢献できるこの商品は、我が国でも十分需要があると思われます。/此次我公司进口代理全美最受欢迎的多功能锅"快速烹饪",该产品除火锅外,还可用于煮蒸,用途广泛,且节能,因此在我国也会有很大的需求。

◆ この度当会社として現地生産の新製品赤蜻蛉養生酒を取り扱うことになりましたので、ご紹介申し上げたいと思います。わずか6年ほどの歴史しかない赤蜻蛉養生酒の人気が、このほど外国人バイヤーの間で、鰻上りです。/在此向您介绍我公司代理的现地生产的新产品红蜻蜓养生酒。这款养生酒在短短的6年间受到了欢迎，国外购买者人数也不断增长。

◆ 初めて貴社にご紹介申し上げます関係上、その人気のある美味しさと栄養価値をご理解いただくため、詳しい説明書と成分配合・加工方法などを10部ずつ同封致しますとともに、見本1箱を航空便にて、別送致しますので、ご査収ください。/因为初次向贵公司介绍产品，因此为了使您能了解产品的美味和营养价值，随附详细说明书，成分配比和加工方法等资料共10份，同时另空运邮寄一箱样品供品鉴，请注意查收。

練習問題

1. 下記の空白を埋めなさい。
   (1) 平素は格別の（　　　　）にあずかり、厚く御礼申し上げます。
   (2) この（　　　）小社では新製品○○を発売することとなりました。
   (3) 新製品は○○機能を付加させながら、（　　　　）低価格化も実現した画期的な商品でございます。
   (4) 本件についての（　　　）先は下記の通りです。
   (5) ○○は製品化に（　　　）し、新商品として「○○」を開発いたしました。
   (6) 何とぞご検討の上ご（　　　）たまわりますよう、ご案内かたがたお願い申しあげます。
   (7) 野球を始めたばかりの子様でも、楽しみながら上達できる、と（　　　）するまでに至りました。
   (8) このたび弊社では、（　　　）開発を行っておりました新製品「オリエント」という色時計が完成し、販売の運びとなりました。
   (9) 日本でも若者を中心に多くの購買が（　　　）ものと確信いたしております。
   (10) その他弊社製品も（　　　）御愛顧賜りますよう、お願い申し上げます。

2. 下記の言葉の類似表現を書いてみなさい。
   (1) 平素は格別のお引き立てにあずかり
   (2) 並々ならぬ
   (3) かねてより
   (4) ご参照いただければ幸甚に存じます

3. 下記の要点にそって、例文を作りなさい。
   (1) テーマを「新製品『タッチデジカメ』発売のお知らせ（販売店へ）」にする。
   (2) 製品の販売店に対して、新製品開発成功や発売開始を案内する。
   (3) 新製品の機能が大幅に強化し、デザインも洗練になっている。
   (4) 後日販売担当者が参上する時、時間を割いてほしいという趣旨を表す。
   (5) 添付書類：カタログ、開発のあらまし各10部。

第9課　新製品説明会の案内状

- 作成の目的
  新製品の発表会・展示会の開催情報を知らせる時に作る文書。
- 書き方のポイント
  ① 開催の目的・意図を明確にする。相手に興味を持たせる。
  簡潔の言葉でいかに相手の心を掴む魅力的な要素を盛り込めるかが大切。
  ② 開催日時・場所などの情報を誤りなく明記する。
  ③「あなたは特別」という気持ちを感じさせるべき。
  ④ 文章の末尾に、「ご多忙中とは存じますが、ぜひともご参加いただけますようお願い申し上げます」などと入れたらいい。

文例1

【请确认以下例文中的写作重点】
场景说明
　　核心目的：新产品展示会的开展通知。
　　信函要点：我公司长年研究开发的"工厂用LED照明器材"商品化，将于4月1日全国发售。在发售前将于2月15日～19日举行商品展示会，地点在幕张商品展销会的会议中心。特写此函向特约经销店发出邀请。介绍该商品没有使用水银且节能，而且无紫外线不招虫，保质2年。

新製品展示会開催の① <u>ご案内</u>

拝啓　晩冬の候、貴社ますますご清栄のこととお慶び申し上げます。平素はひとかたならぬご厚情に預かり厚くお礼申し上げます。
　さて、この度弊社企画開発部におきまして、長年研究開発を進めてまいりました「工場用LED照明器」が製品化の運びとなり、4月1日より全国発売することとなりました。
　② <u>同製品は同類製品と比べて、紫外線が出ないため、虫がよりづらく清掃の手間を削減できる</u>というメリットがあります。さらに水銀未使用と消費電力削減による二酸化炭素削減に貢献できます。また、2年間の保障付きで、ユーザーのご要望に添えると確信しております。

① テーマに「ご案内」を明記する。

② 新製品の特長を宣伝する。相手の心を掴む魅力的要素を盛り込む。

③「あなたは特別」という気持ちを感じさせる。
④ 一方的な発表・展示ではなく、参加者に意見を聞きたい旨を書き添える。
⑤ 開催日時・場所などの情報を誤りなく明記する。

つきましては、③ 一般公開に先立ち、特約店の皆様にいち早くご高覧いただきたく、新製品を含めた弊社の展示会を、下記の見本市にて開催いたします。④ ぜひこの機会にご来場いただき、ご高批いただければ幸いに存じます。

まずは書中をもってお知らせ申し上げます。

敬具

⑤ 記

日時：2月15日（木）～19日（月）午前9時から午後4時
会場：幕張メッセコンベンション・センター
※会場までのアクセスは別紙地図参照。当社ブースの場所につきましては、別紙見取り図をご覧ください。

なお、出欠のご返信を2月5日（月）までにいただければ、弊社から入場券を送付させていただきます。何卒よろしくお願い申し上げます。

以上

ビジネス用語	
照明器（しょうめいき）	照明器材
～づらい	难；不便
手間（てま）	劳力和时间
削減（さくげん）	削减；缩减
ユーザー	用户
先立ち（さきだち）	在……之前
見本市（みほんいち）	商品展览会
高批（こうひ）	（您的）批评
コンベンション	会议
アクセス	交通
ブース	展位
見取り図	示意图

文例2

【请指出并改正下列例文中的错误】

场景说明

核心目的：新产品XP35C6系列产品的发布会通知。

信函要点：本公司系列产品XP35C6作为新产品开始发售，并于4月24日举行发布会。该产品实现了小型化和低成本，可以作为多功能读卡器且可作为控制器使用。在发布会上可以体验到真机，了解开发目的及市场前景，而且还可听取硬盘和配件的详细说明，另有现场回答顾客

新製品 XP35C6 シリーズ製品発表会のご案内

① 前略　いつもお世話になっております。
　弊社では新たな製品ラインナップとして、インテリジェントターミナルXP35C6 シリーズの提供を開始し、② 発表会を下記の通り開催することとなりました。
　インテリジェントターミナルXP35C6 シリーズは従来からご提供しております「インテリジェントターミナルXPC100 シリーズ」の機能を厳選し、小型化と低コスト化を実現いたしました。Windows CEを搭載したプログラマブルで多機能なカードリーダーとして、かつコントローラーとしてもご活用いただける製品です。
　③ 発表会では、実際にインテリジェントターミナルXP35C6 シリーズに触れ、その可能性をご確認いただきます。また、インテリジェントターミナルXP35C6 シリーズの開発目的とその市場性についてお話させていただくとともに、ハードウェアの詳細説明や提供予定のオプションパーツの紹介、さらに活用事例を紹介いたしますので、お客様へのソリューションの提案にご活用いただきたく存じます。
　ご多忙のところ誠に恐縮ではございますが、ぜひご来場賜りますようお願い申し上げます。会場の収容人数の都合もあり、勝手ながら別紙記載の上、4 月 17 日火曜日までにご来場のご連絡をメールもしくはFAX にてお申し込みいただきますようお願いいたします。

④ <u>敬白</u>

記

1. 日時　20〇〇年 4 月 24 日（火曜日）
　　　　13 時 30 分〜16 時 00 分（受付開始 13 時 00 分より）
2. 場所　大阪府大阪市北区天満 4－1－18
　　　　GL 大阪ビル セミナールーム
3. 申込　別紙来場登録お申込書に記載の上、メールもしくはFAX にてお申し込みください

以上

① 全文を簡略化しすぎていて丁寧さが感じられない。正式な前文を入れる。書き換え例「謹啓　貴社ますますご盛栄のこととお慶び申し上げます。平素は格別のご高配を賜り、厚くお礼申し上げます。皆様におかれましては当社製品をご愛顧いただき、重ねて御礼申し上げます。」
② 本題「発表会に来て欲しいという目的」に言及するのを急ぎすぎる恐れがある。文章の後半に盛り込むべき。書き換え例「〜の提供を開始いたしました。」
③ この段落の前に、「発表会を行う」趣旨を伝える。書き換え例「この度、本製品を皆様に紹介させていただきたく、下記の要領にて製品発表会を開催致します。」
④ 頭語に対しる結語の使い方が誤り、前略に対し草々、謹啓に対し敬白が正しい。

ビジネス用語	
ラインナップ	阵容
インテリジェント	智能
ターミナル	终端
厳選（げんせん）	严选，严格挑选

プログラマブル	可编程的
カードリーダー	读卡器
コントローラー	控制器；操纵器
ハードウェア	硬盘
オプションパーツ	选择配件
ソリューション	解决办法
収容（しゅうよう）	容纳
セミナー	研讨

文例3

【请确认以下例文中的写作重点】

场景说明

核心目的：新材料滑膜发布会的通知。

信函要点：本公司历时五年开发了一种新材料。该材料采用哈佛大学的研究技术，可以填补多孔固体表面，达到润滑作用，可以用于降低原油管道内部摩擦和防止飞机机翼结冰。信函通知材料发布会时间，并期望光临现场。

つるつる皮膜という新素材発表会のご案内

拝啓　新緑の候、貴社ますますご清栄のこととお慶び申し上げます。平素より、弊社製品をご愛顧いただき厚くお礼申し上げます。

さて、弊社では① <u>これまで5年間をかけて研究しておりましたつるつる皮膜新素材の開発を完了し、これほど販売する運びと相成りました。</u>

今般販売を開始する新素材は、新タイプのコーティング材料で、非常に滑らかな表面を実現でき、ねばねばの蜂蜜を垂らしてもオリーブオイルのように流れ落ちることができ、原油パイプラインの内部摩擦の低減や飛行機の翼の着氷防止、スプレー塗料による落書きを受け付けない壁などに利用できます。そして、ハーバード大学ヴィース生体模倣工学研究所が開発した化学的に不活性な物質が鍵で、これを多孔質やザラザラした固体（コンクリートの壁など）に染み込ませて、表面につるつるの滑らかな膜を形成できるようになっております。

② <u>つきましては、この新素材発表会を下記のとおり開催したいと存じます。</u>発表会では、開発者自らが技術的な面を中心に詳細なご説明をすることにしております。また、当日は、従来製品も含めて種々なご意見やご要望を個別にお聞きする時間もとっておりますので、③ <u>多くの皆様にご来場いただけますようお願い申し上げます。</u>

① かねてより開発をすすめてまりました

② つきましては、日頃から特別なご愛顧をいただいております貴社に、発売に先駆けて発表会のご案内を申し上げます。

③ 万障お繰り合わせの上ご来場くださいますよう、お願い申し上げます。

まずは、略儀ながら書中をもって新素材の発表会のご案内を申し上げます。

敬具

記

1　日　時　5月6日　13：00より16：00
2　場　所　大和ホテル　緑の間
　　地　図

以上

ビジネス用語	
相成る（あいなる）	「なる」的郑重说法
コーティング	表面涂层
パイプライン	输油管
着氷（ちゃくひょう）	结冰
スプレー	喷射；喷雾器
落書き（らくがき）	胡乱涂写，乱画
ハーバード大学	哈佛大学
模倣（もほう）	模仿
不活性（ふかっせい）	惰性
鍵（かぎ）	钥匙；锁；关键
先駆ける（さきがける）	抢先，率先
万障（ばんしょう）	一切障碍，万难
繰り合わせ（くりあわせ）	安排，调配，抽出

重点例文の解釈

1. ～に先立って（にさきだって）

说明：意为"在……之前"。前接动词基本形；名词。

例句：

① 一般公開に先立って試写会を催す。/正式公开之前举行试映会。

② 出発に先立って結団式が開催された。/出发之前举行了组团仪式。

2. 高批（こうひ）

说明：意为对他人的批评表示尊敬。

例句：

① ご高批に預かりありがたく存じます。/承蒙您的批评殊深感谢。

② 御高批を賜る。/承蒙批评指教。

3. かつ

说明：意为"并且，而且，又"。

例句：

① 健康で、かつ頭もいい。/既健康，又聪明。

② 彼は私の親友であり、かつライバルである。/他既是我的好友，又是我的竞争对手。

4. 勝手ながら（かってながら）

说明：意为"虽是任性、无理的请求"。

例句：

① 勝手ながらとりあえず仮の家具を用意させていただきました。/非常抱歉我们只准备了临时家具。

② このたび、誠に勝手ながら製品についての割引を終了することにいたしました。/非常抱歉，商品的折扣活动已经终止了。

5. 重ねて（かさねて）

说明：意为"再一次，重复"。

例句：

① 重ねてお手紙をさしあげます。/我将再次写信奉告。

② みなさまのご協力を重ねてお願い申しあげます。/再次恳求大家配合我们的工作。

6. ～ことなく

说明：意为"一般会做～，或者也就做～，但是这种情况下却不做～"。前接动词基本形。

例句：

① 彼は雨の日も風の日も、休むことなく働き続けた。/他无论风雨，从不休息持续工作。

② ニコさんの部屋の電気は3時を過ぎても消えることなく、朝までついていた。/尼克房间的灯过了3点也没有熄灭，一直亮到早晨。

7. 繰り合わせ（くりあわせ）

说明：意为"安排，抽出，调配"。

例句：

① 万障お繰り合わせの上ご出席ください。/务请拨冗光临。

② なんとか繰り合わせをつけましょう。/想办法安排吧。

8. ～に先駆けて（にさきがけて）

说明：意为"领先，率先"。前接名词。

例句：

① 各国に一歩先駆けて景気回復への道を踏み出した。/比各国早一步走上了经济复苏。

② 世界に先駆けて技術を開発する。/开发出领先于世界的技术。

常套表現

◆ 性能、仕様等につきましては、同封のカタログをご検討いただければお分かりいただけるものと存じますが、特別企画として、次の通り新製品の展示会を開催いたしますので、ぜひご来場のうえご高覧いただきたく、ご案内申し上げます。/关于其性能和用法等，倘蒙对附上的目录进行研究之后方可了解。作为特殊计划，如下所示，我们将举行新产品的展示会，务请出席，并乞垂览。特此通知。

◆ さて、弊社では、かねてよりの後継機種の開発を進めておりましたが、このたび晴れて完成致しました。従来機種と比較して、機能は大幅に強化され、また、デザインも精錬され皆様方のご期待に添える製品となったと自負しております。/此次我公司以往就潜心研发的后

第 9 課　新製品説明会の案内状

续机型开发成功，与以往的机型相比，功能大幅提高，而且外观设计也更加精致，相信一定能满足顾客的愿望。

◆ 昨年「○○Live」の発表会を実施いたしましたが、その第二弾「今後のスマートフォン戦略と新製品発表会」を 2 月 8 日（月）に、実施することが決まりました。ご興味のあるお客様は、ぜひお申し込みください。／作为去年召开的产品说明会"○○生活"的延续，第二轮"未来的智能机战略和新产品发布会"将于 2 月 8 日（周一）举行。务请感兴趣的顾客，光临现场。

◆ かねてより当社が開発中でありました新製品「○○」がこのたびようやく実用化の運びとなりました。○○は、従来の機種に比べて操作の簡便さと作動の確実さの点でまさに画期的な製品であります。／以往我公司一直开发中的新产品"○○"此次终于投入实用。○○与以往的机型相比，操作的简单性和动作准确性上，称得上是划时代的产品。

練習問題

1. 下記の空白を埋めなさい。
   （1）新製品展示会（　　　）のご案内。
   （2）長年研究開発を進めてまいりました「工場用 LED 照明器」が（　　　）の運びとなりました。
   （3）同製品は同類製品と比べて清掃の手間を削減できるという（　　　）があります。
   （4）ご（　　　）のところ誠に恐縮ではございます。
   （5）会場の収容人数の都合もあり、（　　　）別紙記載の上、4 月 17 日までにご来場のご連絡をお願いします。
   （6）○○効果などを発揮したので、使用用途が大幅に（　　　）と考えております。
   （7）当日は、従来製品も含めて種々なご意見やご（　　　）を個別にお聞きする時間がありますので、…

2. キーワードを使って下記の中国語を日本語に訳しなさい。
   （1）在公开发售之前（に先立って），想提前（いち早く）请特约经销店的诸位过目（高覧），特设产品说明会。
   （2）设有 2 年的保修期（保証付き），相信一定能满足客户的要求（要望）。
   （3）务请借此机会光临会场（来場），提出批评指正（高批）。
   （4）在产品发布会上，您可以实际接触使用（触れる）○○系列产品（シリーズ），并确认产品用途（可能性）。
   （5）在现场可提供（提案）解决建议（ソリューション）。
   （6）此次发售的纳米新材料（ナノテク新素材），是在每个纤维上施以（施す）功能性表面涂层（コーティング）。

3. 下記の要点にそって、例文を作りなさい。
   （1）テーマ「新商品『SO223』発表展示のご案内」。
   （2）営業支援システム「SO223」が開発できたので、公開発表の前に、デモンストレーションを開くことを案内する。
   （3）従来の支援システム「SO200」に顧客管理機能を追加し、さらに営業業務をサポートできる。
   （4）開催場所は本社の 1 階のショールーム、時間は 4 月 2 日（火）午前 10 時から午後 5 時まで。

第10課　新規開店の挨拶状

- **作成の目的**

　企業内に起こった新しい動きを得意先や取引関係先へ広く披露して理解を求め、今後の一層の愛顧を要請することを目的に、作った儀礼文書の一つである。

- **種類とフォーム**

　会社設立、開店、支店開設、社屋の新・改築、社名・組織変更などをはじめ、企業内に起こった新しい動きを知らせる。

　挨拶が主とはいえ、機能的にはビジネス上の事柄、なぜ、何が、いつ、どこで、どのようになるのかなどを、正確に記すことが肝要である。

- **書き方のポイント**

　① タイトルを「～ごあいさつ」にする。② 前半で通知すべき内容をわかりやすく簡潔に記す。③ 後半で愛顧を要請するのに重点を置く。末文も丁寧に、礼にかなったものとする。④ 締めくくりは、今後一層のご厚誼、ご愛顧などを請う旨を述べる。

例文1

【请确认以下例文中的写作重点】

场景说明

　　核心目的："幸运咖啡"的开业通知。

　　信函要点：我公司策划许久的"幸运咖啡"顺利开业，特此通知。该咖啡店不同于以往的传统咖啡店，通过充分利用移动互联网和大数据技术的新零售模式，致力为客户提供高品质、高性价比、高便利性的产品。文末附新店的地址、电话、营业时间、休息日等。

① ラッキー・コーヒーショップの開店のご挨拶

① タイトルに「ご挨拶」を明記する。	拝啓　時下ますますご清祥のこととお慶び申し上げます。毎々格別のご愛顧を賜り、厚く御礼申し上げます。
② 簡潔に知らせる事柄を伝える。	さて、② 私こと、かねて念願致しておりましたラッキー・コーヒーショップを下記により開店致しました。これも偏に方々のご支援ご指導の賜物と心から感謝の意を申し上げたいと存じております。
③ 努力する姿勢や社会への貢献を見せつける。	③ ラッキー・コーヒーショップは伝統的な喫茶店と違って、最先端のモバイルインターネット技術やビッグデータをもって、革新的なビジネ

第10課　新規開店の挨拶状

スモデルを生かして、また好ましい製品の原料、完璧なコーヒー技術を通して多くの消費者に高品質のコーヒー消費の新体験をもたらし、コーヒー文化の中国での普及と発展に取り組んでまいりたい決意でございます。また、配達という現代人が好まれる形を通して、お客様がご自宅にいながらも気軽に高品質のコーヒーを楽しめます。④ <u>高利便性やコストパフォーマンスの高さを目指してまいりたいと存じます。</u>

　まだ駆け出しで経験不足ではございますが、誠心誠意をもって努力する覚悟でございます。⑤ <u>なにとぞ皆様のご批判と今後のお引き立てを切にお願いする次第でございます。</u>諸事お忙しいところとは存じますが、ぜひお越しいただくようご案内申し上げます。

敬具

④ 簡潔に一言商品のメリットを改めてアピールする。

⑤ ご愛顧をいただくよう、お願いする。

⑥ 記

住所	〒○○○-○○○○　○○県○○市○○町○丁目○番○号
電話番号	○○○-○○○-○○○○
営業時間	午前10時から午後7時まで
定休日	毎週水曜日

以上

⑥ 新しい店の基本情報を漏れなく正確に記す。

ビジネス単語	
念願（ねんがん）	心愿，愿望
偏に（ひとえに）	诚心诚意；完全
モバイルインターネット	移动互联网
ビッグデータ	大数据
ビジネスモデル	商业模式
コストパフォーマンス	性价比
駆け出し（かけだし）	初出茅庐，生手，新手

文例2

【请指出并改正下列例文中的错误】

场景说明

　　核心目的：重新装修开业的通知。

　　信函要点：我公司4月上旬进行店铺装修整顿，将于6月1日重新开业，特此通知如下。装修期间给您带来的不便，我们深表歉意。新店铺与以往相比，面积更大，商品更丰富，我们相信一定能满足顾客的需求。期望您一如既往给予我们协助。文末附店铺营业时间及地址、电话等基本信息。

新装開店のごあいさつ

拝啓　① <u>立春のみぎり、皆様いよいよご健勝のこととお慶び申し上げます。</u>

① 挨拶状で日頃の感謝の気持ちが述べられ

さて、弊社では4月上旬より店舗改装工事を進めておりましたが、② <u>このたびようやく完成いたし、きたる6月1日をもって新装開店の運びとなりました。</u>

休業中は何かとご不便をお掛けしましたことを、心からお詫び申し上げます。

新店舗は従来よりも、売り場面積も拡張し、豊富な品揃えと楽しい雰囲気造りに工夫を凝らしました。必ずやお客様のご満足がいただけるものと確信しております。

今後、社員一同、心を新たにして皆様へのご奉仕に専念致す所存でございますので、なにとぞ、倍旧のご愛顧を賜りますようお願い申しあげます。

③ <u>以上ご案内致します。今後ともよろしくお願い致します。</u>

敬具

記

「〇〇通町店」
開店日時　〇年6月1日(火)　10:00〜22:00
住所　〒八六〇-〇〇〇　　（別紙地図をご参照ください）
電話番号　0426-335-〇〇〇
地図

以上

側注：

ていないと、謙虚さが足りない印象になる恐れがある。書き換え例「日頃は並々ならぬご芳情を賜り、誠にありがとうございます。」

② あくまでもお客様のお引き立てがあっての開店という謙虚さが大切。書き換え例「これもひとえに皆様のご支援のおかげと深謝致しております。」

③ 書面であることのお詫びが述べられていない。本来は伺ってご挨拶するべきこととされているので、「略儀ながら」の一言を入れるだけで丁寧な印象になる。書き換え例「まずは、略儀ながら書中をもって、お礼かたがた、ご挨拶申しあげます。」

ビジネス用語	
新装（しんそう）	新装饰，新装修
芳情（ほうじょう）	好意，厚意
改装（かいそう）	改装；重新装修
きたる	下次；即将来临的
深謝（しんしゃ）	衷心感谢，深表谢忱
品揃え（しなぞろえ）	商品配备
工夫を凝らす（くふうをこらす）	悉心钻研；下功夫
奉仕（ほうし）	服务，效劳
専念（せんねん）	一心一意，专心致志
倍旧（ばいきゅう）	多加，更加

文例3

【请考虑例文中的粗体字部分，还有别的表达方法吗？】

场景说明

　　核心目的：开设分店的通知。

信函要点：此次我公司决定在大阪开设分店，将于6月15日开始营业。该分店的开设，标志着全国地区服务网络建设的完成，深感高兴。而且还能进一步完善大阪地区服务，能快捷应对顾客的订购。因此希望您今后能给予我们更多的惠顾和关照。

支店開設のご案内

謹啓　入梅の候、御社ますますご隆昌の段、心よりお慶び申し上げます。また、平素は格別のご高配を賜りまして、厚く御礼を申し上げます。

さて、弊社ではこのほど大阪に左記の通り新支店を開設し、① **6月15日より営業を開始することになりました。**② **これもひとえに皆様方のご支援ご芳情の賜物と深く感謝申し上げます。**

③ **同支店開設により、全国的なサービスネットワークが遂に完成し、感慨ひとしおですが、とりわけ同地域の皆様へのサービス向上が約束されることとなり、誠に喜ばしい限りです。**今後は同支店を通じて迅速にご注文の品をお届けすることができますので、何卒従来にも増して一層のご用命、ご利用の程をお願い申しあげます。

右、略儀ながら書中をもちまして、会社設立の御通知かたがた御挨拶を申し上げます。

敬白

① 6月15日より営業活動をスタートすることになりました。
② これもひとえに平素の皆様のご支援のお陰と、心より感謝しております。
③ 大阪地域につきましては、これまでご不便をお掛けしておりましたが、同支店開設により利便性がかなり向上致しますので、今後は皆様のご不便が一掃されるものと存じます。

ビジネス用語	
段(だん)	点；地方
左記(さき)	后文；下文
賜物(たまもの)	赏赐；所赐
遂に(ついに)	终于
感慨(かんがい)	感慨
ひとしお	更加，格外
とりわけ	特别，尤其
向上(こうじょう)	提高，进步

重点例文の解釈

1. 私こと(わたくしこと)

说明：意为"我的私事"，谦虚表现，等同于「私の個人の事で恐縮ですが」。

例句：

① さて私こと、この度一身上の都合により、名古屋市へ転居することになりました。/我这次由于个人原因，迁居至名古屋市了。

② 私ことこのたび東京から北海道へ転勤致しました。/此次我从东京调职去北海道。

2. ～にも増して（にもまして）

说明：意为"比……；胜过"。

例句：

① 以前にもまして不安感がつのる。/比以前更加不安。

② それにもまして肝心なこと…/比那更要紧的……

3. ひとえに

说明：意为"衷心；完全，全部"。

例句：

① よろしくお引き立てのほどひとえにお願い申しあげます。/衷心希望您能多多关照。

② 今回の旅行が無事に済んだのはひとえにあなたのアテンドのおかげです。/这次旅行能顺利结束完全是您陪伴的功劳。

4. 切に（せつに）

说明：意为"恳切，殷切"。

例句：

① 御自愛のほど切に祈ります。/深切希望您多加保重。

② みなさんのご協力を切にお願いします。/恳切希望各位给予大力协助。

5. 工夫を凝らす（くふうをこらす）

说明：意为"下功夫；想方设法"。

例句：

① 工夫に工夫を凝らしてその新製品をつくった。/绞尽脑汁制作了该新产品。

② 工夫を凝らしたおすすめレシピで、食事を楽しみながらカロリーが減らせる。/下功夫设计的菜单，能享用美食的同时减少热量摄入。

6. ひとしお

说明：表示"与其他相比事物的程度更高"，可译为"更加，格外"。

例句：

① あこがれの甲子園に立って感激もひとしおだった。/站在向往已久的甲子园球场上，实在感慨万分。

② 雨上がりの庭はひとしお美しかった。/雨后的院子显得格外美。

常套表現

◆ さて、このたび弊社では、エレクトロニクス販売部門を分離・独立させて、新会社を設立することになりました。これにより、お得意様のご要望に従来より速やかにお応えできるようになるものと確信致しております。/此次我公司的电子工学的销售部门实现独立，计划设立新公司。相信一定能更加快捷地应对顾客的需求。

◆ このたび東京・渋谷にレストラン「○○」をオープン致しました。ささやかな店ではございますが、ぜひ皆様お誘い合わせの上ご来店いただければ幸いです。/此次在东京涉谷开设"○○"餐饮店，虽是一个小店，但我们衷心地期待您和您的朋友、家人的光顾。

第 10 課　新規開店の挨拶状　　　　　　　　　　　　　　57

◆ かねてより鹿児島工業地区に建設中の小社工場が、このたび竣工致し、〇月〇日から操業を開始することとなりましたので、謹んでご案内申し上げます。同工場では、ハイテクロボットを導入し、フルオートメーション化を達成致しました。これもひとえに皆様のご愛顧とお引き立ての賜物と厚く感謝し、心からお礼申し上げます。/本公司在鹿儿岛工业区建设的工厂得以竣工,将于〇月〇日开始投入生产。该工厂引入了高科技机器人,实现了全面自动化,这完全仰仗了大家的关爱和照顾才得以实现,在此表示由衷地感谢。

◆ 昨年末より建設中の弊社新社屋が、お蔭様でこのたび滞りなく竣工の運びとなりました。つきましては、〇月〇日より新社屋にて営業を開始致しますので、謹んでご案内申しあげます。/自去年年末开始修建的新办公楼,已经顺利竣工,将于〇月〇日新办公楼开始营业,特此通告。

◆ 私こと、このたび東京六本木に株式会社〇〇産業を設立し、五月一日に開業の運びとなりました。新会社は、二十一世紀に向かって新しい健康のあり方をお客様に提案していく会社です。皆様のご健康を願って、ともに歩んでいく所存です。/这次在东京六本木开设的〇〇产业股份公司,于5月1日正式开业。新公司是面向21世纪,向客户建议理想健康提案的公司。愿诸位健康,我们将与您并肩前行。

練習問題

1. **下記の言葉を書き言葉に書き換えなさい。**

（1）わたくしのことについて申し上げます。前から望んでいた和紙専門店「雛形紙業」を下記のとおり開店した。

（2）これはまったくみんなの支持と指導のおかげだから、心から感謝します。

（3）休業の間に不便をかけてしまって、申し訳ないです。

（4）これから社員一同、斬新な気持ちで皆さんへの奉仕に専念すると思っています。

（5）これから該支店を通じてより早く注文いただいた品を届けることができるので、これからも以前よりさらならご用命、ご利用のほど、お願いします。

2. **下記の言葉を使って文を作りなさい。**

（1）駆け出し

（2）せつに

（3）工夫を凝らす

（4）奉仕

（5）ひとしお

（6）とりわけ

3. **下記の要点にそって、例文を作りなさい。**

（1）テーマを「新規開店のごあいさつ」にする。

（2）子供服専門店「キッズメイト」が10月14日に開店することを知らせる。

（3）子供のおもちゃやベビー用品を扱うほかに、中古品の買い取りと販売も行う。

（4）子供向けのイベントも企画するので、皆さんの来店を待っている。

（5）添付書類：開店日時、店主名、場所、電話、FAX。

第11課　見積もりの依頼状

- 作成の目的
　見積依頼書とは、商品やサービスの料金・代価を知りたい時に、その商品やサービスの販売者または提供者に対して、価格や代金の算出を依頼する文書のことで、ビジネス文書のひとつである。
- 種類とフォーム
　条件を具体的提示する見積もりの依頼と、条件の提示ができない依頼がある。条件の提示ができないときは「いくつかのパターンで見積もりを出して下さい」と依頼することもある。
- 書き方のポイント
　商品やサービスの価格や対価は、条件によってその都度変わってくるので、見積もり依頼書に必ず必要なのは「条件」である。条件には以下のような項目があげられる。
　① 商品やサービスの仕様。商品の場合は品番、型式、バージョン、サイズ、色、年式など、作業やサービスの場合は具体的な内容や手順など明記する。
　② 数量および単位。数量と単位は必須項目である。例えば：個数、本数、枚数、箱数、人数、台数；泊数、室数；時間、日数、月数など。
　③ 受け渡し方法。宅配便で送る、設置する、持参する、などがあり、また、「指定日一括納品」や、「分割納品」（一部のみ後日納品）などという区分もある。
　④ 納品場所。商品で言えば「届け先」にあたる場所や住所を書く。
　⑤ 納期。受注した場合にいつ納品ができるかを記載する。
　⑥ 支払方法。必須ではないが、一括/分割、支払条件（支払いサイト）、手形による支払いなどを必要な時に指定するべき。
　⑦ およその発注スケジュール。

文例1

【请确认以下例文中的写作重点】
场景说明
　　　核心目的：笔记本电脑的询价函。
　　　信函要点：本公司由于更新办公设备,想购置笔记本电脑,希望对方公司提供报价。电脑的品牌无特殊要求,但单价控制在6万日元以内,订购数为100台。各台电脑须满足：13寸液晶屏,无硬盘驱动装置,搭配无线键盘和无线鼠标,配置摄像头,蓝牙设置,系统为windows10和微软软件office365。

第11課　見積もりの依頼状

① ノートパソコンの見積書ご送付のお願い

　拝啓　貴社ますますご隆昌のこととお慶び申し上げます。
　さて、② このたび弊社では、事務設備を更新するため、ノートパソコンを仕入れたく存じます。つきましては、誠にお手数ながら、ノートパソコンを同じ型番で100台見積もりお願い致します。
　まずは取り急ぎお願いまで。

敬具

記

メーカーはお任せ致しますが、一台6万円以内で以下の条件を満たして下さい。
③ 1．数及び値段
　　数：100台
　　値段：6万円以内
2．ノートパソコンについての条件
　　① 液晶画面：13インチ
　　② ドライブ：無
　　③ PCカメラ：有
　　④ ワイヤレスキーボードとマウス：有
　　⑤ Bluetooth接続：有
　　⑥ OS：Windows10
　　⑦ ビジネスソフト：マイクロソフトOffice365
以上よろしくお願い致します。

以上

① 件名に依頼内容を明記する。
② 見積がほしい理由を明記する。
③ 条件、内容が明確にわかるように箇条書きにする。

ビジネス用語	
型番（かたばん）	型号
液晶（えきしょう）	液晶
ドライブ	硬盘驱动装置
ワイヤレス	无线
Bluetooth	蓝牙
OS	操作系统
マイクロソフト	微软

文例2

【请指出并改正下列例文中的错误】
场景说明
　　核心目的：高速扫描机 DR－C130 的询价函。

信函要点：从对方公司的网页详细了解了新产品高速扫描机DR－C130的情况,欲购买。故请求对方公司在以下条件下于11月11日周四前进行报价：商品名为高速扫描机DR－C130,计划购入3台,交货日期12月15日,交货地点为××区××大厦三楼的××事务所,配送方式由贵公司决定,并明示付款方式。

高速スキャナー DR－C130 見積書ご送付のお願い

拝啓　向寒のみぎり、貴社にはますますご清祥の由お慶び申し上げます。日頃は格別のご愛顧を賜り厚くお礼申し上げます。

　さて、① この度貴社の新製品（品番DR－C130）の購入を検討しております。

　つきましては大変恐縮ですが、下記の条件に従いお見積りを至急作成いただき、ご送付くださいますようお願い申し上げます。また、ご多忙の中ご迷惑をおかけしますが、② できるだけ早く必着でお願い申し上げます。

　まずは取り急ぎ、書中をもってお願いまで。

敬具

記

1. 品名：高速スキャナー（品番DR－C130）
2. 数量：3台
3. 納入期日：12月15日
4. 納入場所：○○区○○ビル3F　○○事務所
③ 5. 運送方法：貴社ご指定

以上

① 単刀直入購入する願望を言えば、唐突ような気がするので、理由を一言入れるべき。書き換え例「貴社のホームページを拝見いたし」。

② あいまいな日付を指定しない、具体的に書く。書き換え例「11月11日（木）必着で…」

③ 支払い条件を忘れがちなので、ちゃんと書き入れる必要がある。書き換え例「6. 支払条件：着荷後50日約束手形払い。」

ビジネス用語	
スキャナー	扫描仪
清祥(せいしょう)	清吉;时绥
ホームページ	主页;网页
書中(しょちゅう)	书面
着荷(ちゃっか)	到货

文例3

【请考虑,例文中的粗体字部分,还有别的表达方法吗?】

场景说明

　　核心目的：学生运动服的二次询价函。

　　信函要点：得到对方公司就学生运动服的报价回复,但感觉价钱略高。由于最近衣物类商品

的价格大幅下降,希望对方能下调价格(如下调10%)后再次报价。

再見積依頼の件

拝啓　時下ますますご隆盛のこととお喜び申し上げます。また、平素は格別のご高配を賜り厚く御礼申し上げます。

　さて、このたび貴社製品の学生用スポーツウェアの見積をお願い致しましたところ、早速にご回答を賜りありがとうございました。

　見積書を検討させていただきましたが、① <u>他社の同製品に比べて割高な感じが致します</u>。ご承知のとおり、当地におきまして最近衣料品の価格がかなり値下がりしており、貴社② <u>お申し越しの価格</u>では、当社といたしましては遺憾ながら③ <u>発注できかねる</u>ものと考えます。

　つきましては、これらの事情をご勘案の上、④ <u>再度のお見積をお願い致したく存じます</u>。まことに勝手なお願いでございますが、よろしくご配慮のほどお願い申し上げます。

　まずは再見積のお願いまで。

敬具

① 希望の価格では、熾熱な販売競争に生き残れないものと判断致しました。
② ご提示くださった価格
③ 発注に踏み切れずにおります
④ 現状の見積金額より、10％の値引きをご検討願えないでしょうか。

ビジネス用語	
スポーツウェア	运动服
割高(わりだか)	价钱比较贵
熾熱(しねつ)	炽热
値下がり(ねさがり)	降价;跌价
申し越し(もうしこし)	要求
踏み切る(ふみきる)	下决心;决定
勘案(かんあん)	考虑,酌量

重点例文の解釈

1. 任せる(まかせる)

说明：意为"委托,托付"。

例句：

① 万事ぼくに任せて休んでください。/一切交给我办,你休息好了。

② 子どものしつけは女房に任せっきりだ。/孩子的家教全由老婆来管。

2. に従う(にしたがう)

说明：意为"按照,适应"。

例句：

① 前例に従ったやり方なら大丈夫だ。/如是按照先例的做法是没问题的。

② 収入の増減に従って支出を変える。/按照收入的增减变更支出。

3. 申し越し（もうしこし）

说明：意为"传话；通知；提出要求"。

例句：

① お申し越しの件、承知致しました。／您所提之事，我知道了。

② 書面でお申し越しの件。／来信所提之事。

4. 遺憾ながら（いかんながら）

说明：意为"遗憾的是……"。

例句：

① 遺憾ながらご助力できません。／很遗憾，真是爱莫能助。

② 遺憾ながらご希望にはそいかねる。／碍难满足您的要求，很遗憾。

5. 踏み切る（ふみきる）

说明：意为"决定；下决心"。

例句：

① メーカーはコスト上昇に伴い製品の値あげに踏み切った。／厂家由于成本的增加，决定提高产品价格。

② 計画の中止に踏み切る。／决心中止计划。

常套表現

- 貴価格表により、値段は一応分かっておりますが、下記の数量と支払条件によるファーム・オファーをお願いしたく存じます。／通过您提供的价格表，大致了解了价钱，请以下述数量和支付条件为准予以报价。
- 毎月の所要数量は、150万個と実に大きな数ですので、特別値をお見積もりください。／每个月所需数量大约为150万个，实为大数目，因此请给我们特别优惠报价。
- ご好意有難うございます。値段をさらに10％安く願えれば成約できますので、もう一度見積もってくださるようお願いします。／感谢您的好意，如果价钱能再便宜10％的话，即可成交，所以烦请重新报价。
- お見積書には積期が七月になっておりますが、それでは秋季セールに間に合いません。再見積もりお願いします。／报价单中所列交货期为7月，这样的话赶不上秋季促销。因此烦请重新报价。
- 誠に恐縮ですが、FOBでは都合が悪いので、CIF青島を大連にして、もう一度お見積もり下さい。お願いします。／非常遗憾，FOB不符合我方要求，烦请将CIF青岛变更为大连，重新报价。

練習問題

1. 次の日本語のオファー依頼状を中国語に訳しなさい。

アクリルのオファー並びに関連資料送付依頼の件

拝啓　毎度格別のご指導に預かり、厚くお礼申し上げます。

さて、先日紺色アクリルのサンプルを需要者のメーカーに検討させました結果、品質・規格などほぼ先方の希望に合い、ぜひ一万ポンドほど購入したいと申し入れてきました。
　従って、サンプルと同様のもの一万ポンドをCFR価格で至急オファーして頂きたく、また関係資料ご送付かたがたお願い申し上げます。

敬具

2．下記の言葉を別の言い方で書き直しなさい。
　（1）仕入れる
　（2）お手数ながら
　（3）下記の条件に従う
　（4）割高な感じ
　（5）申し越し
　（6）ご勘案の上

3．下記の要点にそって、例文を作りなさい。
　（1）テーマを「USBディスクの見積り依頼状」にする。
　（2）販売促進に使うUSBディスクを購入するために、見積もってもらう。
　（3）条件：32Gの5色のUSB3.0　5,000個
　　　　　　印刷代（デザインは当社指定）　5,000個
　（4）特記条件：社名とロゴを印刷
　　　　　　　　箱なしで直接で手渡せる
　　　　　　　　見積最終期限12月末

第12課　見積案内状

- 作成の目的

　商品の代金などについて予算を立てたりする時に作る文書である。
- 種類とフォーム

　見積状には見積、再見積や条件付きの見積などに分けられている。具体的な内容については別記とし、項目順に書き、数字などは誤りのないように充分注意したほうがいい。
- 書き方のポイント

　① 何に関する見積もりか、件名をはっきりと書く。例えば「○○商品お見積書送付のご案内、○○システム利用料のお見積の件、○○開発費のお見積もりの件、○○のお見積書をお送りします」。

　② 見積もりを依頼されたことへの回答なので、「拝復」からはじめ、依頼状をいただいたことに対してもお礼を述べる。

　③ いつの見積もり依頼に関するものかを明確に。日付、先方担当者を記す。

　④ 記載内容は契約書同様の効力を持つので、条件は吟味して正確に書く。

　⑤ 見積もり内容をわかりやすく箇条書きで明記する。

　⑥ 見積書はそれぞれの業界や職種での慣例や形式があるので、作成の際は注意が必要。

文例 1

【请确认以下例文中的写作重点】

场景说明

　　　核心目的："匠人火锅"的报价单。

　　　信函要点：10月15日接到对方的询价函，向对方表示感谢。并表示在迎来冬季火锅旺季之际，公司本着薄利多销的营销策略调整了价格，并作出具体报价，包含单价、支付条件、运费及交货地点。

①「職人火鍋」のお見積状

① 件名にて見積を書き記す。 ② 拝復から始まる。	② 拝復　錦秋の候、貴社ますますのご繁栄のこととお慶び申し上げます。 　　さて、このたびは③ 10月15日付貴信により弊社製品「職人火鍋」に

ついてご照会をいただき、誠にありがとうございました。④ <u>これから冬を迎える中、「火鍋は中国人にとってバイキングのようなもの」と言われるように、火鍋へのこだわりシーズンになります。そのうえ、弊社は薄利多売を目指しているため、価格を調整致しました。</u>

　さっそく下記の通りお見積書を作成致しましたので、何卒ご用命賜りたくお願い申し上げます。

　まずは、お礼かたがたご返事まで。

敬具

⑤ 記

1. 取引価格　　単価 2,600 円（税別）
2. 支払条件　　現品到着後 90 日約手払い
3. 運賃諸掛　　弊社負担
4. 受渡場所　　貴社〇〇事務所

以上

③ いつの見積もりなのかはっきりとする。
④ 価格調整と言って、相手の好感を得るように努める。

⑤ 見積内容を分かりやすく箇条書きにする。

ビジネス用語	
職人（しょくにん）	匠人，手艺人
錦秋（きんしゅう）	似锦的秋天
～付（づけ）	日期
バイキング	自助餐
薄利多売（はくりたばい）	薄利多销
用命（ようめい）	吩咐；定购
約手（やくて）	期票
諸掛（しょがかり）	各种费用
受渡（うけわたし）	交割，收付

文例2

【请指出并改正下列例文中的错误】

场景说明

　　核心目的：企业派对的报价单。

　　信函要点：12月12日接到对方公司的询价函，对12月20日晚6点到9点召开的企业派对场地费用进行报价。公司派对场地名为欢乐间，场地使用费 63,000 日元，每小时延时费 31,500 日元。正式预定后如因故取消时，会产生取消费用 30,000 日元。另，如在申请截止日期之前没有得到对方回馈的话，场地预定将自动取消。

企業パーティーに関する見積書送付ご案内

拝復　① <u>平素は格別のお引き立てを賜り厚く御礼申し上げます。</u>

① 前文には時候の挨拶や安否の挨拶をするべき。書き換え例「厳寒の候、貴社ますますご隆昌のこととお慶び申し上げます。平素は…」 ② いつ依頼されたかを明確に記すべき。書き換え例「12月12日ご依頼」 ③ 添付ファイルの形で送ったものではなく、「記」で記しているため、「別記のとおり/下記のとおり」と書くべき。書き換え例「お見積書をお送り致します。具体項目を別記をご参照ください。」	早速ではございますが、② ご依頼をいただきました12月20日18時から21時までの企業パーティーに関するお見積書を③ 添付ファイルにてお送りします。お手元に届きましたら、内容をご確認の上、期日までにご連絡いただきますよう、よろしくお願い申し上げます。また利用条件についても別記にて記載しておりますので、ご参照の上、何卒ご用命くださいますようお願い申し上げます。 　まずは、お礼かたがたご案内まで。 　　　　　　　　　　　　　　　　　　　　　　　　　　敬具 　　　　　　　　　　　　　記 1. 会場名：歓楽の間（○○平米） 2. 場所代：基本料金 63,000 円 　　　　　1時間毎延長料金　31,500 円 3. キャンセル料金：30,000 円 4. 利用条件： ① 現在は、会場および設備を仮押さえしております。 ② 期日までにご連絡がない場合には自動的にお取り消しとなります。 ③ 正式お申し込みののち、キャンセルとなった場合には、弊社規定によるキャンセル料が発生致しますので御承知ください。 　　　　　　　　　　　　　　　　　　　　　　　　　　以上

ビジネス用語	
厳寒（げんかん）	严寒
期日（きじつ）	日期
仮押さえ（かりおさえ）	临时预定
取り消し（とりけし）	取消

文例3

【请考虑,例文中的粗体字部分,还有别的表达方法吗？】

场景说明

　　核心目的：旅行包的再次报价函。

　　信函要点：12月7日收到对方来信,信中提及希望降低商品价格,对此给予回复。如果对方订购数量能保持在3,000以上的话,单价可以降至大阪港离岸价4.5美金,包装采用纸板箱,交货期为1月15日,支付条件为30日有效期的不可撤销信用证。

旅行用かばんについての見積書送付ご案内

① お申し越しいただき	拝復　厳冬の候、貴社ますますご隆昌のこととお慶び申し上げます。 　早速ですが、12月7日付け貴信にて再度のオファーを① ご依頼いた

だき恐縮に存じます。標記製品について価格の値下げをご要請のことですが、弊社が検討の結果、貴社とは始めての取引でありますことに② **鑑み**、もしご注文量を3,000個を増やしていただければ、貴社のカウンターの単価4.5ドルに値下げすることを受けることに致します。③ **これは当方が誠意を示すための特別措置でありまして、前例とは致しませんが、どうかご考慮ください。**

④ **下記には再度オファー致します。**どうぞご参照の上、ご用命くださいますよう、お願い申し上げます。

まずは、取り急ぎご返事まで。

敬具

記

1. 品名　旅行用カバン
2. 単価　FOB大阪港　4.5ドル/個
3. 包装　12個/段ボール箱
4. 最小注文量　3,000個
5. 納期　1月15日
6. 支払条件　30日サイト、取消不能信用状

以上

② 照らし合わせて考えて

③ これは当方の最低限の値段であります。これ以上はコスト割れになりますので、どうかご賢察のうえ、ご考慮ください。

④ 再度下記の通りお見積申し上げます。

ビジネス用語	
標記（ひょうき）	标题，标记
要請（ようせい）	请求，要求
鑑みる（かんがみる）	鉴于；考虑
カウンター	还击；回价
単価（たんか）	单价
値下げ（ねさげ）	降价
措置（そち）	措施；处理办法
FOB	离岸价，船上交货价
段ボール（だん～）	纸板
サイト	结算期限
取消不能（とりけしふのう）	不可撤销

重点例文の解釈

1. ～付（づけ）

说明：意为"日期"。

例句：

① 今月5日付けの手紙。/本月五日(写来)的信。
② 5月1日付けで発令。/于五月一日宣布。

2. 照会(しょうかい)

说明：意为"询问，查询"。

例句：

① 申し込みの方法について照会する。/询问申请办法。
② 成績は学校に照会中だ。/成绩正向学校查询中。

3. 用命(ようめい)

说明：意为"吩咐，指示，委托"。

例句：

① なんなりとご用命ください。/不管什么，您尽管吩咐。
② タクシーのご用命はぜひわが社へ。/需要乘坐出租车请委托本公司。

4. 約手(やくて)

说明：意为"期票"，是「約束手形」的略称。

例句：

① 一覧払い約手。/见票即付期票。
② 約手振り出し人。/期票发票人。

5. のち

说明：意为"后，以后"。

例句：

① 食事ののちに散歩する。/饭后散步。
② 式が終わってのちに余興がある。/仪式之后有表演节目。

6. 鑑みる(かんがみる)

说明：意为"鉴于……，以……为借鉴"。

例句：

① 先例に鑑みて適当な処置をする。/参照先例作适当处理。
② 教育は時代の要求に鑑みるべきだ。/教育应考虑时代的要求。

7. サイト

说明：意为"结算期限"。

例句：

① 3か月サイトで手形を振り出す。/开出付款期限为三个月的支票。
② 手形サイト。/支票期限。

常套表現

◆ 価格につきましては、特別販売期間のものを設定致しました。ぜひともご用命を賜りますよう、お願い申し上げます。/价格方面是特别促销时的价格，恳请订购。

◆ お買い付けが12,000ダースを超えた場合、7掛けにて成約してもよろしいです。/订购量若

第12課　見積案内状

能超过12,000打，价格方面可以考虑给予七折优惠。
◆ 当社見積に対する6月17日付貴小学校事務長よりのお申し越しの儀、社内にて検討させていただきました結果、標記の件に関してまして、再度下記の通りお見積申し上げます。／6月17日接到贵小学负责人对我公司报价的回函，我们经过社内协商后，对标记的事项进行再次报实价。
◆ 受渡条件：工事完了後1週間以内に検査、受渡する。支払い条件：受渡し完了後1ヶ月以内（全額現金）。／交割条件：工程结束1周以内检查，交割。支付条件：交割结束后1个月内（全额现金）。
◆ 支払い条件はL/Cアットサイトで、8月末積み、包装は木箱でコンテナー詰みです。／支付条件为即期信用证，8月底装船，木箱包装后再装集装箱。
◆ クオーテーションを同封致します。価格の点でも大勉強しておりますので、是非ご注文くださいますようお願い申し上げます。／随寄估价单，在价格方面已经是给出了极便宜的价格，恳请您能订购。
◆ 同封の見積書は、譲渡可能、分割積み出し可能な取消不能L/Cでお願いしますのでお含み置き下さい。／随付的报价单标明使用可转让、可分装的不可撤销信用证，望您明了。

練習問題

1. 下記の空白を埋めなさい。
    (1) このたびは○○についてご（　　　）をいただき、ありがとうございました。
    (2) （　　　）下記の通りお見積書を作成致しました。
    (3) お礼（　　　）ご返事まで。
    (4) 運賃（　　　）弊社負担。
    (5) 内容をご（　　　）の上、期日までにご連絡ください。
    (6) ご（　　　）の上、何卒ご用命くださいますようお願い申し上げます。
    (7) 期日までにご連絡がない場合には自動的にお（　　　）となります。
    (8) 現在は、会場および設備を（　　　）しております。
    (9) 標記製品について価格の値下げをご（　　　）のことですが…
    (10) 貴社とは始めての取引でありますことに（　　　）、受けることに致します。

2. 下記の間違えを訂正しなさい。
    (1) さっそく下記の通りお見積書を作成致しましたので、何卒ご用命致しますようお願い申し上げます。
    (2) まずは、お礼かたがたご返事までくださいませ。
    (3) お手元に届けましたら、内容をご確認の上、期日までにご連絡お願いします。
    (4) ご請求のことですが、弊社が検討の結果、…
    (5) どうぞ参照の上、ご用心くださいますよう、お願い申し上げます。

3. 下記の要点にそって、例文を作りなさい。
    (1) テーマを「13型ワイド液晶ノートパソコンの見積状」にする。

（2）3月20日相手会社から見積の依頼をもらった。要請の5つの条件を満たした機種を見積もりする。

（3）型番：Mnoto13wndof（詳細は添付資料をご確認ください）

OS：Windows10 ビジネスソフト：Office2010

価格：6万円×100台＝600万円

（4）納期は総代金の50％をもらってから2週間。また、残りの50％は納品後2週間以内に収めること。

（5）見積有効期間：12月末。

（6）添付書類：Mnoto13wndofの紹介書類。

第13課　見積もりの辞退状

- 作成の目的
  先方からの見積を辞退するために作った文章。
- 種類とフォーム
  支払条件による、価格による、製造中止による、納期に遅れるための、品切れための、信用状態の結果での…見積辞退がある。辞退する文章なので、殊更丁重な文面にすることが必要で、頭語・前文の挨拶と書式を整えて礼儀正しく書くようにする。
- 書き方のポイント
  ① 件名にて「○○ご辞退の件」を明記する。
  ② 見積もりを依頼されたことへの回答なので、「拝復」からはじめ、依頼状をいただいたことに対してもお礼を述べる。
  ③ せっかくの依頼を辞退しなければならないお詫びを書く。
  ④ やむをえない事情なりを明確に書いて、納得してもらうように書く。
  ⑤ 相手に希望を持たせるような、あいまいな断り方は避ける。

例文1

【请确认以下例文中的写作重点】
场景说明
　　核心目的：智能计算器的报价谢绝函。
　　信函要点：6月18日接到对方公司委托就智能计算器进行报价的信函，但由于该商品好评畅销，从5月开始产量已渐渐满足不了订单量，因此不得不在报价阶段拒绝此次合作。望对方能理解和原谅。

スマート電卓のお見積書送付① ご辞退の件

拝復　時下ますますご繁栄のこととお慶び申し上げます。毎々格別のお引き立てを賜り、誠にありがとうございます。
　　さて、② 6月18日付貴簡にて弊社スマート電卓の見積に関するお申し入れをいただき、誠にありがとうございます。
　　お陰様で当社のスマート電卓は予想を上回る大好評で、③ 今年5月

① 件名に辞退する旨を示す。
② 確認の意味も込めて、いつの申し出で何の見積もりかを明らかにする。

③ 納期など当方の問題で断る場合、その理由を率直に書く。

④ せっかくの依頼を辞退しなければならないお詫びを書く。

<u>以降生産量が受注量に慢性的に追い付かず、すでに承っておりますご注文分に関しても、納入期日がお約束できない状況が続いております。</u>

従いまして、誠に不本意でございますが、お見積段階でお断りせざるを得ないと判断し、恐縮ながらご辞退させて申し上げる次第です。

④ <u>せっかくのお引き合いにお応えできず、誠に申し訳ございませんが</u>、事情ご賢察の上、何卒ご容赦くださいますようお願い申し上げます。

まずはお詫びかたがたご辞退のご返事まで。

敬具

ビジネス用語	
スマート	智能
貴簡（きかん）	贵函，尊函
引き合い（ひきあい）	询价，询问
賢察（かんさつ）	明察，明鉴
容赦（ようしゃ）	宽恕，原谅

文例 2

【请指出并改正下列例文中的错误】

场景说明

　　核心目的：恳请对方公司对报价进行重新考虑的信函。

　　信函要点：此次接到贵公司的报价委托，但是我方无法满足贵方的要求。为了相互寻找最佳的解决方案，故提议单价以 230 日元为基准，恳请对方给予重新考虑。

貴社見積再考のお願い

① 見積依頼の具体的な日付を明記するべき。書き換え例「12月12日付のお見積依頼」。
② 断る理由と解決案の提出を明確に書く必要がある。書き換え例「現在の厳しい経済状況では、お互いの社業発展を図るためには、妥協点を見出すほかないのではないかと考えております。」
③ 価格の提案をしたほうがいい。書き換え例「単価230円を基準にして、ご再考…」。

拝啓　厳寒の候、貴社におかれましては益々ご隆昌のこととお慶び申し上げます。

この度は、① <u>お見積依頼をいただきありがとうございました。</u>

しかしながら、見積に際して貴社よりご提示のありました値段では、如何なる方法でも貴社のご要望にお応えする事が出来ません。② <u>誠に申し訳ないですが、何とぞご容赦いただきますようお願い申し上げます。</u>

つきましては、価格について③ <u>ご再考賜りますよう</u>、お願い申し上げます。

まずは、取り急ぎお返事かたがたお願い申し上げます。

敬具

第13課　見積もりの辞退状

ビジネス用語	
再考(さいこう)	再次考虑，重新考虑
如何なる(いかなる)	如何的，怎样的
要望(ようぼう)	要求，希望
見出す(みいだす)	找到，发现
基準(きじゅん)	基准

文例3

【请考虑，例文中的粗体字部分，还有别的表达方法吗？】
场景说明
　　核心目的：寄送报价单的谢绝函。
　　信函要点：3月3日接到对方公司就印刷工厂的设计、施工的委托报价函，但是经多方商讨，决定予以谢绝。谢绝理由其一是工期太紧，无法确保工人和物资；其二支付条件为70%工程款的票据支付，公司在资金筹措上感觉吃力。

見積書送付のご辞退

拝啓　時下ますますご清栄のこととお喜び申しあげます。平素は格別のお引き立てにあずかり、ありがたく厚くお礼申しあげます。
　さて、去る3月3日付貴信にてご依頼を受けました、印刷工場の設計・施工につきましての見積書送付の件ですが、当社でいろいろと検討致しました結果、まことに申し訳ございませんが、① **今回はご辞退申し上げます。**
　事由としては、一つには、納期がかなり厳しく、現状では作業員の確保、資材の調達などに相当日数を要しますので、お申し越しの期日には到底間に合いません。二つには、支払条件として70％が手形支払いとなっており、② **当社の資金繰りの上で大変な無理を生じる結果となります。**
　つきましては、せっかく③ **お引き合いをいただきましたのに、**このような回答を差し上げますこと、心苦しい限りでございますが、なにとぞ事情をご賢察のうえ、ご高承賜わりますよう伏してお願い申し上げます。
　④ **まずは取り急ぎ、見積もり辞退のおわびかたがたご連絡を申し上げます。**
敬具

① お引き受けできかねるとの結論に達しましたのでご報告申し上げます。

② 弊社のシステムに添いかねる結果となります。

③ お申し越しでございますが

④ 次の機会のお引き立てを懇願申し上げまして、お詫びかたがたご辞退のご返事を申し上げます。

ビジネス用語	
去る（さる）	已经过去的
調達（ちょうたつ）	筹措
到底（とうてい）	无论如何，怎么也
資金繰り（しきんぐり）	筹措资金
懇願（こんがん）	恳请，恳乞

重点例文の解釈

1. 不本意（ふほんい）

说明：意为"非本意，不情愿"。

例句：

① 不本意ながら承知する。/勉强答应。

② 不本意だがやむを得ない。/并非情愿，但无可奈何。

2. ざるをえない

说明：意为"不得不"。

例句：

① 相手の勇敢さは認めざるをえない。/不得不承认对方的勇敢。

② 友人の境遇には同情せざるをえない。/我不能不同情朋友的境遇。

3. 〜に応える

说明：意为"响应，满足（要求）"。

例句：

① 顧客のニーズに応える。/满足顾客的要求。

② 海外からの要請に応える。/满足海外来的请求。

4. いかなる

说明：意为"任何，什么样的"。

例句：

① いかなる困難があろうとも。/无论有什么困难。

② いかなる質問にもお答えできません。/拒绝回答任何提问。

5. 〜ほかない

说明：意为"只有，只好"。

例句：

① こうなれば謝罪するほかない。/如果这样就只好道歉。

② わたしとしては行くほかない。/我只好去。

6. 差し上げる（さしあげる）

说明：意为"呈送，奉送"。

例句：

第13課　見積もりの辞退状

① 先着50名様に粗品を差し上げます。/向先到的50名奉送小礼品。
② お茶も差し上げずに失礼しました。/抱歉没有给您奉茶。

7. 伏して（ふして）
说明：意为"谨，恳切，由衷"。
例句：
① この段、伏してお願い申し上げます。/特此奉恳。
② どうかご支援をたまわりますよう伏してお願い致します。/恳请您务必给予援助。

常套表現

◆ 生産は最短でも3ヶ月を要し、貴方の条件では困難です。再検討お願い致します。/生产最快也得三个月，按贵方条件实在有困难。烦请重新考虑。
◆ 約束手形をご承認いただければ、貴社のご要望に添う線で再検討の余地もあるかと存じます。/如果贵方认可期票的话，则可重新考虑满足贵公司要求。
◆ 今回見積もりを取らせていただいた3社の中で、貴社のお見積もりの総費用が一番高く、とても弊社の予算ではまかなえません。/此次分别由三个公司进行商品报价，其中贵公司的总费用最高，以我公司的预算无法承担。
◆ と申しますのも、このたびの発売に際しまして新製品「○○」は他社の製品よりも割り方安値に致しておりますので、これ以上値引きすることになると原価を割ってしまうことになります。/说起来此次发售的新商品"××"在其他同类商品中属于比较低价的，因此价格如果再减的话，则将折本。

練習問題

1. 下記の文章の中の下線部に入れる語句を後ろの_____に書き出しなさい。

（　1　）
（　2　）　貴店いよいよご隆盛のことと存じ上げます。
　さて、6月4日付貴信より標記製品コーヒーカップの見積書をご依頼いただき、（　3　）。早速検討しましたが、弊社に（　4　）現在のところ経営合理化を進めておりますことから、新規のお取引は見合わせるとの結論に（　5　）ので、見積の儀もご辞退（　6　）ことになりました。
　せっかくのご依頼に（　7　）申し訳なく存じます。何卒事情（　8　）、ご了承のほどお願い申し上げます。

敬具

2. 下記の話し言葉を書き言葉に書き換えなさい。
（1）希望の数量を指定日までに全部納入することはできない。
（2）どうかお許しください。
（3）どんな方法でも貴社の要望に応えられない。
（4）どうか考え直してください。
（5）言ってよこした期日までに間に合いそうにない。

（6）当社の資金繰りが苦しい。
3. 下記の要点にそって、例文を作りなさい。
　（1）テーマを「キッチンコック見積書ご辞退の件」にする。
　（2）13日相手会社から当社製品キッチンコックの見積依頼をもらった。
　（3）当方は現金取引をやってきたので、要求された30日決済の約束手形には同意できないので、見積書を辞退する。

第 14 課　交渉状

- **作成の目的**

「交渉状」は、取引上の文章の中心となる重要な文章で、「掛合状」、「打診状」、「駆引状」とも言われる。相手に依頼、請願することから始まる文書である。したがって、まず必要なのは、なぜ交渉やお願いすることに至ったのかの経緯、経過が必要となる。しかし、その理由を必ずしも先方が受け入れてくれる保証はない。その意味で再度交渉までを考慮した考え方で臨まなくてはならない、重要かつ慎重な文書になる。

- **種類とフォーム**

値上げ、値下げ、支払条件緩和、納期延期・短縮、値引き、数量値引き、注文変更、損害補償などの種類がある。

- **書き方のポイント**

① 件名にて「○○緩和・値上げ…のお願い」にし、交渉事項を明記する。
② 具体的な事実や資料をもとに説得する。
③ 主張や意見をわかりやすく、はっきりと述べる。
④ 交渉の項目について、妥当と判断されやすい理由を元に作成する。
⑤ 再交渉の場合は、まずお互いの妥協点を見つけ、そこから交渉に入ることが多くなります。
⑥ 将来の互いのメリットを強調する。

文例 1

【请确认以下例文中的写作重点】
场景说明

　　核心目的：严守结算条件的交涉函。
　　信函要点：由于对方公司在以往的 6 个月中，平均结算都会比协议规定时间平均拖延 3 天左右，故发此函。由于最近汇率变化频繁幅度较大，并且原材料、加工费用都不断上扬，生产成本也不断增加。但是我公司正致力于维持产品原价，而进行多方调整。因此也希望对方公司能给予协助，严格遵守结算期限。

① 決済条件厳守のお願い

謹啓　時下ますますご清祥のこととお喜び申し上げます。日頃は格別のご愛顧をいただき厚くお礼申し上げます。

　さて、早速で誠に恐れ入りますが、決済条件につきましてのお願いを申し上げます。

　ご存知の通り、昨今の国際情勢の激変にともない、為替レートが急激に変動したため、② <u>原材料費・加工費が高騰し、弊社の生産コストが今後さらに上昇することは確実であります。</u>

　この苦境を脱するべく、販売価格を値上げすることでコストの上昇分を補うという策が検討されましたが、その方向は避けたく、弊社としてもこれまであらゆる手を尽くして努力してまいりました。しかしながら、ここに至って内部努力も限界に達し、遺憾ながらお取引先様にご支援いただく状況に立ち至りました。

　つきましては、来月ご入金分より約手の期日厳守をお願い申し上げる次第でございます。ここ6ヶ月の貴社の入金状況を確認しましたところ、③ <u>本来の取引契約より平均3日オーバーしております。</u>

　貴社にもご事情があるかとは存じますが、上の状況をご賢察のうえ、販売価格の維持のためにも、期限厳守にご協力のほど、謹んでお願い申し上げます。

謹白

① 件名にて「決済条件厳守のお願い」にし、交渉事項を明記する。

② 交渉項目について、妥当と判断されやすい理由を元に作成する。

③ 決済を厳守してもらう理由を述べる。

ビジネス用語	
為替レート（かわせ～）	汇率
高騰（こうとう）	高涨；上涨
苦境（くきょう）	困境，窘境
あらゆる	所有
限界（げんかい）	极限；上限
立ち至る（たちいたる）	至，到
事情（じじょう）	情况；事由

文例2

【请指出并改正下列例文中的错误】

场景说明

　　核心目的：推迟交货期的交涉函。

　　信函要点：我公司于7月2日接到了对方公司订购微机械的订单，指定交货期是8月5日。但是我公司经过协商判断，最快交货期需延至8月8日。由于微机械的加工至少需要20天，且还

有其他既定生产要进行,故恳请对方公司推迟交货期,并予以回复告知可否。

納期遅延のお願い

拝啓　毎々お引き立て賜り心より感謝申し上げます。

　さて、① <u>「マイクロ・マシン」</u>のご注文を頂戴しましてありがとうございます。しかしながら、ご指定納期の8月5日には如何なる方法でも間に合わせることが出来ませんので、取り急ぎご連絡を差し上げた次第です。

　当社としては、② <u>ご注文の「マイクロ・マシン」は、製造に最低でも20日が必要であり</u>、かつ、既に製造仕掛があるため、どうしても最速納期は8月8日となってしまいます。

　つきましては、この納期で貴社において不都合がないかご検討いただき、至急その可否をご回答いただきますようお願い致します。

　まずは、納期遅延のご連絡とご了承のお願いまで。

　　　　　　　　　　　　　　　　　　　　　　　　　　敬具

① 注文した日付を言明する。書き換え例「さる7月2日付で」。

② 当社の努力姿勢を見せるべきで、努力してもできない原因を具体化にする。書き換え例「当社としては、本件が短納期のため材料の手配、工程スケジュールの調整など最速で納品する方策を検討しましたが、ご注文の…」。

ビジネス用語	
マイクロマシン	微机械
引き立て（ひきたて）	关照,照顾
如何なる（いかなる）	怎样的,如何的
仕掛（しかけ）	制作中;做到中途
どうしても	怎么也,无论如何也
不都合（ふつごう）	不妥,不合适
可否（かひ）	可否,赞成与反对

例文3

【请考虑,文章中的粗体字部分,还有别的表达方法吗?】

场景说明

　　核心目的：由于疫情导致延缓交货的交涉函。

　　信函要点：接到对方公司第589号订购函,但是由于疫情导致物流停运、工厂不能正常运转,零部件供给不足,因此请求对方同意延缓两个月后交货。同时提出可用升级商品替代,新产品有现货且品质优良,但是价钱略高。随函附寄一份产品目录,并请对方公司告知是否更改订单。

納品遅延のお願い

拝啓　貴社ますますご繁栄の由慶賀の至りに存じます。いつも一方ならぬ御引き立てに預かり衷心よりお礼申し上げます。

　さて、このたびはまた、ご注文書第589号にてご注文を賜り、ありが

とうございます。① しかしながら、ご存じた通り、時下ウィルスの影響で、物流が停滞になっており、また多くの部品企業も正常な業務を行うことができておらず、部品の供給不足の問題も起こり、生産面と製品配送面いずれにおいても困難に直面しています。つきましては、納品を二か月延期していただきたく存じます。

もしどうしても急用である場合には、同製品の後継種改良型が開発できており、現品がありますが、② 従来の品以上に性能が優れていながら、価格面には割高でございます。カタログを同封しておりますので、ご検討ください。

代替品でよろしければ、すぐにご用意致し、物流が回復次第すぐ出荷できるように調達致します。

なお、恐縮ですが、③ ご注文品変更のあるなしを改めてご一報いただければ幸いです。勝手なお願いで申し訳ございませんが、事情ご賢察のうえ、ご猶予くださるよう謹んでお願い申し上げます。

敬具

① 誠に遺憾に存じますが、同注文品は人気沸騰中の商品で、現在に弊社に在庫がなく、調達しても日時がかかる状態でございます。

② 従来の品に比べても、機能的に劣らず、コストパフォーマンスが高いため、価格に競争力があります。

③ ご注文品変更へのご意向をお聞かせくださるようにお願いします。

ビジネス用語	
慶賀（けいが）	庆贺，庆祝
一方ならぬ（ひとかたならぬ）	格外，非常，特别
停滞（ていたい）	停滞，停顿
いずれ	一个；不久，改日
後継種改良型（こうけいしゅかいりょうがた）	改良换代版
割高（わりだか）	价钱比较贵
コストパフォーマンス	性价比
代替（だいたい）	代替
あるなし	有无
一報（いっぽう）	通知一下
猶予（ゆうよ）	延期，延缓

重点例文の解釈

1. べく

说明：意为"应该；为了"。

例句：

① 驚くべく誤植の多い本。/错字多得惊人的书。

② 経費を減らすべく方法を講ずる。/采取措施减少经费。

2. 引き立て（ひきたて）

说明：意为"关照，照顾"。

例句：

① 毎度格別の御引き立てを賜り厚く御礼申し上げます。/屡屡承蒙特别关照，深表感谢。

② ○○会長殿の御引き立てで出世する。/由于××会长的提拔而高升。

3. 仕掛（しかけ）

说明：意为"开始做；做到中途"。

例句：

① 仕掛の仕事。/手头上的工作。

② 勉強をしかけたところで停電になった。/刚开始学习就停电了。

4. 預かる（あずかる）

说明：意为"保管；负责，掌管"。

例句：

① 子供を預かってくれる。/帮我照看孩子。

② 電車の運転士は多くの乗客の命を預かっている。/电车司机肩负着保护众多乘客生命安全的责任。

常套表現

◆ これまで貴社への手形支払いサイトは○日となっておりますが、昨今新規に開拓した顧客が増えたため、現行手形サイトの○日以内に現金化できない部分が多くを占めつつあります。/至今为止贵公司的汇票支付日为×日，但是由于最近新顾客的增加，出现很多现行汇票在×日之内无法承兑现金的情况。

◆ 貴社におかれましては、諸事情おありと拝察いたしますが、お支払いの遅延はご容赦願いたく存じます。弊社としても取引業者への支払いなどが滞りますと、信用問題にも発展するため、苦慮しております。/我们能体察贵公司的各种情况，但恳请不要推迟付款。敝公司如果拖延了交易伙伴的贷款，会衍变成信誉问题，因此我们深感苦恼。

◆ 現品はすべてお客様からの予約品であり、納期が迫り甚だ困惑致しております。不良品は即時返送致しましたので、速やかなご善処をお願い致します。早急に不足分の納品日をご連絡ください。/现货均为客户预订的商品，交货期临近深感为难。残次品已即日寄回，请立即妥善处理。并请告知不足商品的交货日期。

◆ このたび弊店では、社内業務合理化に伴いまして、決済業務につきまして、従来の銀行振込から、約束手形に変更させていただくことに相成りました。/此次本店因为公司内部业务合理化调整，结算业务由原本的银行汇款，转变为期票形式。

◆ うち1ケース分に、外箱の角に若干の破損が見られます。幸い品質には影響ありませんが、正価での販売は難しい状態です。店頭での値下げ品として販売するにあたっては、半額程度の値引きが必要と思われます。/其中有一箱货物，外箱角有若干破损。所幸对品质无影响，但无法正价销售。如作为店面减价商品销售，则货款需打半折。

練習問題

1. 下記の空白を埋めなさい。

　ご（　1　）のとおり長引く中東情勢不穏に（　2　）原油価格（　3　）により、弊社製品の生産コストは（　4　）し、如何ともしがたい状態となっております。（　5　）、現価格を維持すべく、経費（　6　）、人員（　7　）など、考え得る（　8　）努力を続けてまいりましたが、（　9　）卸価格を（　10　）させていただくほかないとの結論に（　11　）ました。

2. 下記の例文にタイトルをつけてみなさい。

（　　　　　　　）

謹啓　貴社ますますご清栄のこととお喜び申し上げます。平素は格別のお引き立てをいただき、ありがたく感謝申し上げます。

　さて、きたる1月30日は弊社決算日にあたりますので、はなはだ勝手ながら、本月に限り、末日支払いを2月5日とさせていただきたくお願い申し上げます。貴社にはたいへんご迷惑をおかけしますが、まげてお聞き届けくださいますよう心からお願い申し上げます。

　まずは、定期支払い日変更のお願いまで。

謹言

3. 下記の要点にそって、例文を作りなさい。

（1）テーマを「納入済商品へのクレームの件」にする。

（2）取引先の新出発株式会社は自社を通して、相手会社の製品 TS123 を仕入れた。しかし不合格品があって、クレームができたので、80万円の賠償が請求された。

（3）相手の会社にも損害賠償を幾分担当してほしいので、文章で知らせる以上に、後日改めて話し合う場を設ける。

第15課　契約書

- 作成の目的

　契約書は会社の運営にとって必要な法律関係の文書であり、契約の条項を記し、契約の成立を証明する文章である。契約書は法律効用があるので、しっかりした法律知識をもとに、正確に書く必要がある。

- 種類とフォーム

　会社の営業でいろいろな契約書があるが、大体、金銭消費賃借契約書、不動産物件の賃借契約書、商品売買契約書の三種類に大別できる。ほかに継続的商品取引契約書、営業委託契約書、法律顧問契約書などがよく見られる。横書き・縦書きはどちらでもかまわない。

- 書き方のポイント

　① タイトルを「～契約書」にする。② 文中の当事者名は、甲・乙・丙など略語を用いる。③ 当事者の数だけ作成、署名・押印のうえ、各1通を保管する。④ 契約の目的・期間など、契約内容を箇条書きにする。支払方法、契約違反の場合についても明記する。

文例1

【请确认以下例文中的写作重点】
场景说明
　　　核心目的：买卖协议书。
　　　信函要点：酒井工业（甲方）与热海商店（乙方）签署买卖协议。买卖物品是爱用牌芯片，共9,000打，总货款300万日元，货款在协议签署日缴纳50万日元，其余货款在甲方交货后交齐。交货日期为20××年10月20日，物品检查时必须乙方在场。本协议一式两份，当事人各执一份。协议签署日20××年9月11日。

① 売買契約書

② 収入
　　印紙

　③ 株式会社酒井工業（以下、「甲」という）と有限会社熱海商店（以下、「乙」という）との間に、次のとおり売買契約を締結する。

① テーマは「～契約書」にする。
② 法で定められた額の収入印紙を貼付。
③ 契約当事者名を書き、略称の断りを入れる。

④ 金額や数量、期日など、取引条件に誤りのないよう書く。

④ 第一条　甲は乙に対して下記物件を売り渡すことを約し、乙はこれを買い受ける。

記

愛用チップ9,000ダース

第二条　上記物件代金は300万円とし、乙は甲に次のとおり支払う。

一、本日内金として50万円

二、甲の納品時に引き換えとして残金250万円

第三条　納入期間

本件物品の納入期限は、20〇〇年10月20日とする。

第四条　物品検査

甲は本件物品納入の際、必ず、乙の立会検査を受けるものとする。

（中略）

以上のとおり本契約が成立したので、本証書二通を作成し、甲乙署名・押印し各一通を保有する。

20〇〇年9月11日

（甲）住所　東京都渋谷区東〇丁目〇番地〇号
　　　　　　株式会社　株式会社酒井工業
　　　　　⑤ 代表取締役　大島誠　㊞

（乙）住所　東京都文京区本郷〇丁目〇番地〇号
　　　　　　有限会社熱海商店
　　　　　　代表取締役　田中浩二　㊞

⑤ 重要な契約の場合、代表取締役の捺印が要る。

ビジネス用語	
売り渡す（うりわたす）	交售,供售
約する（やくする）	约定,商定
買い受ける（かいうける）	买进,承购
チップ	芯片
ダース	打
引き換え（ひきかえ）	交换,兑换
立会（たちあい）	到场,在场
捺印（なついん）	盖章

文例2

【请指出并改正下列例文中的错误】

场景说明

核心目的：商品继续购销协议书。

信函要点：义弘股份公司（甲方）与bigup股份有限公司（乙方）签署商品继续购销协议。本

協議是甲方销售货品给乙方,甲方在交付货品时,乙方需验货合格后收付,并在次月最后一天前缴纳每月20日前收货部分的货款。在乙方没有及时付款时,需支付自拖延日开始年10％的滞纳赔偿金。本协议自签署之日起开始三年有效,其间如果乙方违反协议,或乙方的信用明显下滑时,甲方可以中止本协议。协议一式两份,当事方各执一份。签署日期××年9月29日。

① **商品取引契約書**

収入
印紙

　株式会社義弘(以下、「甲」という)と有限会社ビッグアップ(以下、「乙」という)との間に次のとおり継続的売買契約を締結する。

　第1条　本契約に従い、甲は乙が発注した商品を継続的に乙に売り渡し、乙はこれを買い受ける。

　第2条　甲は商品の引渡にあたり、乙の検品を受ける。この検査の合格をもって商品受渡の成立とする。

　第3条　乙は、② 毎月納品された分につき、翌月末日払いで現金にて代金を支払う。

　第4条　乙は代金の支払いを怠ったときは、乙は残金にそのときから③ 遅延損害金を付加して支払う。

　第5条　本契約期間は、本契約日から満3年間とする。

　第6条　乙が本契約に違反したとき、もしくは乙の信用が著しく低下したと認められたときには、甲は本契約を解約することができる。

　本契約を証するため本書2通を作成し、各署名・押印の上各1通を保有する。

　○○年9月29日

　　　(甲)住所　東京都大田区蒲田○丁目○番○号
　　　　　氏名　株式会社義弘
　　　　　代表取締役　○○　㊞
　　　(乙)住所　東京都杉田区西荻南○丁目○番○号
　　　　　氏名　有限会社ビッグアップ
　　　　　代表取締役　○○　㊞

① 初めての商品取引ではなく、タイトルで表示するべき。書き換え例「継続的商品取引契約書」。

② 毎月の何日までの納品を明記するべき。書き換え例「毎月20日までに」。

③ 遅延損害金の割合をはっきりする。書き換え例「年10％の割合による遅延損害金」。

ビジネス用語	
継続(けいぞく)	继续;接续
引渡(ひきわたし)	交给;交付
受渡(うけわたし)	交接;收付
怠る(おこたる)	怠慢,玩忽

遅延（ちえん）	推迟，滞纳
著しい（いちじるしい）	显著，明显
解約（かいやく）	解约

文例 3

【请考虑，例文中的粗体字部分，还有别的表达方法吗？】

场景说明

　　核心目的：委托营业协议书。

　　信函要点：樱花食品服务股份公司（甲方）与永村林（乙方）、清水明（丙方）签署委托营业的协议书。协议规定，由甲方租赁，所在地为东京都××区×巷的店铺，委托给乙方以甲方的名义经营。本店铺只作为本项经营使用，不可转为其他营业。乙方在无甲方许可下，不得对店铺进行改装。如出现私自改装，费用由乙方负担。丙方与乙方连带负有一切债务。本协议一式三份，三方各执一份。签署日期××年11月11日。

営業委託契約書（連帯保証人付）

収入
印紙

　　株式会社桜フード・サービス（以下、「甲」とする）と、永村林（以下、「乙」とする）と、清水明（以下、「丙」とする）との間に、次のとおり営業委託契約を締結する。

　　第1条　甲は乙に対し、甲が賃貸している東京都〇〇区〇丁目〇番地〇号所在の店舗（以下、「本件店舗」とする）における営業（以下、「本件営業」とする）を委託し、乙はこれを受託した。

　　第2条　本件営業は甲の名義によって行う。

　　第3条　乙は本件店舗にて本件①<u>営業のみを行い</u>、甲の許可なしに他の業務を行ってはならない。

　　第4条　乙は本件店舗を甲の許可なしに改装・模様替等行ってはならない。②<u>許可なく改装・模様替等を行った場合、費用は乙の負担となる。</u>

　　（中略）

　　第20条　丙は乙が負担する一切の債務について乙と③<u>連帯して履行する。</u>

　　本契約の成立を証するため、本証書3通を作成の上、甲乙丙署名・押印し、各1通を保有する。

① 営業の目的にのみ使用し

② 乙は本件店舗の破損をした場合、修理費用を負担しなければならない。

③ 連帯責任を負わされる。

○○年 11 月 11 日

（甲）住所　東京都○○区○丁目○番地○号
　　　氏名　株式会社桜フード・サービス
　　　代表取締役　岸本義　㊞
（乙）住所　東京都三鷹市下連雀○丁目○番地○号
　　　氏名　永村林　㊞
（丙）住所　東京都江東区亀戸○丁目○番地○号
　　　氏名　清水明　㊞

ビジネス用語	
フード	食品
委託（いたく）	委托
受託（じゅたく）	承托
改装（かいそう）	改装
模様替（もようがえ）	改变样子

重点例文の解釈

1. 約する（やくする）

说明：意为"约定，商定"。

例句：

① 再会を約して別れる。/相约再会而别。

② 下記物件を売り渡すことを約する。/约定销售如下商品。

2. ～をもって

说明：意为"以……，凭……"。

例句：

① 言葉をもって思想を表す。/用语言表达思想。

② 書面をもってお知らせ致します。/用书面通知您。

3. のみ

说明：意为"只，仅"。

例句：

① 学歴のみを問題にすべきでない。/不应该光考虑学历问题。

② あとは返事を待つのみ。/余下的只是等待回信了。

4. 連帯（れんたい）

说明：意为"连带；共同负责"。

例句：

① 全員が連帯して保証する。/全体人员联名担保。

② 連帯で責任を負う。/共同负责。

常套表現

- C&F 価格による場合は買い手が負担する。CIF 価格による場合は、売り手が中国保険公司の約款に基づいて送り状送金額の110％に当たる金額を総合リスクとウォーリスクして支払う。/C&F 价由买方投保。CIF 价由卖方按照中国人民保险公司条款，按发票总金额的110％投保综合险及战争险。
- 売り手は中国輸出商品検験局の発行した品質合格証明書を荷渡しの証明として買い手に提出しなければならず、買い手は仕向け港に到達した貨物について再検査を行う権利を有する。/卖方以中国出口商品检验局出具的品质检验合格证明书为交货依据提交给买方，但买方有权在货物达到目的口岸后予以复验。
- 不可抗力の事情により、期日どおり荷渡しできない場合は売り手は荷渡しの延期または一部延期をするかあるいは本契約を全部取り消すことができる。但し、売り手は買い手に対して中国国際貿易促進委員会の発行した事故発生の説明書を提出しなければならない。/如因不可抗力的事故而无法按时交货时，卖方可以延期部分或全部货物，或者可以取消本协议。但是，卖方必须对买方提交由中国国际贸易促进委员会发行的事故说明书。
- 貨物が仕向け港に到着した後、もし買い手が貨物の品質、重量あるいは数量について異議がある場合は、双方の同意した日本の商品検査機関の発行した検査報告書により、貨物が日本の仕向け港に到着してから15日以内に売り手に異議を表明することができる。但し、自然災害によって生じた損失、または船主もしくは保険会社側の責任範囲内の損失は、売り手に賠償を要求しないこととする。/货物到达目的地口岸后，如买方对货物品质、重量或数量有异议时，可以凭双方都承认的日本商品检验机构出具的检验报告，在货物到达目的地口岸15日内向卖方提出疑义。但一切凡由于自然灾害或属于船方或保险公司责任范围内的损失不在向卖方索赔之列。
- 本契約の履行中に発生した、本契約に関連するすべての紛争は、契約双方が協議によって解決する。もし、協議によって解決できない場合は、仲裁を提起する。仲裁は被告の所在国で行うものとする。/因执行本合同所发生的或者与本合同有关的一切争议，首先应由签订合同双方友好协商解决。如经协商不能解决，应提交仲裁。仲裁在被诉人所在国进行。

練習問題

1. 下記の「自動車売買契約書」の空白を埋めなさい。

売主である○○を甲とし、（ 1 ）である○○を乙として、甲乙間で次のとおり自動車売買契約を（ 2 ）。

第1条 甲は、その所有する後記乗用自動車を、金○○円で、乙に（ 3 ）、乙は（ 4 ）。

第2条1 乙は、甲に対して、本日、手付金として金○○円を支払った。

　　　　2 乙は、（ 5 ）を、自動車登録名義変更申請及び（ 6 ）引き換えに支払う。

第3条 甲は、乙に対して、○○年○月○日までに、登録名義（ 7 ）申請をし、同日、現状有

姿にて本件自動車を引き渡す。
　第4条　甲は、本件自動車に（　8　）のないことを保証する。ただし隠れた（　8　）についての担保責任は、引渡後3ヶ月に限り負担する。
　第5条　本件自動車の引渡までに、当事者の責めに（　9　）ことのできない事由により本件自動車が滅失または毀損したときは、その危険は、甲の負担とする。
　上記契約を（　10　）ため、本契約書2通を作成し、各自署名押印のうえ各1通を保有するものとする。
　〇〇年〇月〇日

2. 下記の話し言葉を書き言葉に書き換えなさい。
　（1）甲は納品した時に、かわりに、残金250万円を払う。
　（2）甲は当物品を納入するとき、必ず、乙の立会検査を受けなければならない。
　（3）翌月の月末までに現金で代金を支払う。
　（4）本契約は契約を結んでから3年にする。
　（5）乙は甲の許可がなしで、店舗を改造したり模様替えしたりしてはいけない。

3. 下記の要点にそって、例文を作りなさい。
　（1）テーマを「加盟店契約書」にする。
　（2）chai店（乙）は紅丸商事（甲）が展開する旨い居酒屋に加盟するために、契約を結ぶ。
　（3）店舗名：旨い居酒屋　渋谷店。所在地：東京都渋谷区〇〇1-2-3。
　（4）加盟金：￥1,000,000（消費税は別途）。返却しない。
　（5）ロイヤリティー：毎月売上高の16％を乗じた金額（100円未満の端数は切捨て）。
　（6）食材・種類の仕入：甲あるいは甲の指定する業者。
　（7）契約期間：3年。契約期間満了3ヶ月までに、解約の申請がない場合は、更に3年延長する。
　（8）契約日：〇〇年3月8日。

第16課　注文状

- **作成の目的**
  取引相手から商品や書類などを取り寄せるために書く書類で、注文書は後に残る契約書の一種である。正確に記すことが基本。
- **種類とフォーム**
  初取引の注文状、見積書・カタログによる注文状、条件付き注文状、見計らい注文状、追加注文状など、いろいろある。
- **書き方のポイント**
  ① タイトルを「～注文の件・ご注文について」にする。② 注文品名、数量、希望納期などの必要項目は正確にわかりやすく表記する。③ 何を、いつまでに、どこへ送る、どうやって送るなどの納品条件を明記する。④ 箇条書きや表にしてまとめる。⑤ あいさつ文は最小限にとどめる。

文例1

【请确认以下例文中的写作重点】
场景说明
　　核心目的：数码相机订购函（初次订购）。
　　信函要点：本公司得到对方公司的承诺，建立贸易关系，因此首次发订单，订购300台数码相机，并请求对方寄送确认函。同时本公司计划扩大销售，实现持续订购，因此希望对方公司能在销售教育等方面给予协助。附记标明交货日期和送货地点。

デジタルカメラの注文について（初取引の注文）

① 新規取引承諾を受けてから注文に臨むので、この場合は「拝復」か「拝啓」にする。
② 取引を結ぶことにお礼を言う。
③ 重要な注文には「注文請書」を求める。初回注文もその一つと考える。

　① <u>拝復</u>　早春の候、いよいよご清栄の由お喜び申し上げます。
　② <u>このたびは弊社との取引口座をご開設いただき、誠にありがとうございます。また諸々の取引条件をご快諾くださいまして、厚くお礼申し上げます。</u>
　早速ではありますが、下記の通り初回注文を致します。よろしくご査収の上、お手数でございますが③ <u>注文請書のご返送</u>をお願い致します。

今後は、全社を挙げて拡販に努力し、販売状況を考慮した上で、継続的に注文致すつもりでございます。セールス教育等をはじめとしたご支援、一層のお引き立てを賜りますよう、平にお願い申し上げます。

敬具

記

④ 1. 品　　　名　　デジタルカメラ
　 2. 納　　　期　　〇〇年4月6日
　 3. 納入場所　　東京都〇〇区〇〇1-1-1
　　　　　　　　　株式会社　大山商店　本店

以上

④ 必要項目はわかりやすく別記で箇条書きにする。

ビジネス用語	
口座（こうざ）	银行账户，户头
諸々（もろもろ）	诸多，种种
快諾（かいだく）	慨允，欣然允诺
注文請書（ちゅうもんうけしょ）	订货确认函
拡販（かくはん）	扩大销售
平に（ひらに）	务必，恳请

文例2

【请指出并改正下列例文中的错误】

场景说明

　　核心目的："终极热水瓶"的订购函（附带条件的订购）。

　　信函要点：本公司遵守对方公司报价单的支付条件，订购"终极热水瓶"，计划用在12月国外首次召开的盛典中，此次盛典将对扩大商品销路起到积极作用。因此要求对方公司必须严格遵守11月26日交货期。如果不能按时交货的话，将取消订购。并请对方告知具体发货时间。附记标明订购终极热水瓶100个，交货期11月26日，送至本公司。不明事宜可联系营业部的山田一郎，电话03-5875-1245。

「究極の魔法瓶」ご注文の件（条件付き注文）

拝啓　貴社ますますご盛栄のこととお慶び申し上げます。
　さて、先般お送り頂きました見積書について早々検討致しました結果、貴社① 見積書支払いの条件に従いまして下記の通りご注文申し上げます。
　弊社は、12月開催の国外初のイベントに貴社「究極の魔法瓶」を使用させて頂きたく存じます。このイベントは例年国内で大盛況であり、弊社としましても販路の更なる拡張を図るべく今回の出品に至りまし

① いつの見積書なのかを明記する。書き換え例「11月18日付」。

② 納期厳守が注文の条件となる理由を簡潔に述べる。書き換え例「その際貴社製品を使用することにより、よりインパクトのある出品ができると確信致しておりますので、」。
③ 納入できない場合にはどうなるのかを、言明するべき。書き換え例「万一納入が無理な場合は、遺憾ながら注文を取り消しさせて頂きますので悪しからずご了承ください。」

た。② 貴社の製品の使用をお願いする次第でございます。
　つきましては、準備の関係上11月26日までに納期厳守ということで納入頂きたくお願い申し上げます。③ また、誠に勝手ではございますが、発送日のご連絡を下さいますようお願い申し上げます。

敬具

記

- 注文品および数量　究極の魔法瓶　100瓶
- 納入日および納入場所　11月26日必着　弊社持ち込み

※ご不明な点は、担当営業課　山田一郎までご連絡お願い申し上げます。
　電話　03-5875-1245

以上

ビジネス用語	
究極（きゅうきょく）	终究，最终
盛栄（せいえい）	繁荣，昌盛
先般（せんぱん）	前几天；上次
大盛況（だいせいきょう）	盛况
出品（しゅっぴん）	展出商品
インパクト	冲击；影响
厳守（げんしゅ）	严格遵守
悪しからず（あしからず）	请勿见怪，请原谅

文例3

【请考虑，例文中的粗体字部分，还有别的表达方法吗？】

场景说明

　　核心目的：女帽委托选货订购（开口订单）。
　　信函要点：本公司以往在对方公司订购的女帽，受到年轻主妇的欢迎，特别是蓝色基调的夏季薄款。因此如以往一样，委托对方公司斟酌颜色亮丽的款式、尺寸，发货10打。

婦人帽見計らい注文について（見計らい注文）

① 先般

　拝啓　貴店いよいよご発展の由何よりと存じます。
　　さて、① 過般納入いただいた婦人帽は、若い主婦向きのものとして売れ行きもよく、大変好評を得ております。なによりも新鮮な感覚のデザインと手頃な値段が客層をとらえたものと考えられます。

② 中でもとりわけ売れ行き好調なのが、ブルーを基調にした明るい色合いのもので、いわゆるトロピカル系に人気が集中しています。

つきましては、③ 過般のような明るく鮮やかな色彩のデザイン、及びサイズなどはお見計らいの上、10ダースを至急お送りくださるようお願い申し上げます。

まずは取り急ぎご注文まで。

敬具

② なかでも、ブルーを基調にした明るい色合いの製品はすぐに完売し、今現在も問い合わせが殺到しています。
③ 同様の製品があれば、種類と数量をお見計らいのうえ、至急お送りください。また、その他にもご推奨の品があれば、これも数量お見計らいのうえ、ご送付ください。

ビジネス用語	
過般（かはん）	不久，前些日子
手頃（てごろ）	合适，适合
とらえる	抓住；捕捉
色合い（いろあい）	色调
トロピカル	夏季薄衣料
見計らい（みはからい）	斟酌；估计
ダース	打
殺到（さっとう）	蜂拥而至

重点例文の解釈

1. ～をはじめとする

说明：意为"以……为首，以及"。表示举出典型例子。

例句：

① 中国には敦煌をはじめとする古代の遺跡がたくさんある。/在中国有很多以敦煌为首的名胜古迹。

② 京都は金閣寺をはじめとして清水寺など、名所古跡に事欠かない。/京都有以金阁寺为首，清水寺等众多名胜古迹。

2. に従う（にしたがう）

说明：意为"随着……，按照……"。

例句：

① 引率者の指示に従い行動すること。/要按领队的指示行动。

② しきたりにしたがって式をとり行った。/按惯例举行仪式。

3. ～に至る（にいたる）

说明：意为"到达……，发展到……地步（程度）"。

例句：

① 卒業するに至って、やっと大学に入った目的が少し見えてきたような気がする。/到了大学毕业好像才感觉到稍微明白了上大学的目的。

② 事ここに至っては手の打ちようがない。/事已如此,没招可想了。

4. 悪しからず(あしからず)

说明:意为"请包涵,请勿见怪"。

例句:

① 結婚式には出席できませんが、悪しからずご了承ください。/不能参加婚礼,请原谅。

② 右のようなわけで出席できませんが、どうか悪しからずご了承ください。/由于上述原因不能出席,望见谅。

5. 向き(むき)

说明:意为"适合,合乎"。

例句:

① 夏向きの服地。/适合夏天(穿着)的布料。

② このデザインは若者向きだ。/这种款式是面向年轻人的。

6. とりわけ

说明:意为"特别,尤其,格外"。

例句:

① 気温の高い日が続くが今日はとりわけ暑い。/连续几天气温都很高,今天尤其热。

② スポーツの中でもとりわけ野球が好きだ。/在体育运动当中特别喜欢的是棒球。

常套表現

◆ パターン・ナンバー22の品が在庫がなければ、24に代えることお願いします。また、できれば赤、青、緑、ピンク、褐色、黒各6ダースのアソートでの供給を、お願いします。/如果花式号22无货,请以24代替。请贵公司以红、蓝、绿、粉、棕、黑各六打,搭配供货。

◆ 本貨物は至急入用品として、2ヶ月以内にデリバリーくださるようお願い致します。また当方のユーザーは本貨物をクリスマス用に使うことになっていますので、注文した物は是非とも11月末までに到着するようお願い申し上げます。/由于该货物是急需货品,请在两个月内交货。我方客户要在圣诞节时使用,所以请务必在11月底前送到。

◆ 貴社3月18日付きのファックスにご回答致します。当社は貴社に送っていただいたオファーの各種サイズのチェックスタイルに興味を持っておりますので、ファックスに提示されている条件を検討しました結果、下記の品目をトライアルオーダーをさせていただきます。/现答复贵公司3月18日的传真函,我公司对贵公司所报的各种尺码的方格布料服装很感兴趣。经研究按贵方传真所提的条件,拟试订下列货品。

◆ つきましては、注文書どおり当社でも思い切って大量注文させていただきますので、値段は前回よりさらに5％値引きの単価18,000円ではいかがでしょうか。なにとぞお引き受けのほどお願い致します。なお、この承諾の上は、折り返し注文請書のご送付をお願い致します。まずはご注文まで。/因此我方打算依照订购单大量订货,因此价钱是否能比前次折扣5％,即单价为18,000日元。请您务给予应允。另外如果同意的话,请寄回订货确认函。

◆ 先般注文致しました温風ヒーター「ほっかほっか」は予想以上の売れゆきで、当社もうれしい

悲鳴をあげております。在庫が残り少なくなってまいりましたので50台追加注文致したく、至急お手配願います。／前些天订购的暖风加热器"暖乎乎"，销量超出预想，我方欢呼雀跃。由于库存量所剩无几，故追加订购50台，望贵公司及早安排。

練習問題

1. 下記の場合は、ビジネス文章でどう書くのか。
　（1）前注文したときの条件と同じ、追加注文したいとき。
　（2）相手から見積りをもらい、その見積りにより注文したいとき。
　（3）たくさん注文するつもりだが、指定数が揃わないとき、あるかぎりの数だけでも注文したいとき。
　（4）注文数は50台にする代わりに、単価はさらに5％安くしてもらいたいとき。
　（5）遅くても4月8日までに荷物が着くことを、再び願いたいとき。

2. 下記の文例にテーマをつけてみなさい。
　　　　　　　　　（　　　　　）
　前略　取り急ぎご連絡申し上げます。
　本日午前11時、貴社営業課鈴木様にお電話でお願いしましたとおり、5月7日付注文書（NO.23）は取り消しにさせていただきたく、お願い致します。
　大変ご迷惑をおかけして恐縮に存じますが、得意先から突然、注文取消しの申し出があり、このような結果になった次第です。深くお詫び申し上げます。
　　　　　　　　　　　　　　　　　　　　　　　　　　　　　　　　草々
　追って、お手数ですが、前記の注文書はご破棄くださいますよう、念のために申し添えます。
　　　　　　　　　　　　　　　　　　　　　　　　　　　　　　　　以上

3. 下記の要点にそって、例文を作りなさい。
　（1）テーマを「什器注文の件」にする。
　（2）先方からカタログをもらい、大田営業所で実物を確認したうえで、注文にするので、注文状を作成する。
　（3）納品日は10月14日で、注文品はカタログ26ページの応接テーブルMF－210計3脚と210ページのローズウッドの電話台TF－8R計2脚で、別記で記す。
　（4）代金345,000円は本日、大信銀行豊橋支店を経て、先方の第一銀行名古屋中央支店口座に振り込んだ。

第17課　確認状

- **作成の目的**
  電話注文など口頭で伝えたことや、人伝に聞いた重要な事項を、文章で再確認するために作った文章である。
- **種類とフォーム**
  支払い条件、納期、電話発注、増産、注文、注文取消、発送、着荷、価格変更などを確かめる。特定なフォームがない。用件を確実に伝えるために、簡潔にわかりやすくが基本。
- **書き方のポイント**
  ① タイトルを「〜のご確認」にする。② 確認のためなので、あいまいさは禁物。必要事項のみ簡潔に漏れなく書く。③ 数字や日付は確実に伝える。とくに間違いのないように。④ 返事をいただく場合はとくに丁寧に書く。⑤ 箇条書きで良いので、簡潔にわかりやすくする。

文例1

【请确认以下例文中的写作重点】
场景说明
　　　核心目的：支付条件的确认函。
　　　信函要点：经检验对方发来的新产品无线路由器，并阅读寄来的相关材料，决定就支付条件进行确认，并请求对方公司给予回复。附记支付条件：索取和支付，每月20日结账，于次月10日支付；比例为50％票据、50％现金；票据结算期为90天。

支払い条件の① ご確認について

① ヘッダーに用件を標記し、「〜ご確認」にする。 ② 契約を結ぶ意図を示す上に確認したほうが理解されやすい。 ③ 確認したいことをはっきりする。	拝啓　時下ますますご清栄のこととお喜び申し上げます。平素は格別のご高配を賜り感謝申し上げます。 　　さて、このほど貴社新製品無線LANルーターの見本を拝見し、関連資料を拝読した結果、弊社として貴社新製品の販売に② 微力ながらご協力する方針が決定致しました。 　　③ そこで貴社の書類による支払い条件につきまして、早速ながら確認させていただきたく、ご連絡を致します。ご多忙中恐縮ですが、早急

第 17 課　確認状

ご回答いただければ幸甚に存じます。
　まずはご確認まで。

敬具

記

④ 1. 請求及び支払い　　毎月20日締め
　　　　　　　　　　　　翌月10日支払い
　 2. 手形の割合　　　　50％手形、50％現金
　 3. 手形サイト　　　　90日

以上

④ 確認事項が多い場合は別記、箇条書きにする。

ビジネス用語	
ルーター	路由器
微力（びりょく）	微薄之力
請求（せいきゅう）	索取（货款）
締め（しめ）	结账
サイト	结算期限

文例2

【请指出并改正下列例文中的错误】
场景说明
　　核心目的：交货期的确认函。
　　信函要点：我公司于12月5日向对方公司订购了4门冰箱，预定交货期为2月10日，特致函询问对方公司能否按时交货。由于此批冰箱用于公寓36户全部安装使用。公寓的施工进度按期进行，而且入住者业已确定。如有可能，提前交货则更是感激不尽。烦请对方公司于1月31日回函告知具体交货期。

納期のご確認

拝啓　厳冬の候、ますますご隆昌のこととお喜び申し上げます。
　さて、12月5日付でご注文致しました4ドア冷蔵冷凍庫につきましては、すでにお手配中のことと存じますが、お約束いただきました① 納期に間に合いますでしょうか。現状の状態をご確認いただきたくお願い申し上げます。
　この冷蔵庫は、高級マンション用のもので、36戸全戸に設置する予定になっております。現在マンションの建設は予定どおり進んでおり、入居者の選考も終わっておりますので、どうかよろしく② お願いします。
　なにとぞ事情をご賢察の上、ご③ 回示賜りますようお願い申し上げ

① 約束の期日を示して明確に確認を促す。書き換え例「2月10日の納期」。
② 何をお願いするか、あいまいさは禁物。確認のほかに希望があれば、申し添える。書き換え例「できますれば、納期以前にご納入いただければ幸いでございます。」

③ 回答期日を記して、確実な回答を促す。書き換え例「なお、ご回答は1月31日までに」

ます。
　まずは納期のご確認まで。

敬具

ビジネス用語	
手配（てはい）	准备，部署
選考（せんこう）	选拔，选用

文例3

【请考虑，例文中的粗体字部分，还有别的表达方法吗？】

场景说明

　　核心目的：增印日期确认函。

　　信函要点：我公司在对方公司订购了儿童用彩色图鉴30册，但是对方公司回复说不巧缺货，现正在增印中，计划交货日期为7月20日。其后，客户多次催促，我方都说明了情况，得到了客户的谅解。但是如果交货日期过晚的话，客户表示有可能会改订其他公司商品。因此特发此函，确认对方公司能否按时交货，并恳请快速予以答复。

増刷期日確認の件

　拝啓　貴社ますますご隆昌のこととお喜び申し上げます。平素は格段のお引立てを賜り厚く御礼を申し上げます。

　　さて、先般児童用カラー図鑑30セットをご注文申し上げましたところ、① **折り悪しく**品切れで、目下増刷中とのお返事をいただきました。

　　その後、お得意様より再三の催促があり、その都度事情説明の上、ご理解をお願いしてまいりましたが、もしあまり遅れるようならば、② **他社の図鑑に変更したいとの申し出もあり**、至急、状況をお知らせいただきたくお願い申し上げます。

　　つきましては、増刷完了予定日の7月20日に③ **変更はございませんでしょうか**。今一度確認させていただきます。ご多忙中恐縮ですが、④ **折り返し**ご回答賜りますようお願い申し上げます。

　　まずは取り急ぎ、増刷期日の確認まで。

敬具

① あいにく

② 注文を取り消しにするという意思が伝わってしまい
③ 間に合いますでしょうか。
④ 直ちにご回示

ビジネス用語	
格段（かくだん）	特别，格外
図鑑（ずかん）	图鉴
折り悪しく（おりあしく）	不凑巧，偏偏
目下（もっか）	目前，现在

再三(さいさん)	再三,多次
都度(つど)	每次,每逢
折り返し(おりかえし)	马上,立即

重点例文の解釈

1. いかが

说明：意为"怎么,怎样"。

例句：

① その後いかがお過ごしですか。/自那以后你过得怎么样？

② ご機嫌いかがですか。/你好吗？

2. 賢察(けんさつ)

说明：意为"明察,明鉴"。

例句：

① 現在の窮境をご賢察ください。/请体察我现在的困难处境。

② 何卒ご賢察の上ご了承のほどお願い致します。/敬请明察,并予以谅解。

3. 折悪しく(おりあしく)

说明：意为"不凑巧,偏偏"。

例句：

① 折悪しく林さんは同級生の家に行っており留守だった。/不巧小林到同学家去了不在家。

② 家を出てまもなく、折悪しく雨が降ってきた。/不凑巧,刚出门不久就下起雨来了。

4. ならば

说明：意为"如果……"。

例句：

① 今年も真夏の日照時間が短いならば米不足の問題は深刻だ。/今年如果也是盛夏日照时间短的话,大米歉收的问题就严重了。

② このまま不況が続いたならば失業問題は深刻になる。/如果经济持续不景气的话,失业问题就会更加严重。

5. 折り返し(おりかえし)

说明：意为"立即,尽快"。

例句：

① 折り返しご返事をください。/请尽快给我答复。

② 折り返し電話をしてくれるように彼に頼んでおいた。/我已拜托他立即给我回电话。

常套表現

◆ 念のため、商品名及び数量を下記の通り確認させていただきます。なお相違がございましたら、当社営業部まで至急ご連絡いただきますようお願い致します。/为了慎重起见,请允

许我就商品名及数量进行确认。另外如有差异的话，请立即联系我公司营业部。
- このたび弊社新製品〇〇をご注文いただきまして、誠にありがとうございます。つきましては、お支払条件は下記のとおりですが、今一度ご確認いただきたくお願い申し上げます。/此次得以贵公司订购我公司新商品，非常感谢。因此就支付条件，请允许我方再次确认如下。
- 早速ではございますが、6月1日に山田速男様より、お電話にてご依頼いただきました内容につきましてご確認賜りたく、本状を差し上げた次第でございます。/特发此函，就6月1日山田速男先生的来电委托内容进行再次确认。
- 〇〇の契約につきましては、すでに2月23日の電話にてご返事致しましたように、貴社より提示された〇〇条件に同意致します。以上ここに改めて書信にて確認申し上げます。/就××契约，我方已于2月23日致电回复，我方同意贵公司提出的××条件。此次特以书面形式确认以上内容。

練習問題

1. 下記の言葉の類似表現を書いてみなさい。
   (1) 数ある　　(2) 今一度確認する　　(3) 回示
   (4) ご納入いただければ幸い
   (5) 申し出
   (6) 予定どおり

2. 下記の文例の空白を埋めなさい。

「DER」注文のご（ 1 ）

　前略　本日3月20日(金)、電話にて（ 2 ）いたしました「DER」の件につきまして、（ 3 ）書面にてお送り致します。よろしくご（ 4 ）くださいますようお願い申し上げます。
　なお（ 5 ）がございましたら、お（ 6 ）ながら当社営業部大谷までご（ 7 ）いただきますよう、お願い（ 8 ）。

（ 9 ）

記

1. 品名　「DER」
2. 色　ピンク
3. 数量　30台
4. （ 10 ）　4月1日(木)

以上

3. 下記の要点にそって、例文を作りなさい。
   (1) テーマを「ご依頼内容の確認について」にする。
   (2) 10月1日先方の佐藤初さんから依頼の電話をもらい、書面にて依頼内容を確認する。
   (3) 業務内容：社員ボーナスの統計や計算。締切：〇〇年11月22日。報酬単価：5万円。支払い：当月20日締めで、翌月10日に払う。
   (4) 相違点があったら、知らせてもらいたい。

第18課　支払方法・信用状(L/C)

- **信用状取引とは**

　信用状とは買主側の銀行が取引先の依頼によって、売主側の銀行に対して発行して、約款通りに代金を支払うことを保証した証書である。

　国際貿易において、輸出契約をする場合、輸出者はその代金回収方法について、決済方法が二つあり、一つは、荷為替による決済(信用状つき、信用状なし)；二つは、送金による決済(代金前受、代金後受)である。現在、輸出の約半分が信用状によって海外からの支払いを受けている。

　信用状つきで輸入する場合、海外の輸出者は輸出代金の回収をするために、船積みが終わると同時に船積み書類をそろえ、為替手形を振り出して取引銀行に買取を依頼する。買い取られた手形や船積書類は輸入地の銀行に送られ、L/Cで要求されていた条件どおりの内容であるかどうかチェックされる。もし問題がなければ、書類到着通知書とともに輸入者に呈示される。

　輸入者は荷物を引き取るために、その船積書類、特に船荷証券が必要で、下記のような手形を決済して船積書類を入手したり、借り受けたりする。

　① 一覧払い手形

　a. 即時払い：自己資金がある場合。輸入代金をその時点の為替相場で銀行に払い、船積書類を入手する。

　b. 自行ユーザンスによる支払い：自己資金がない場合。まず銀行に約束手形に差し入れて、船積書類を借り受ける。

　② 期限つき手形

　銀行にT/Rを差し入れて、船積書類を借り受ける。

- **書き方のポイント**

　信用状開設の要望、訂正依頼などに関するビジネス文書を書く時には、条件などを明確にする。

　① 件名を簡潔に標記する。「～についてのお願い、～ご依頼の件、～通知状、～要請状」。② 上記述べた条件などを明確する。③ 詳細内容を箇条書きにまとめる。④ 理由、目的を明記する。⑤ 相手には何のメリットもない場合、頭語や前文はきちんと書き、礼を尽くし、丁寧な文面にする。

文例 1

【请确认以下例文中的写作重点】

场景说明

　　核心目的：申请开信用证的通知书。

　　信函要点：我公司接到对方公司10月10日发来的第22号关于镁合金的订购函，预计货物将于6月20日装船远洋丸货轮发货。因此请对方公司见信后速开具我公司为受益人，总额为325万美元的不可撤消信用证。同时信用证附属文件如下：1. 记名、空白背书、注有"运费已付"字样的清洁提单，正本3份，副本3份；2. 商业发票，正本3份，副本4份；3. 按发票金额110%投保一切险、战争险的保险单，正本1份，副本2份；4. 以对方公司为付款人的跟单汇票，1张；5. 原产地证明书，正本1份，副本1份。

① 信用状開設の通知状

① ヘッダーに用件を標記する。

② 発送日や出荷方法を明記する。

③ 信用状の種類を指定する。

④ 付属書類の詳細内容を箇条書きにまとめる。

　拝啓　貴社いよいよご発展のこととお慶び申し上げます。

　さて、貴社10月10日付注文書第22号による注文品マグネシウム合金は、② 10月20日遠洋丸で発送しますので、本書ご高覧後直ちに当社を受益者とする総額325万米ドル③ 確認済み、取消不能の信用状をご開設願います。

　なお、信用状に必要な付属書類は下記のとおりです。

　④ 1. 記名、裏書なしの「運賃支払済」明記の無故障船荷証券　正本3通　副本3通

　2. 送り状　正本3通　副本4通。

　3. 保険証券送り状価格の10％増のオール危険担保、戦争保険込みの保険証券　正本1通　副本2通

　4. 貴社を支払人とする金額325万米ドルの荷為替手形　1部

　5. 原産地証明書　正本1通　副本1通

　まずは、取り急ぎ信用状開設のお願いまで。

敬具

ビジネス用語	
マグネシウム	镁
受益者（じゅえきしゃ）	受益人
確認済み（かくにんずみ）	保兑（信用证）
取消不能信用状（とりけしふのうしんようじょう）	不可撤消信用证
裏書（うらがき）	背书
無故障船荷証券（むこしょうふなにしょうけん）	清洁提单

第18課　支払方法・信用状（L/C）

送り状（おくりじょう）	发货单、装箱清单
オール危険（～きけん）	一切危险
保険証券（ほけんしょうけん）	保险单据、保单
荷為替手形（にがわせてがた）	跟单汇票
原産地証明書（げんさんちしょうめいしょ）	原产地证明书

文例2

【请指出并改正下列例文中的错误】
场景说明

　　核心目的：委托修改信用证金额。

　　信函要点：我方接到了对方公司7号订单订购的60吨海蜇的信用证，开证金额6,000美元，尚有500美元不足。特发此函，催促对方，我方已经做好发货准备，为及时发货，请速补充修改信用证金额。

信用状の① アメンド依頼

前略
　　貴社7号注文書にかかわる60トンのくらげ、金額US＄6,000の信用状を受け取りましたが、信用状の金額がUS＄500② 不足しています。当社は既にくらげの出荷準備を終了致しておりますが、積出しすることができません。当社の船積みに差し支えないようにするため、早急にL/C③ 金額をご増額下さるようお願い申し上げます。

草々

ビジネス用語	
くらげ	海蜇；水母
CIF	到岸价
積出し（つみだし）	装运；发货
差し支える（さしつかえる）	妨碍；影响

① 信用状の何をアメンドするのかを明記する。書き換え例「信用状の金額のアメンド依頼」。
② 元の契約金額を改めて呈示したほうがいい。書き換え例「貴社注文書のCIF総額はUS＄6,000ではなく、US＄6,500です。」
③ 増額する金額を改めて強調する。書き換え例「金額をUS＄500」。

文例3

【请考虑，例文中的粗体字部分，还有别的表达方法吗？】
场景说明

　　核心目的：要求以人民币开立信用证。

　　信函要点：我公司与对方公司，通过去年秋天的大连商品交易会，签订了协议，营销300吨松茸。在支付问题上已达成协议以人民币开立信用证。但4月20日收到对方公司来信提及不能以人民币开立信用证。特发此函，告知对方，我公司与其他合作伙伴大多是以人民币信用证进行结

算的,且没有任何问题。另我方已经按照合同配备了货物,只待信用证的收领即可发货。因此,请对方公司按照合同,以人民币开立信用证。

人民元建信用状開設の依頼

拝啓　清和のみぎり、貴社ますますご繁栄のこととお喜び申し上げます。

　さて、両方の努力と協力により、去年の秋の大連商品交易会において、松茸300トンの取引が成立しました。この初めての取引が我々両方の貿易と友好関係を促進することを心から願っております。

　支払問題につきましては、商談時に強調しました通り、円高のおりから、当方としては① **実収金額を確保する**ため、L/Cは必ず人民元建で② **開設願うよう主張いたしました。**

　当時、貴方が当方の主張に同意されたからこそ、この契約が調印されたのであります。③ **にもかかわらず**、4月20日付貴信にて人民元建信用状開設は困難だとおっしゃっておられるのには驚きました。弊社の多くの取引先は当方に人民元建の信用状を開設しており、何らかの問題が生じたことはございません。

　当方は契約規定に基づいて、即ち貴注文品の調達に着手しておりますので、貴方の信用状を受領次第出荷可能です。速やかに契約通り信用状を開設されるようお願い致します。

　まずは、人民元建信用状開設のお願いまで。

敬具

① 激しい変動レートを避ける
② 開設するようお願い申し上げました。
③ しかし予想外に

ビジネス用語	
清和(せいわ)	晴暖季节
円高(えんだか)	日元升值
〜建(だて)	以某种货币结算
調印(ちょういん)	签订
生じる(しょうじる)	发生,产生
次第(しだい)	立即,马上

重点例文の解釈

1. 〜済み(ずみ)

说明:意为"已经……,……完了"。

例句:

① 決済済み。/已结算。

② 手配済み。/已安排。

2. 込み（こみ）

说明：意为"总共，包含在内"。

例句：

① よいのも悪いもの込みで売る。/好坏都一包在内出售。

② 税込み32万円の月給です。/含税月薪为32万日元。

3. 差し支えない（さしつかえない）

说明：意为"影响，妨碍"。

例句：

① 彼がいなくてもいっこう差し支えない。/他不在也毫无关系。

② そろそろ帰らなければ仕事に差し支える。/差不多该回去了，不然会影响工作。

4. からこそ

说明：意为"正是因为"。

例句：

① これは運じゃない。努力したからこそ成功したんだ。/这不是靠运气。正是因为努力了才取得了成功。

② 私は忙しいからこそ時間を有効に使って自分のために時間を作っているのだ。/我正是因为太忙才更有效地使用时间，从而挤出自己的时间来。

5. にもかかわらず

说明：意为"虽然……但是，尽管……却"。

例句：

① 悪条件にもかかわらず、無事登頂に成功した。/尽管条件恶劣，但成功地登上了山顶。

② 母が止めたにもかかわらず、息子は出かけていった。/尽管妈妈阻止，可是儿子还是出去了。

常套表現

◆ 双方が契約書について合意の上、署名をした後、御社が前渡金を○○有限公司が指定した口座に送金、若しくはL/Cで送って頂きます。/经双方签字认可以后，贵公司可以将预付款打给××公司或者开信用证给该公司。

◆ これ以上信用状開設が延期された場合、デッドフレートと保管料は貴社にご負担いただきます。/如果贵方继续拖延开证，空仓费和货物保管费应由贵方负担。

◆ 当方の同意した銀行を経由して、信用状を開設してください。/请通过我方同意的银行开证。

◆ 信用状ご開設後、コピーを一部お送りください。確認後、直ちに船積を致します。/请开证后，将复印件传予我方。我方确认后，即立刻装船。

◆ 契約書に定められた積出期限直前の信用状訂正には、恐縮ですが、応じられません。/因合同规定的发货期已经迫近，我方碍难接受改证要求。

練習問題

1. 下記の文例の空白を埋めなさい

　　　　　　　　　　　　　　　　　　　　(1)
拝啓　初夏の候、＿＿＿＿＿＿＿＿(2)＿＿＿＿＿＿＿＿。
　当方の第83号信用状については、本日当方の開設銀行に対し、ご要求どおりの訂正をするよう連絡＿(3)＿です。訂正点は次の通りです。
　1. 金額をUS＄30,000に＿(4)＿。
　2. 有効期限を9月5日まで延長する。
　3. 「積替え不可」の字句を削除する。
　以上、当方開設銀行にご確認のうえ、早めに＿(5)＿をするようにお願い申し上げます。
　まずはご通知まで。

　　　　　　　　　　　　　　　　　　　　　　　　　　　　　　　　　　　　敬具

2. 下記の中国語の信用状に関する文章を日本語に訳しなさい。
××公司：
　　3月11日与21日,贵方与我方先后成交了两宗生意。根据协议,贵公司在半个月内开具信用证寄至我公司,我公司将于5月初发货。可是,现在已过去了将近一个月,我们仍未收到贵公司的信用证,不知是何原因。发货日期业已迫近,请贵公司在接此函后,速开信用证,以便我们能按时发货。

　　　　　　　　　　　　　　　　　　　　　　　　　　　　　　　　　此致。
　　　　　　　　　　　　　　　　　　　　　　　　　　　　　　　　　××公司

3. 下記の要点にそって、例文を作りなさい。
　(1) テーマを「信用状訂正の通知状」にする。
　(2) 12月3日先方の信用状を受け取り、トランシップメントは認めないということになっている。
　(3) 年末に、直行船が「クジラ丸」のみあり、貨物が多いため、スペースが開かない。よって信用状を積替え許容に訂正してもらいたい。

第19課　支払いの請求状

- **作成の目的**

　請求状とは金銭関係の請求が目的で出す文章で、債権者が債務者に債務の履行を要求する文書をいう。また、金銭請求状では、常時取引のある場合は、印刷した専用の「請求書」を使うことが多い。所定欄に、品名・数量・金額などの必要事項だけ記入し送付してもよいが、「請求書」に文例にあるような請求状を添える習慣がある。

- **種類とフォーム**

　商品代金、売上代金、売掛金、約束手形不渡りによる現金払い、請求書の金額訂正など。

- **書き方のポイント**

　① 件名は「～ご請求」「振り込みのお願い」にする。② あいさつは最小限で簡潔に、省略も可。作成日を明記する。③ 念を押すために、改めて振り込み日を通知するのが効果的。④ 箇条書きを用いて、必要事項が一目でわかるようにする。⑤ 請求内容、金額、振込み口座番号に間違いがあってはならない。記載は帳簿を確認して正確に。⑥ 請求権利を振りかざすような高圧的な書き方は禁物。金銭に関する場合こそ、丁重な字句と態度で書くことが大切。

- **支払いの方式：**

　　T/T　*telegraphy transfer*　　　　　　電信為替送金　　　　　電汇
　　D/P　*documents against payment*　　　手形支払書類渡し　　　付款交单
　　D/A　*documents against acceptance*　　手形引受書類渡し　　　承兑交单
　　L/C　*documentary letter of credit*　　信用状　　　　　　　　信用证

> 文例 1

【请确认以下例文中的写作重点】
场景说明

　　核心目的：电子计算器的付款交单催款函。
　　信函要点：我公司按照协议 690060，已将 2 万部电子计算器从天津通过 COSCO 船运往东京。提单单号为 XMU2000989，出港日期 4 月 15 日。今天，把提单、发票、装箱单，以及付款交单的单据寄给对方公司委托银行东京三菱银行。单据 2 天内能到达东京，第三天东京三菱银行会与对方公司联络，请求对方公司予以结算，并结算后交单。

① 電卓代金 D/P 支払いのお願い

拝啓　時下益々ご清栄の由大慶に存じます。このたびは格別なお引立てを賜り、深謝申し上げます。

　② 契約書690060に基づき、電卓20,000個を天津からCOSCOの船で東京に送りました。

B/L番号：XMU2000989、出港日：4月15日（明細は別紙）。

　③ 今日当社の銀行を通じて御社の東京三菱銀行宛にB/L、インボイス、パッキングリストなど及びD/P決済の書類を送りました。銀行によると書類は2日間で東京に着き、3日目には東京三菱銀行から御社に書類取引の連絡が行くとのことです。決済の用意をお願い致します。

　今後ともいっそうのご愛顧を賜りますようお願い申し上げます。

敬具

① 何に対する請求か、件名をはっきりと書く。
② 納品の事実を明らかにする。
③ 金額、支払い方法、社内規定など、支払いに関する必要事項を正確に記す。

ビジネス用語	
大慶（たいけい）	可喜, 恭喜
電卓（でんたく）	电子计算器
COSCO	中国远洋运输公司
B/L	提单
インボイス	发票
パッキングリスト	装箱单
D/P	付款提单

文例2

【请指出并改正下列例文中的错误】

场景说明

　　核心目的：某年度上半年赊款付款通知。

　　信函要点：我公司即将进行上半年度赊款结算，特此告知对方公司。截止5月25日，总赊款金额参见账单，并请于6月25日电汇至以下账户。附记账单1份，汇款账户为横滨银行藤泽支行普通账户1475998，米原股份公司。

○○年上半期売掛金のご請求について

拝啓　① 暮春の候、貴社ますますご盛業のこととお慶び申し上げます。平素は格別のご愛顧を賜り深謝致します。

　さて、早速ですが、○○年度の上半期決算時期を迎えるにあたりまして、② 現在の貴社売掛金の合計は別紙請求書の通りとなっております。

　つきましては、請求書を同封致しましたので、貴社帳簿とご照合の

① 暮春とは4月の時候挨拶である。書き換え例「薫風・新緑の候」。
② 現在の概念はあいまいで、具体的な期日を入れるべき。書き換え例「現在5月25日」。

第19課　支払いの請求状

上、6月25日までに下記の口座にお振込みくださいますようお願い申し上げます。
　なお、以後の分につきましては、来期にご請求させていただきます。
　今後とも相変わらぬご愛顧のほど、よろしくお願い申し上げます。

敬具

記

1. 同封書類　　請求書1通
2. 振込先　　　横浜銀行　藤沢支店　③ <u>普通口座</u>
　　　　　　　株式会社ヨネハラ

以上

③ 口座の番号を忘れずに。書き換え例「口座番号：1475998」

ビジネス用語	
暮春（ぼしゅん）	暮春, 季春
薫風（くんぷう）	和风, 暖风
上半期（かみはんき）	上半年, 上半期
売掛金（うりがけきん）	赊款, 欠款
照合（しょうごう）	对照, 查对
相変わらぬ（あいかわらぬ）	依旧, 照旧

文例3

【请考虑，例文中的粗体字部分，还有别的表达方法吗？】
场景说明
　　核心目的：结算空头支票的催款通知书。
　　信函要点：我公司于3月8日发货的"复印机I-3"，对方公司以期票形式缴纳货款，该期票（第259号，面额150万日元）已于4月11日收到。6月18日，我公司在支付地点台场银行八丁堀支店打算兑现时，被告知期票余额不足。时下经济如此不景气时，如果收不到对方公司的货款，会导致我公司资金周转不灵。特此告知对方公司，请速把期票金额以现金形式汇入我方银行指定账户。

不渡手形のご決済について

前略　取り急ぎ用件のみお伝え致します。
　さる3月8日納入の製品「印刷機I-3」の代金として、約束手形（第259号、額面百五拾万円）を貴社振り出しにて4月11日に拝領致しました。支払い期日である本日6月18日、① <u>支払い場所の台場銀行八丁堀支店に提示したところ、預金残高不足とのことで不渡りとなり、支払いを受けられませんでした。</u>

① 支払い場所の台場銀行八丁堀支店にて取り立てましたが、取引停止のため、本日不渡りとして返却されましたので、ご連絡致します。

② 何かの事情がおありのことと存じますが、弊社と致しましては、資金繰りに不都合をきたしております。
③ つきましては、本状到着後15日以内に、手形金額百五十万円を至急弊社指定口座にお振込みくださいますよう、お願い申し上げます。

② 当社としましても、この不況の折から、貴社からのご入金がありませんと資金繰りにも支障をきたすこととなり、困却しております。
③ つきましては、本書状到着次第、至急額面分を現金にてお支払いくださいますようお願い申し上げます。

草々

ビジネス用語	
不渡り（ふわたり）	空头；拒付
手形（てがた）	票据
決済（けっさい）	结算；结账
振り出し（ふりだし）	出票，开出（票据）
拝領（はいりょう）	拜领；领受
残高（ざんだか）	余额，结余
折（おり）	时候，时机
信金繰り（しきんぐり）	筹款，筹措资金
支障（ししょう）	障碍，不便
きたす	引起，造成
困却（こんきゃく）	为难，困惑
取り立てる（とりたてる）	索取，催缴
返却（へんきゃく）	还，归还

重点例文の解釈

1. 請求（せいきゅう）

说明：意为"要求；索取"。

例句：

① 慰謝料を請求する。/索取精神赔偿。

② 即時払いを請求した。/要求立刻付款。

2. 照合（しょうごう）

说明：意为"对照，查对"。

例句：

① 原本と訳本とを照合する。/核对原文和译文。

② 指紋から本人かどうかを照合する。/核对指纹。

3. ～に当たる（にあたる）

说明：意为"正值……；正当……"。

例句：

① 会を始めるに当たって一言申しあげます。/在开会之前,请允许我讲几句。

② 国慶節に当たって心からの祝意を表します。／值此国庆之际谨表衷心的祝贺。

4．きたす

说明：意为"引起，造成"。

例句：

① 作戦に支障をきたす。／造成作战上的阻碍。

② 台風のため工事の完成に支障をきたした。／台风给工程进度带来了影响。

常套表現

◆ ○月○日付けにて貴社宛発送のパソコン6台の代金は、請求書に記載のとおり合計54,000円です。貴方帳簿とご照合のうえ、必ず○月○日以前に当方にお支払いください。／××月××日发至贵公司的6台电脑，价款如付款通知书所示，共计5万4千日元，请与贵方账目核对后，务于××月××日前惠付我方是荷。

◆ 貴店に販売を委託致しましたキッチン用具商品は、現在すでに規定の上半期決済期日が到来しておりますので、売掛金のお支払いをお願い致します。／委托贵店吊销的厨房用品商品，现已到规定的上半年结算期，故请支付赊欠款为荷。

◆ 契約書の規定に従い、請求書ご一覧後に契約商品代金の2％（合計○○円）を速やかにご送金いただきたくお願い申し上げます。／请按合同规定，将合同货款金额的2％（计××日元）见账单速汇为盼。

◆ 契約書に基づいて、貴方の商品購入代金○○万米ドルの請求書を書留にて送付申し上げました。貴方にてご照合のうえ、必ず○月○日以前にご送金をお願い致します。／根据合同，贵方的购货款××万美元账单，已用挂号信寄出。请贵方核对后，务于×月×日前汇付为荷。

◆ 貨物は既に貴方に到着していることと存じます。ここに同封送付申し上げる請求書をご査収のうえ、期日通りの代金を一括当方にお送りください。よろしくお願い申し上げます。／想必货已抵达，请验收后按同函奉寄的账单，如期全额一次汇至我方为荷。拜托了。

練習問題

1．下記の話し言葉を書き言葉に書き換えなさい。

（1）貴社の帳簿を確認してから、6月15日までに下記の口座に払い込んでください。

（2）○○年の1月から6月までの決算をすることになり、現在貴社の売掛金は下記請求書の通りです。

（3）これからの分は、次期に払い渡してもらいます。

（4）貴社が振り出した約束手形は4月11日に受け取りました。

（5）この不況の時勢、貴社から代金をもらわないと、資金繰りに妨げるので、困っています。

2．キーワードを利用して、下記の中国語を日本語に訳しなさい。

（1）我公司会将以后的货款转入（繰り越す）下个月。

（2）烦请（お手数ですが）制定销售明细表（売上計算書作成の上），并于9月10日前以指定（所定）的方法支付。

（3）对本公司而言，这笔未付款数额足以影响（左右する）经营，故请尽速（至急）付款，特此拜托。
　　（4）贵店今年的进货账单（仕入れ勘定）如往年一般（例年どおり）计至（締め切る）12月15日止。随函另附账目明细表（計算書），烦请从速核对（照合）后于本月30日之前付款为盼。
　　（5）随函另附账单（請求書），请过目。倘计算有误（違算），烦请告知。

3. 下記の要点にそって、例文を作りなさい。
　　（1）テーマを「契約破棄による違約金の請求状」にする。
　　（2）〇〇年5月1日から先方の会社にネットワークサーバー10台をリースし始めた。
　　（3）先方の会社は10月以降、リース料は払っていない。毎月リース料金40万円。
　　（4）契約書第5条により、契約を解除するとともに、サーバー返還と違約金の支払いを請求する。
　　（5）添付書類：請求書1通。

第20課　送入金関連通知状

- 作成の目的

相手方に代金を支払うとき、あるいは相手方から代金を受け入れるときに、知らせるために作った文章である。送入金方法には、現金・手形などを書留郵便で送る方法のほか、送金為替・当座振込・郵便為替など、いろいろあるが、通知状を作るときに、方法を明記する。

- 書き方のポイント

① 件名は「～送金・入金のご通知」にし、何についての通知状か一目瞭然にする。

② 実務的な事項伝達のため、挨拶は簡潔に。

③ 必要な通知内容を正確に、漏れなく記す。

④ 箇条書き、別記方式を多用する。

⑤ 何についての代金か、どんな方法（振込み、為替など）で送ったかを明記し、領収書の請求をしておく。

⑥ 入金の場合には、入金があったことを伝える。入金が遅れた場合でも、咎めては禁物。

文例1

【请确认以下例文中的写作重点】
场景说明

核心目的：汇款通知。

信函要点：本公司于9月3日收到对方公司发来的催缴函，于今日9月5日汇款给对方公司，汇款由伏见银行大塚分行汇至夕阳银行坂下支行。汇款金额为30万日元。特发此函解释汇款不及时的原因，并告知已汇款，请对方公司查收汇款后发回收据。

① 送金のお知らせ

拝啓　新秋の候貴社ますますご隆盛の段お喜び申し上げます。

さて、このたびは、9月3日付ご請求のお品代金② 三十拾万円也のご送金が遅延ご催促を賜りましたこと、誠に申し訳なく衷心よりお詫び申し上げます。本日9月5日下記の通りご送金致しましたので、ご査収ください。

ご送金が遅れましたのは、③ 経理の単純ミスです。④ これから二度とこのようなご迷惑をおかけしないよう注意致しますので、引き続き

① 件名に何を知らせるかを、一目瞭然に書き記す。

② 送金の金額をきちんと書き記し、お知らせの目的を果たす。

③ 送金催促された理由をはっきりする。

④ お詫びやこれからの交流意図を示し、許しをもらう。	ご厚情を賜りますよう謹んでお願い申し上げます。 　なお、お手数ですが、折り返し領収書をお送りくださいますようお願い申し上げます。 　まずはお詫びとご送金のお知らせまで。 　　　　　　　　　　　　　　　　　　　　　　　　　　敬具 　　　　　　　　　　　　記
⑤ 領収書の請求を忘れずに。 ⑥ 金額、銀行支店名などはきちんと別記に記す。	⑤ <u>金額　三十万円</u> ⑥ <u>支払い方法　伏見銀行大塚支店から、夕陽銀行坂下支店に振込</u> 　　　　　　　　　　　　　　　　　　　　　　　　　　以上

ビジネス用語	
送金（そうきん）	汇款、寄钱
也（なり）（接在钱数后）	正，整
催促（さいそく）	催促，催缴，催索
経理（けいり）	会计；财务
引き続き（ひきつづき）	继续；连续
折り返し（おりかえし）	折回；立即、马上

文例2

【请指出并改正下列例文中的错误】

场景说明

　　核心目的：汇款通知书（汇款迟误）。

　　信函要点：我公司已于今日8月8日汇款（500万日元）给对方公司。由于8月6日接到对方公司催款单时，业已是7月份额的财目结算之后。对于本公司会计人员的轻率行为导致汇款迟误向对方公司致歉，同时告知对方今后会杜绝再次发生同样的事态，并请查收汇款。

送金のご通知（送金が遅れた場合）

	拝啓　晩夏の候、貴社益々ご隆盛の段お喜び申し上げます。
① 先方からいつの請求をはっきり書き記すべき。書き換え例「8月6日ご請求」。	さて、① <u>ご請求</u>へのご送金が遅れ、申し訳ございません。実は貴社のご請求書が到着致しましたのは弊社の7月分支払締め切り後でございますので、経理担当の早計によって翌月分の扱いとなってしまいました。
② 品代金の金額を確認のために、はっきりと示す。書き換えれ例「品代金500万円也」。	本日8月8日、早速② <u>品代金</u>をご送金致しましたので、よろしくご査収ください。 　今後は二度とかような事態が起こらぬよう厳重に注意致しますので、何卒ご海容のうえ、変わらぬご愛顧を賜りますようお願い申し上げます。

まずは、③ <u>送金のご通知まで。</u>

　　　　　　　　　　　　　　　　　　　　　　　　　敬具

③ 結語にお詫びの意思をもう一度示すべき。書き換え例「お支払の遅延のお詫びかたがた送金のご通知まで。」

ビジネス用語	
締め切り（しめきり）	截止，届満
早計（そうけい）	过急，轻率
かよう	这样，如此
厳重（げんじゅう）	严格，严重，严肃
海容（かいよう）	海涵，宽恕

文例 3

【请考虑，例文中的粗体字部分，还有别的表达方法吗？】

场景说明

　　核心目的：收款通知。

　　信函要点：我公司今天（9月2日）收到8月29日对方公司通过故乡银行大田支行汇来的IP80型机器货款22万日元。该笔货款比约定的付款日期晚10天左右，希望对方公司以后尽量不要迟误付款。随寄收据，请对方查收。

入金のお知らせ

拝啓

　　貴社いよいよご発展のこととお喜び申し上げます。

　　さて、去る8月29日付で納入済みのIP80型の代金、二拾二万円也を、本日9月2日、ふるさと銀行大田支店にお振り込みいただき、ありがとうございました。① <u>確かに受領しました。</u>

　　② <u>今回、お約束の期日より10日ほどご入金が遅れておりますので、次回からは遅延のなきよう、くれぐれも宜しくお願い申し上げます。</u>

　　今後も格別のお引き立てを賜り、一層ご注文をくださいますよう改めてお願い申し上げます。

　　なお、領収書を同封致しますので、ご査収ください。

　　　　　　　　　　　　　　　　　　　　　　　　　敬具

① 確かに拝受致しました。

② 今回、お支払い期限が10日ほど過ぎていますが、貴社からのご書状を拝見し、ご事情を了承致しました。なにとぞご休心くださいますようお願い致します。

ビジネス用語	
受領（じゅりょう）	收领，领受
拝受（はいじゅ）	接受，拝领
遅延（ちえん）	延迟，迟误
休心（きゅうしん）	安心，放心

重点例文の解釈

1. 手数（てすう）

说明：意为"麻烦，周折"。

例句：

① たいした手数はかかりません。/没什么麻烦的。

② お手数をかけてすみません。/对不起，给您添麻烦了。

2. 厳重（げんじゅう）

说明：意为"严重，严格，严厉"。

例句：

① 交通違反を厳重に取り締まる。/严格取缔违反交通规则的现象。

② 厳重に注意する。/严重警告。

3. 確かに（たしかに）

说明：意为"确实，的确"。

例句：

① お送りくださった品物は確かに受け取りました。/您寄给我的东西已经收到了。

② 月末までには確かにお返しします。/月底以前一定归还。

常套表現

◆ さて、○月○日にてご催促がございました標記商品代金○○万円也につきましては、お支払が期日より遅れてしまいまして誠に申し訳ございません。/×月×日贵公司催缴的商品货款××万日元，支付晚于规定日期，我方深表歉意。

◆ 本日○月○日、○○支店にお振り込みいただき、ありがとうございます。早々のお支払いに感謝致します。/本日×月×日，通过××支行接到贵方汇来的货款，对您及时付款，我们深表感谢。

◆ 今回は○日の遅延ですが、いかがなされましたでしょうか。至急ご調査の上、ご連絡ください。/此次的汇款延误×日，不知是什么原因。请贵公司调查后，给予联系。

◆ ○月○日付ご請求へのご送金が遅れ、申し訳ございません。実は不慣れな新人が取り扱ったため、かかる事態となりました。/对于贵公司×月×日的催款，汇款迟误，由于我方使用了新人，造成了此次事态，深表歉意。

練習問題

1. 下記の空白を埋めなさい。

送金の通知（__1__ 送金の通知）

拝啓　時下ますますご清栄のこととお喜び申し上げます。

　さて、当社の昨年__2__させていただきました液晶パネルは、すでに着荷しております。この品代金50万元につきまして、振り替え小切手をご送付申し上げましたのでどうぞご__3__く

ださい。

敬具

記

小切手計3枚
1. 金額16万元（〇年6月16日）
2. 金額20万元（〇年6月16日）
3. 金額14万元（〇年6月16日）

　　ご面倒ながら領収書を＿＿4＿＿ご送付くださいますようお願い申し上げます。
　　まずは＿＿5＿＿のご通知まで。

以上

2．下記の例文の間違いを訂正しなさい。

3月分リース料送金のお知らせ

拝啓　ますますご清栄のことお慶び申し上げます。平素は格別のお引き立てをいただき、厚くお礼申し上げます。
　さて、3月分のリース料金につきましては、本日下記のとおり、入金を完了されましたのでご通知になります。
　貴社口座にて入金をご確認させていただきましたら、お手数とは存じますが、同封の領収書にご署名ご捺印の上、弊社までご返送くださいますようお願い申し上げます。
　とりあえず、送金のお知らせを申し上げます。

敬具

記

- 送金内容　　〇〇年〇〇月リース料金
- 金額　　　　〇〇万〇〇〇〇円
- 振込先　　　〇〇〇〇銀行〇〇〇支店（当座）〇〇〇〇〇〇〇〇

以上

3．下記の要点にそって、例文を作りなさい。
　（1）テーマを「入金のご通知とお願い」にする。
　（2）8月16日に納品してくれた商品代金は、本日に受け取った。領収書を返送したので、先方に査収してもらう。
　（3）先方の送金時間は15時以降なら、入金日付が翌日になるため、今回から15時までに送金してもらうよう願う。
　（4）添付書類：領収書。

第 21 課　支払いの督促状

- **作成の目的**

  督促状とは、支払いや提出を催促するために出す書状である。

  商取引では、商品やサービスの代金請求が後払いの場合や、掛け売りなどで締日の後で請求をする場合がある。この請求に対する支払いが決まった期限までに行われない時に催促状（支払い催促状）を出し、それでもまだ支払われない時に督促状を出す。

- **種類とフォーム**

  支払や提出を催促するために出す書状であるが、ここでは取引先や、顧客からの代金、料金、賃料（家賃など）の支払督促状を紹介する。

- **書き方のポイント**

  ① 件名は「～ご催促」「～お支払いについて」にする。② 取引の事実、契約不履行の事実を客観的に述べ、相手に義務遂行を促す。③ 相手が応じてくれないことで、こちらが苦しんでいることを伝える。④ 後々に法的装置をとる場合は証拠書類ともなる。差出年月日は必ず明記。⑤ 説得するために書くということを念頭に、相手の感情を害さないよう注意。

- **支払いの方式：**

T/T	telegraphy transfer	電信為替送金	电汇
D/P	documents against payment	手形支払書類渡し	付款交单
D/A	documents against acceptance	手形引受書類渡し	承兑交单
L/C	documentary letter of credit	信用状	信用证

文例 1

【请确认以下例文中的写作重点】

场景说明

　　核心目的：商品货款催缴函。

　　信函要点：对方公司于 2 月 10 日订购我公司商品"美味的乌龙茶"，我公司于 2 月 10 日发出付款通知函，货款 17 万 5 千日元，付款日期为 2 月 27 日。但时至今日，已过付款日期 2 个多月，仍没有接到对方付款。故发此函催缴货款，告知对方公司如在 5 月 15 日前再不付款，我公司将采取相应法律手段。

① 商品代金お支払のご催促

前略　用件のみ申し上げます。

　② 去る2月10日付でご購入いただきました弊社商品「うまいウーロン茶」につきまして、2月10日付にてT/Tで代金175,000円を請求させていただきましたが、お振り込み期日の2月27日を2ヶ月あまり経過した本日に至っても、ご入金が確認できておりません。③ この間、再三にわたって電話および書面にて督促申し上げましたが、なんら責任あるご回答は得られませんでした。

　つきましては、④ 5月15日までにご送金のない場合は、当社と致しましても遺憾ながら、相応の手段を取らせていただく所存です。

　⑤ なお、本状と入れ違いにご送金いただきました節には悪しからずご容赦ください。

　よろしくお願い申し上げます。

草々

① 件名に「～お支払のご催促」にする。
② 相手の注文日・納品日・請求日と請求額・支払予定日を具体的に明記して、支払われていない事実を示す。
③ こちらからの働きかけに対して、相手が対応しなかった旨を述べる。
④ 最終納金期限を明記する。
⑤ この一文は相手に対する気遣いとして、必ず最後に添える。

ビジネス用語	
催促（さいそく）	催促，催索
経過（けいか）	经过
再三（さいさん）	再三
督促（とくそく）	催促
なんら	丝毫，任何
相応（そうおう）	相应，相称
入れ違い（いれちがい）	交错，错过，一进一出
節（せつ）	时候，时节

文例2

【请指出并改正下列例文中的错误】

场景说明

　　核心目的：委托代售货款的催缴函。

　　信函要点：我公司委托对方公司进行代售，并于8月12日再次发送了付款通知书，但是至今没有接到对方的付款。特发此函催缴货款。如无对方的付款，我方公司会出现资金周转不灵。请对方调查确认后，先告知预计付款日。随附付款通知明细及汇款账户信息。

委託販売代金の① 督促状

拝啓　時下ますますご清栄のこととお喜び申し上げます。

　さて、② 先日再度送付させていただきました下記委託販売売上代金

① 「督促」とストレートに書かない。書き換え例「お支払のお願い」。
② 「先日」という漠然

の請求書明細につきまして、いまだご送金いただけていないようですが、何か手違いでもございましたでしょうか。

　何かご事情がおありかとも思いますが、当方と致しましても資金繰りに不都合をきたしております。大至急お調べの上、まずは入金予定日をご連絡いただきたく存じます。

　なお、本状と行き違いでご送金いただきました節には、何卒ご容赦ください。

　以上、ご多用中とは存じますがよろしくお願い致します。

敬具

○年 8月 27日現在のご請求残高	￥198,000円
ご請求明細	
委託販売売上代金③ 請求書	￥198,000円

〈お振込み口座〉
中日本銀行　栄支店　普通　No.56412
口座名義人　坂本　一郎　宛
注意：本状到着以前にご入金いただいた場合、上記金額が異なる場合があります。

ビジネス用語	
手違い（てちがい）	错误，差错
行き違い（ゆきちがい）	弄错，差错

側注：
としたい表現では説得力がない。何月何日請求したのか、客観的に述べて支払いを促す。書き換え例「去る8月12日付にて」。

③ 請求書ナンバーを明記するべき。書き換え例「請求書No.35」。

文例3

【请考虑，例文中的粗体字部分，还有别的表达方法吗？】
场景说明
　　核心目的：2月份款额的催缴函。
　　信函要点：我公司于3月15日已发2月份付款通知函给对方公司，付款金额应为264万300日元。但3月20日得到贵方公司的汇款，金额为140万日元。期间打过多次电话，但都因佐藤先生不在为由，没有得到答复。因已影响了公司对下设商家的款项支付，故特此发函，希望对方能尽快缴纳不足金额。

２月分のお支払について

拝啓　貴社ますますご清栄の段、お慶び申し上げます。平素は一方ならぬお引き立てを賜り、心より御礼申し上げます。
　さて、3月15日付でご請求申し上げました2月分の代金は2,460,300

第21課　支払いの督促状

円でしたが、20日にお振り込みいただきました額は1,400,000円でございました。① <u>本日までの間に事情のご説明を願って何度かお電話を差し上げましたが、佐藤様ご不在などで納得のいくお話を伺うことができません。</u>

② <u>当社としましてもこのままでは業者へのお支払などに支障をきたすこととなります。</u>

つきましては、貴社にもいろいろとご事情がおありでしょうが、至急残金のお支払いくださいますようお願い申し上げます。

③ <u>まずは書面にてご催促のほど。</u>

敬具

① この間、再三にわたって電話にてお願い申し上げましたが、何のご回答もいただけませんでした。
② 定めしお忙しいものと存じ上げ、ご催促するようで甚だ恐縮ですが、当社の決算が迫り帳簿整理の都合がございます。
③ まずはお願いまで。

ビジネス用語	
差し上げる（さしあげる）	给，呈送
不在（ふざい）	不在
定めし（さだめし）	一定，想必
迫る（せまる）	临近，迫近

重点例文の解釈

1. ～にわたる

说明：意为"经过；连续，不断"。

例句：

① 彼は前後3回にわたってこの問題を論じた。/他前后三次论述了这个问题。

② ここ数年にわたって豊作が続いている。/农业生产连续几年获得丰收。

2. 節（せつ）

说明：意为"时期，时候"。

例句：

① お暇の節はお寄りください。/您有空时来坐坐。

② その節はお世話になりました。/当时多蒙您的关照。

3. 入れ違い（いれちがい）

说明：意为"交错，错过"。

例句：

① 二人の手紙が入れ違いになった。/二人的信错过去了。

② 田中と入れ違いに山田が訪ねてきた。/田中刚走，山田就来了。

4. 手違い（てちがい）

说明：意为"错误，差错"。

例句：

① ちょっとした手違いからお待たせしてすみません。/因为我的一点差错使您久候，真对

不起。

②　その計画が途中で変ったのは思わぬ手違いがあったためだ。/那个计划中途改变是因为出了意外的岔子。

常套表現

- ◆ 貴社との契約では売掛金は、請求月の翌月末日毎にお支払いくださることになっております。弊社と致しましては経理の都合もありますので、至急ご調査のうえご送金いただきますようお願い申し上げます。/与贵公司协议，赊欠款于每个催缴月的次月月末前支付。由于公司内部的会计还需处理相关事务，故请贵公司火速确认并付款为盼。
- ◆ ご承知の如く、弊社は貴国の数ヶ所に委託販売網を設けておりますので、資金繰りがうまくいかず、大いに悩んでいるところです。/正如贵公司所知，我公司在贵国设有多个代销网点，如今正为资金周转不畅而一筹莫展。
- ◆ 貴我間のD/P決済方法は、相互信頼に基づいて、3年余り続いており、今後も続けて行きたいと思っております。ただ、今度のように決済が遅れると、私どもの損失が大きいだけでなく、資金の回転計画も狂ってしまいます。/基于相互信任，贵公司和我公司之间3年来一直采取付款交单的付款方式，我公司考虑今后继续采用这一方式。可贵公司此次拖延付款，不仅使我们蒙受了巨大的损失，而且还打乱了资金周转计划。
- ◆ ○○料金を支払い期日を経過してお支払い頂く場合には、支払い期日から経過した日数に応じて1日あたり0.04％（年14.5％）の割合で算定した延滞利息を頂くことがあります。/××费用超过支付日期时，从应支付日开始计算，应缴纳滞纳金每日0.04％（年14.5％）。

練習問題

1. 下記の日本語を中国語に訳しなさい。

（1）万一、本状と行き違いにお支払がお済みの際は、悪しからずご容赦くださいますようお願い申し上げます。

（2）これまでの貴社のご愛顧を思い、最大のご便宜をお図りした次第でございますだけに、誠に遺憾に存じます。

（3）再びご請求申し上げますが、先般ご融通した金子、至急ご返済くださいませんでしょうか。

（4）事情ご賢察の上、至急ご送金、決済していただければ幸いに存じます。

（5）先便にてお願いした件は、いかがでしょうか、ご返事をお待ちしております。

2. 下記の文例の間違い6箇所があり、指摘して訂正しなさい。

代金支払の督促

拝啓　貴社いよいよご繁栄のこととお喜び申し上げます。平素は、当社をお引立て賜り、厚く御礼申し上げます。

さて、早いもので6月6日付でお送りいただきました下記の件につき、本日までご送金がございませんが、御社もたいへんお忙しいので、きっとお忘れになっておられるのだと存じます。

第21課　支払いの督促状

　つきましては、誠に申し上げにくいのですが、当方の帳簿整理上、一度ご調査の上、早速ご送金くださいますよう切にお願い申し上げます。

敬具

記

発送日　６月６日
見本名　○○　５キロ
金額　　US＄250.00

もし、行き違いにご送金済みの節は、何卒ご了承くださいますよう幾重にもお願い申し上げます。
まずは、ご送金のお願いまで。

以上

3．下記の要点にそって、例文を作りなさい。
　（1）テーマを「手付金お振り込みの件」にする。
　（2）４月１日に納品の準備ができて、４月４日に打ち合わせをした。
　（3）打ち合わせで相手の会社は、手付金として代金の10％を先に振り込むことになる。
　（4）いまだにまだ10％の手付金を受け取っていないため、相手の会社に、当社は注文と同時に代金の10％を支払ってもらうシステムになっていることを、再度伝える。

第22課　包装に関するビジネス文書

- 作成の目的

　包装に関連するビジネス文章を紹介する。包装条件の照会、包装条件改定の依頼、梱包不良の顛末書それぞれ一通紹介する。

- 包装の定義と注意事項

　日本工業規格（JIS）では、包装は『物品の輸送、保管などにあたって価値及び状態を保護するために適切な材料、容器などを物品に施す技術および施した状態のことである』と定義している。さらに、これを**個装**（物品個々の包装）、**内装**（包装貨物の内部の包装）、**外装**（包装貨物の外部の包装）の3種類に分類している。また、輸送を目的としたものを**工業包装**、販売を目的としたものを**商業包装**に区別し、工業包装を**梱包**としている。また、中の物品を装飾するための包装は、ラッピングと呼ばれる。

　工業包装に使う梱包材には、ダンボール、エアキャップ、発泡スチロール、ガムテープなどがある。また、貨物輸送に、規格化されたコンテナに積み込み輸送するのが普通。規格化されているために、中に積み込む貨物の重量、容器、形状に要求がある。どのような形状と重量にするか、どのように積み込むか、などについて、交渉して決めなければならない。

- 作成要領

　包装条件の照会、包装条件改定の依頼、梱包不良の顛末書に関する文章を作成に当たって、次のいくつかの事項に注意しなければならない。

　① 内容は簡潔に済ませてよい。② 包装条件照会の場合は、包装様式の仕方や様式を変えたい理由をはっきりにし、相談する姿勢をとる。③ 包装条件改定依頼の場合、社会共通の常識で相手を説得する。④ 梱包不良の顛末書の場合は、不良の原因や改善案をメインにして書く。

文例1

【请确认以下例文中的写作重点】
场景说明

　　　核心目的：更改包装样式的询函。

　　　信函要点：我公司想对商品成人纸尿裤的包装进行更改，特发此函询问对方公司的意见、建议。以往的外包装是木箱包装，从包装费到运输费都很贵。新包装计划每10片纸尿裤装一袋，每

两袋外包纸板箱,总重量约为2.5公斤。除了运输轻便之外,可以从外观看不出里面是纸尿裤,而且运输中还可与其他货物累叠。

包装様式改定のご相談

拝啓　貴社ますますご隆盛のこととお喜び申し上げます。毎々格別のお引立てを賜り、誠にありがたくお礼申し上げます。

　さて、今回の製品成人用紙オムツについて、新しい包装様式を採用したいと考えております。① 内装は一袋に十個入りとし、その二袋を一つの段ボールケースに詰め、グロス・ウエートは2.5キロと致したいと考えております。② 外装を段ボールケースに致しますのは、軽くて運搬に便利であると共に、中身が紙オムツだとわからないようにしたいと思っているからです。また、運送途中に他の重い荷物と積み重ねる場合でも問題はありません。元の木箱の場合、包装費・運賃が割高になるため、十分考慮した上で、このような包装に致したいと考えるものです。③ ご意見いただきますよう、お願い申し上げます。

　以上包装様式の提案まで。

敬具

① 新しい包装様式を詳しく説明する。

② 包装様式を変えたい理由を述べる。

③ 相談する姿勢でいて、高圧的な命令を避ける。

ビジネス用語	
紙オムツ（かみ～）	纸尿裤
段ボール（だん～）	纸板
グロス・ウエート	毛重
運搬（うんぱん）	搬运
積み重ねる（つみかさねる）	垒积，摞起来

文例2

【请确认以下例文中的写作重点】

场景说明

　　核心目的：改善包装的委托函。

　　信函要点：我公司收到对方公司寄来的两盒月饼样品。月饼口味很好,只是包装方面不尽如人意,包装盒硬度和厚度不够,容易变形,且设计、图案、颜色也缺少亮点。故发此函,希望对方公司能改善包装。并告知,月饼作为中国传统节日中秋节的代表食品,如包装得以改善的话,有意出口日本。

① **お願い**

拝啓　陽春の候、ますますご清栄のこととお喜び申し上げます。平素は格別のご高配を賜り、厚くお礼申し上げます。

　さて、先刻お送りいただいた月餅のサンプルを二箱受け取りました。

① 件名は何を依頼するかを、はっきり書き記す。書き換え例「包装改善のお願い」。

貴社の商品は味付けの点は申し分がなく、好評を博しております。しかしながら、商品の包装は消費者には魅力に② **欠けていると思われます**。③ **ご承知のように**、今回お送りいただいたサンプルの紙箱は硬さと厚さが不十分で、変形しやすく、高級感に欠けるようです。更にデザインも、図柄、色合いともに魅力に欠けるところがあるのではないかと存じます。

月餅は中国の伝統節句中秋節を象徴する食べ物ですから、包装外観をもう少し工夫して高級感を出していただければ、日本への輸入も考えておりますので、何卒よろしくお願い致します。

まずは包装改善のお願いまで。

敬具

② ストレートすぎて、柔らかい言い回しを使ったほうがよい。書き換え例「欠けているのではないかと存じます。」

③ 社会共通の常識で相手を説得したほうがいい。書き換え例「ご承知のように、商品の包装は消費者の購買欲を刺激するものでなければなりません。」

ビジネス用語	
先刻(せんこく)	方才,刚才
サンプル	样品
味付け(あじつけ)	调味,口味
申し分(もうしぶん)	缺点,可挑剔的地方
博する(はくする)	博得
購買欲(こうばいよく)	购买欲
変形(へんけい)	变形
図柄(ずがら)	图案,花样
色合い(いろあい)	配色,色调

文例3

【请考虑,例文中的粗体字部分,还有别的表达方法吗?】

场景说明

核心目的：包装不当的始末书。

信函要点：我公司于5月12日接到大和股份公司佐藤科长的联络,对方说我公司的商品微波烤箱包装不统一,希望今后能统一包装样式。就此事公司进行了调查,发现由于搞错了发货地址,因此进行了不一样的包装。为了杜绝此次事件的再次发生,提案如下：引入检测机制,检测发货商品；为了改善包装方法,以发货地址为单位,制作包装指南；为及时确认情况,每周4的下午2点召开配送部门、售后部门的首脑会。

梱包不良の顛末書

拝啓　貴社ますますご清栄のこととお喜び申し上げます。

　　　株式会社大和の佐藤課長から5月12日付で同社に納品した「オーブ

ンレンジ」について、「梱包方法が統一されていないので、今後は統一していただきたい」との① **申入れを受けました**。

当部にて原因を調べた② **結果**、配送先を間違えて梱包していたことがわかりました。そこで、今後二度とこのようなことのないよう③ **徹底を図るべく** 下記の通り再発防止策を立てました。

敬具

記

- 検査システムを新たに導入し、発送時の④ **チェック**を厳重に行う体制を整える。
- 梱包方法の改善を図るため、配送先ごとに梱包マニュアルを作成し、研修会を行う。
- 状況を確認するため、毎週木曜日の14時に配送チーム、アフターサービスチームのリーダーミーティングを行う。

以上

① 申し出がありました。
② ところ
③ 改善策を講じるべく
④ 目視検査と書類検査

ビジネス用語	
顛末書(てんまつしょ)	始末书
オーブンレンジ	微波烤箱
申入れ(もうしいれ)	提议,建议
マニュアル	指南,索引
アフターサービス	售后
ミーティング	会议

重点例文の解釈

1. といった

说明：意为"……等的"。

例句：

① 北京や上海といった大都会。/北京、上海这类大城市。

② みそやみりんといった調味料を使う。/用大酱、料酒等佐料。

2. 申し分(もうしぶん)

说明：意为"欠缺,缺点"。

例句：

① 才能の点は申し分がない。/才能方面无可挑剔。

② これなら結婚祝いとして申し分ない。/作为结婚贺礼,这可是无可挑剔的了。

3. 毎に(ごとに)

说明：意为"每"。

例句：

① 人毎に意見を異にする。/各人有各人的意见。
② ひと雨毎に春めく。/一场春雨一分春。
4. 博する（はくする）
说明：意为"博得，获得"。
例句：
① 好評を博する。/博得好评。
② 絶大な人気を博する。/受到极大的欢迎。
5. 欠ける（かける）
说明：意为"缺欠，不足"。
例句：
① 自制心に欠ける。/缺乏自制力。
② 面白味に欠ける文章。/枯燥无味的文章。

コラム

梱包条件書

梱包条件（海送）
原則として次の条件を満たすものであること。
（1）輸送条件に適応する堅牢な包装であること。
① 原則として、合板密閉梱包とする。ただし、機材によっては透かし梱包またはスチール梱包でも良い。
② 木材梱包とする場合は、次の条件によること。
- 重量が500kg未満の場合は、JIS Z 1402以上の規格の木箱密閉梱包。
- 重量が500kg以上の場合は、JIS Z 1403以上の規格の枠組箱密閉梱包。

③ 梱包ケースの側板の上下、及びふた板の両サイドに、必ず胴桟を打ちつけること。また、必要に応じ中間にも胴桟をつけること。
④ 梱包ケースは、帯鋼、すみ金、かど金により補強すること。
（2）取扱上便利な重量、容積、形状であること。
① 現地での人力による荷卸作業を考慮し、一梱包の重量は単品を除き500kgを超えないようにすること。
② 梱包ケース数が複数となる場合、コンテナによる輸送の可能性があるため、20フィートまたは40フィートコンテナの内法寸法に配慮し、コンテナに納めたときに無駄の少ない大きさで各梱包ケースをまとめること。
③ 梱包ケースには必ず滑材、すり材をつけ、フォークリフトによる積卸しが可能な形状とすること。
（3）各個の重量、容積を平均化し、内容物が動揺しないようにすること。
① 梱包ケース内には、緩衝材を入れて、中の機材が動揺しないようにすること。また、梱包ケースには必要に応じて重心位置を示すこと。

② 付属品を含む機材は、本体と付属品を原則同じ梱包ケースに含めることとし、開梱時に機材を容易に判別できるよう配慮すること。
（中略）
（6）その他必要事項に配慮していること。
① 梱包ケース毎にパッキングリストを作成し、パッキングリストの記載と内容品は一致させること。
② 梱包ケース内の各々の包装箱・袋には、契約書中の内訳書の該当するITEM番号を付すこと。
③ 輸送中での盗難防止のため、梱包ケースには製造メーカー名や、メーカーのマークをつけないこと。
（中国語訳）

包装条款

包装条件（海运）
原则上应该满足以下几点：
（1）适于运输的牢固包装。
① 原则上使用胶合板密封包装。但根据机材，可以进行透明包装或钢材包装。
② 使用木材包装时，须满足以下条件。
- 重量未满500kg时，使用JIS Z 1402以上规格的木箱密封包装。
- 重量超过500kg时，使用JIS Z 1402以上规格的框架箱密封包装。
③ 在包装箱的侧板上下，以及盖板两侧，必须加钉木栈板。另外，如有需要可在中间加钉木栈板。
④ 包装箱，使用钢皮、护角、护棱。
（2）便于搬运的重量、容积、形状。
① 考虑到通过人力装卸货物，一个包装的重量应不超过500kg。
② 多数包装箱可能使用集装箱运输，故可考虑集装箱的内尺寸为20英尺或40英尺，以充分利用集装箱内空间。
③ 包装箱必须安装滑木、防险环，便于叉车装运货物。
（3）平均各包装、容积，保证内部物品稳固。
① 在包装箱内，加入缓冲材料，固定机材。另外，根据需要标注包装箱的重心位置。
② 带有附件的机材，原则上与主要部分装入同一包装箱，且考虑开包时易于辨别。
（中略）
（6）其他注意事项。
① 每个包裹开立一份装箱单，并保证与装箱单所记内容一致。
② 每个包裹箱、包装袋，都标注上合同明细单中相应的条款号码。
③ 为了防止运输途中发生盗窃，在外包装盒上，不印刷制造厂商名和厂商标识。

練習問題

1. 下記の単語を辞書を引きながら中国語に訳しなさい。
   - (1) 荷印
   - (2) パレット
   - (3) フォーク
   - (4) ブッキング
   - (5) ウォータープルーフ
   - (6) クレート梱包
   - (7) 補強カートン
   - (8) インボイス
   - (9) 発泡スチロール
   - (10) コンテナ

2. 下記の空白を埋めなさい。

          商品（　1　）の件について

　拝復　貴簡ただ今（　2　）致しました。
　さて、先月末ご送付申し上げました製品「マグカップ」30ケースのうち、8ケースの中身がほとんど破損していたとのこと、誠に驚き入りました。
　弊店では、（　3　）おります商品が、いわゆる割れ物であるところから、その（　4　）には、常に細心の注意をもって行っており、今までに荷造りの不満による事故は、一度も（　5　）おりません。
　加えて、今回のご送品（　6　）、弊社が日頃使っております黒猫運送ではなく、貴店でご（　7　）の佐川急便が集荷配送致しております。特殊な商品だけに、取り扱いの不馴れに一抹の不安もありましたが、貴店からのご指定でもありましたので、厳重に注意の上、集荷に（　8　）次第であります。
　従って、ご指摘のように8ケースの中身がほとんど破損していたとすれば、これは運送途中の何かの事故か、あるいは（　9　）中の取り扱い不注意によるものとしか考えられません。弊社と致しましては、運送中の責任には応じかねますので、その点につきまして、（　10　）ご調査いただきたく存じます。
　まずは、事情ご説明まで申し上げます。

                             敬具

3. 下記の要点にそって、例文を作りなさい。
   (1) テーマを「包装についてのお願い」にする。
   (2) 8月16日に先方会社はファックスで当社のタブレットPC30台の発注を受けてくれたので、製品の包装を説明する。
   (3) 一部の部品は振動による破損される恐れがあるので、木箱で包装すること。
   (4) 光沢がある金属部品には潤滑油を塗り、湿気を受けないようにする。また、気候が変わる場合、潤滑油が溶けて、流失しないように配慮する。

第23課　積み出しに関するビジネス文書

- 作成の目的

　貨物を積み出す場面に、関係するビジネス文章が発生するので、ここで紹介する。船積み期限切れB/L引き受けの依頼、分割出荷の照会、船積通知の依頼、それぞれ一通紹介する。

- 貿易知識

　1. 貨物の輸出通関

　貨物を出荷する前に、売り手は通関業者を通して、通関書類として、船積依頼書、インボイス、パッキングリスト、輸出報告書、などを渡して、通関手続きを済ませてもらう。場合によって、輸出承認書、輸出検査書、デザイン認定書などが必要とされるときがある。

　2. 貨物の積み出し

　貨物を積み出すときに、船積書類を作って、船会社に渡すか、先方会社に送るかにする。船積書類を構成する最低限の書類は、運送関係書類、荷渡指図書（デリバリーオーダー/提貨単）、及び、商業送り状（コマーシャル・インボイス）ということになる。インボイスは輸出の時、輸出通関用インボイスとして使用されるし、輸入の場合には、荷受け、通関及び課税上の仕入れ書として使用される。

　3. 貨物の引き取り

　船積を完了すれば、売手は代金を回収するために、代金請求の権利証書である為替手形（bill of exchange）と船積書類を取引銀行である外国為替銀行（authorized foreign exchange bank）に買い取ってもらう。

　買手は輸出者の取引銀行から自分の取引銀行に送られてきた為替手形を支払い、関係船積書類を入手する。そのうち、商品の所有権を表わし、それと引換えに運送された貨物を引き渡す証券であり、運送契約書をかねた船荷証券（B/L; Bill of Lading）を船会社に引き渡し、船積書類を用いて輸入手続を税関に行ない、輸入関税（import duty）を支払って通関を完了し、船会社から商品を引き取る。

- 作成要領

　船積み期限切れB/L引き受けの依頼、分割出荷の照会、船積通知の依頼に関する文章を作成に当たって、次のいくつかの事項に注意しなければならない。

　① 内容は簡潔に済ませてよい。② 船積み期限切れB/L引き受けの依頼の場合は、引き受けてもらう理由をはっきりに書き記し、先方の理解をもらう。③ 分割出荷照会の場合、提案する姿勢をとり、分割出荷を承諾してもらう。④ 船積通知依頼の場合は、早急に通知してもらわないといけない事項を列挙し、これからの早急対応を求める。

文例1

【请确认以下例文中的写作重点】
场景说明

　　核心目的：接纳过期提单的委托函。
　　信函要点：我公司根据对方公司3月5日的传真,今天通过DHL寄送了装船单据复印件一份。其中包含提单一式三份、发单、装箱单、原产地证明、卫生证明等,请对方查收。此外,因为等待对方公司品质检测员的来访,而耽误了上周的班轮,只能本周装船发货。因此提单的日期将超过信用证有效期2天。一周前已经传真与对方公司确认,对方接纳过期提单,因此没有申请信用证的修改。今天已把确认传真复印件与信用证以及其他文件提交给银行,故特此申请,希望对方公司接到银行的通知,立即予以支付。

① 船積み期限切れB/L引き受けのご依頼

① 件名に依頼する事項をはっきりと書く。
② FAXの日付を明記する。

③ B/Lが期限切れになる原因をはっきりと伝える。

拝啓　貴社ご盛業のこととお喜び申し上げます。
　さて、御社②3月5日のFAXに基づき、今日船積書類のコピー1セットをDHLで送りました。中には1/3B/L、インボイス、パッキングリスト、原産地証明書、衛生証明書などが入っているので、ご査収ください。
　③ところで、御社の品質検査係員のご来訪を待っていたため、先週の定期船に間に合わず、今週の船積みとなりました。したがってB/Lの日付はL/Cの船積み有効期限より2日間を過ぎてしまいました。御社の一週間前のFAXの確認で、この相違点を引き受けて頂けるとのことでしたので、L/Cのアメンドを要求しませんでした。
　今日そのご確認のコピーもL/C及び他の書類と共に銀行に提出しましたので、銀行からの通知が届き次第お支払いください。
　以上、よろしくお願いします。

　　　　　　　　　　　　　　　　　　　　　　　　　　　　敬具

ビジネス用語	
B/L	发单
原産地証明書（げんさんちしょうめいしょ）	原产地证明
衛生証明書（えいせいしょうめいしょ）	卫生证明
係員（かかりいん）	负责人员
定期船（ていきせん）	班轮,定期船
相違点（そういてん）	不同点
アメンド	修改

第23課　積み出しに関するビジネス文書

文例2

【请指出并改正下列例文中的错误】
场景说明
　　核心目的：分批交货的询函。
　　信函要点：就4月9日双方商洽的手机用液晶屏，我方认为可以把交货期提前至6月。现在关键问题是由于对方公司的订单数量过多，生产厂商无法保证在6月之前生产出全部产品。因此我方想提案，如果6月份无法一次提交全额，可以先交货800到1000箱，剩余部分可延至7月份。请对方予以肯定回复为盼。

分割出荷のご相談

拝啓　毎々格別のご愛顧を賜り、厚く御礼申し上げます。
　さて、4月9日に打ち合わせた携帯用液晶パネルの品については、積み期を6月までに繰り上げるのは① <u>可能なのかと存じますが</u>、今、鍵となる問題は、ご注文の数量が多すぎるので、メーカーが6月までにそれだけのものを作り出せるかどうかということです。そこで、一つの解決案として、もし6月に一回積みで出せなければ、6月に② <u>一部分</u>をまず引き渡し、残りの分は7月に一回で引き渡す事と提案させていただきます。
　どうかご了承いただきますようお願い申し上げます。
敬具

① 可能なのかとは疑問文になるので、前後の意味に合わない。書き換え例「可能ではないかと存じますが」。
② 一部分の表しはあいまいで、相手が判断しにくいので、具体的な数字を入れたほうがいい。書き換え例「800箱か1,000箱」。

ビジネス用語	
分割（ぶんかつ）	分割，分批
繰り上げる（くりあげる）	提前
それだけ	那些，那么多
引き渡す（ひきわたす）	交给，提交

文例3

【请考虑，文章中的粗体字部分，还有别的表达方法吗？】
场景说明
　　核心目的：发货通知函。
　　信函要点：根据123号协议规定货品已经生产并完成捆包，按照对方10号信用证完成发货，将用远洋号船运发货，发船日期为28日。并随函寄出各种船运证明，单独标记。

出港のお知らせ

拝啓　貴社ますますご清栄のことと、お喜び申し上げます。
　さて、契約123号による品物の生産や① <u>梱包</u>が無事に終わり、貴方　　① 荷造り

② 全部積み出して
③ 丸
④ 貴方に無事に到着する

10号信用状関連の貨物は②**すべて出荷完了で**、遠洋③**号**の船便でお送りします。本船は28日に出港致し、④**貴方に安着できる**よう願っております。船積み書類は別記通り、一両日内に航空便にてお送り致します。

まず、出港のご通知まで。

敬具

記

船荷証券副本　1通
インボイス一式　2通
パッキングリスト一式　2通
メーカー品質証明書　1通
保険証書　1通
船積通知電報写し　1通

以上

ビジネス用語	
出港（しゅっこう）	出港，离港
梱包（こんぽう）	打包，捆包
安着（あんちゃく）	安全到达
船荷証券（ふなにしょうけん）	提单
インボイス	发单
パッキングリスト	装箱单
保険証書（ほけんしょうしょ）	保险单
船積通知電報写し（ふなづみつうちでんぽううつし）	装船通知电报副本

関連貿易用語の解釈

インボイス ＝ (Invoice)

Commercial Invoice（商業送り状）とOfficial Invoice（公用送り状）とがあり、単にインボイスという場合には一般的にCommercial Invoiceを指す。品名、数量、価格、契約条件、契約単価などが記載されており、船積みされた貨物の明細を現わすとともに、代金の決済、輸出入申告などもインボイスをベースに処理される。貿易取引上最も重要な書類のひとつ。

衛生証明書 ＝ (Health Certificate)

輸出国動物検疫機関が発行する検査証明書で、輸出者が輸出に際して取得し、輸入者あてに送付する。検査の結果、家畜の伝染性疾病の病原体を伝染・拡散する恐れがないことを証明するためのもので、日本では、輸入者はこの証明書を添付して動物検疫所に検査申請をする。

原産地証明書 ＝ (Certificate of Origin)

貨物の原産国を証明した書類。日本から輸出する場合は、商工会議所で発給を受ける。輸入の場合は、通常、特恵関税の適用を受ける為に必要な証明書を指し、原産国の税関（国によっては、官公署など他の機関の事もある）が、その物品の輸出の際に発給する。日本では、

UNCTAD（国連貿易開発会議）での合意に基づく国際的に統一された様式"Form A"の原産地証明書以外のものでは、特恵関税の適用は受けられない。

サブレット ＝ (Cargo Sublet)

船会社が諸般の事情により、本船のスペースを確保することが出来なくなった場合、荷主との運送契約を履行するために他船社のスペースを借り受けること。

パッキングリスト ＝ (Packing List)

貨物の梱包明細書。パッケージごとに品名、個数、重量、SHIPPING MARKなどを記載する。数量が少ない場合は、インボイスで兼用し、作成されない事もある。

船荷証券 ＝ B/L(Bill of Lading)

運送人が荷送人との間に於ける運送契約に基づいて、貨物を受け取り、船積みしたことを証明する書類で、荷送人の請求によって運送人が発行する。B/Lは次のような性格を有している。(1) 物品の(海上、複合)受取証、運送契約書 (2) 貨物の引き渡しに際し必要となる引換証 (3) 貿易代金決済の為、荷為替を取り組む場合に必要となる、"荷"を表象する有価証券。

輸出許可通知書 ＝ E/D (Export Declaration)

貨物を輸出するにあたり、輸出者名、品目、数量、価格等を記載して税関に提出する書類を輸出申告書といい、税関が、輸出を許可した後に輸出許可通知書となる。

常套表現

◆ 当方に対する貴社のご注文品が年を追って増加していますので、貴社向けの貨物が港に到着の際、他の取引先向けの貨物との混同を防ぐため、今後貴社宛積み出した貨物のマークに、AOを使用致すつもりです。/由于贵公司向我方订货逐年增加,为避免贵公司的货物到达港口后与其他客户的货物混淆,今后我方准备使用AO作为向贵公司发运货物的唛头。

◆ 当方はできるだけ一度に積み出すよう極力努力致しますが、万一、一回積みができなくなった場合、信用状をアメンドしなくてもよいように、信用状には分割可能にするよう、お願い致したいのです。/我方会尽力争取一次性装运,但万一不能一次装运,为了避免修改信用证,想请贵公司在信用证上标注允许分批装运。

◆ いろいろと努力を重ねました結果、貴社の貨物は「○○」号に積み込むことに確定致しました。来月初めの出港でございますので、船積完了次第、貴社宛にご通知申し上げます。/経过多方努力,终于确定贵公司的货物由××号货轮运送。货轮定于下月初起航,一旦装船完毕,当及时通知贵公司。

◆ 現在貴社が航空便にて輸送される場合は、○○会社にて手配していただいておりますが、当方にて調べたところ、空港に到着後1～2週間もかかっているケースが多いらしいです。せっかく生産メーカーから早く出荷しているにもかかわらず、日本への到着が遅れ、納期遅延の問題が多発しております。/现在贵公司利用航空运输,我们都安排××公司代办。但经我方调查,到达机场后大多需要1—2周后才能运出。枉费生产厂商早早发货,但到达日本却不及时,造成交货延误现象频发。

◆ このたび貴○月○日付ファクシミリにて再度船積み期限1ヶ月延長のご要請を受け、極めて困惑しております。当地の本品に対する需要は、○月を超えますと急激に落ちてきますので、納入先からのキャンセルは必至です。自然当方の損害も発生致します。当方と致しま

しては、期日までに船積みができない場合には、契約書第○○条に基づいて解約しなければなりません。ぜひともご尽力のうえ特別のご手配をお願い致します。/此次据贵公司传真说再次推迟装船期1个月，我方感到非常为难。按照当地对本品的需求，如果超过×月的话，需求会急速下降进货方必定取消订单。当然我方也会遭受损失。如果不能按期装船，我方则将按照协议的第×条，解除合同。因此恳请贵方能尽力给予特别安排。

◆ 今回商品数量が多くて、40フィートワンコンテナでいけそうになり、混載ではなかったのです。船が出港したら船会社から船荷証券を受け取り、当方は至急その正本と原産地証明書、商業インボイス、BLなどの書類を先方にお送り致しましたので、どうぞご査収ください。/此次商品数量众多，可用40英寸集装箱运送，而没有拼装。货轮出港从船运公司拿到提单后，我方已迅速把其正本以及原产地证明、商业发票等票据寄送给贵公司，请注意查收。

練習問題

1. 下記の日本語を中国語に訳しなさい。
   （1）需要家に便利のために、仕向け港は2個所にしたいのです。最初のロットは広州で、第2と第3ロットはともに黄浦です。
   （2）当該貨物は○○にて積み替えしますので「通し」船荷証券（B/L）を発行お願いします。
   （3）無記名、無故障の「船積」船荷証券一式3通を送付方にお願いします。
   （4）スペース不足のため○○丸には4月ロットの半分しか積めませんでした。
   （5）昨日電報しましたが分割船積みを許容願います。すなわち○セットは契約通り、残りの○セットは○月に受け渡します。

2. 下記の中国語の言葉を日本語に訳しなさい。
   （1）装船日期
   （2）备货、备妥（已获取出口通关许可，随时可以发货的状态）
   （3）散装货柜
   （4）等待进港
   （5）空运单
   （6）载重量
   （7）延滞费
   （8）混装
   （9）集装箱集运站
   （10）空舱费

3. 下記の要点にそって、例文を作りなさい。
   （1）テーマを「船積み書類のご送付について」にする。
   （2）契約確認書KUN/2345により、当社は第1回目の品物、計5トン、100箱を16日に富士丸で出荷し、貨物は20日に神戸港に着いた。
   （3）先方の会社から船積書類のインボイス、パッキングリスト、B/L副本などをまだもらっていないため、通関できない。
   （4）ファックスか電話で3回督促したが、返事がないので、速やかに船積書類を送ってもらいたい。

第24課　出荷・着荷の通知状

- 作成の目的

  出荷通知とは、主に商品の販売先や卸先などに対して商品の発送等を通知する目的で作成されるビジネス文書である。

- 種類とフォーム

  出荷・着荷を通知する対象は、取引先、顧客など。また通知内容には、会合の通知、変更の通知、異動の通知、業務の通知などがあげられるが、ここは貨物の着荷・出荷をメインに通知状を紹介する。

- 書き方のポイント

  1. 事実は正確に伝える

  「何を」「どれだけ」「どのように」「いつ」送ったのかということを明確にすることが重要である。日時や数字、情報、意思、事実などを間違えないよう、念入りにチェックする。

  2. あくまでも礼儀を忘れない

  通知文にも礼儀やマナーが必要であるが、あいさつ状ほど礼儀的である必要がないながらも、一方的な内容の通知だけでは高圧的になりかねない。敬語も、できるだけシンプルに使用するようにし、明快さを優先すべき。

文例1

【请确认以下例文中的写作重点】

场景说明

　　核心目的：商品紫外线灯发货的通知函。

　　信函要点：应于2月6日发送的紫外线灯由于公司的差错造成了误发，比预定日期延迟2天今天再次发货，请对方谅解，并随附发票，请对方公司在收据上盖章后，寄回公司营业部。

商品紫外線ランプ消毒ケース発送のご通知

拝啓　貴社ますますご隆盛のこととお喜び申しあげます。いつもご愛顧くださり、厚くお礼申し上げます。

　さて、去る2月6日付貴注された紫外線ランプ消毒ケースに関して、① 先日お電話でお詫び致しました通り、当社の手違いによる誤送のた

① 誤送の原因はあらかじめ電話で説明しておき、文章では詳しく触れないようにする。

めに、納品日が遅延し、② 誠に申し訳ございませんでした。お約束の期限より2日遅れましたが、本日発送致しましたので、貴着のうえは、ご検収のほどよろしくお願い申し上げます。

　今後はこのようなことがないように、十分注意致します。なおお手数ですが、同封の受領証に③ 捺印後、折り返し④ ご返送くださいますようお願い申し上げます。

　まずは取り急ぎ書面にて商品発送のご連絡まで。

敬具

記

添付書類：物品受領書　　1通

以上

② あっさり改めて詫びるのが賢明だ。

③「押印」に変えてもいい。しかし「調印」と区別すべき。
④ 領収書の返送を願う。

ビジネス用語	
紫外線（しがいせん）	紫外线
ランプ	灯
去る（さる）	已过去的
手違い（てちがい）	错误，差错
遅延（ちえん）	延迟，耽搁
貴着（きちゃく）	到达（敬语）
受領証（じゅりょうしょう）	收据
捺印・押印（なついん・おういん）	盖章

文例2

【请指出并改正下列例文中的错误】

场景说明

　　核心目的：商品圣诞树到货的通知函。

　　信函要点：对方通知发货的圣诞树今天到达，并进行全面检查，无异常。因此寄回收据，请对方查收。

商品クリスマスツリー着荷のご通知

　拝啓　貴社ますますご盛業のこととお喜び申しあげます。平素よりご愛顧を賜り、厚く御礼申しあげます。

　さて、① ご通知いただきました注文商品クリスマスツリーは、本日確かに拝受致しました。

　早速検収させていただきましたが、全品異常等ございませんでした。

　つきましては受領書をご送付致しますので、ご確認のほどよろしくお願いしあげます。

　有難うございました。

② 敬具

① 通知書の着く日付を明記するべき。たとえば「4月10日付け発送通知にて」を加える。

② 同封書類を忘れずに。たとえば「記　同封書類　物品受領書 1通」を加える。

第24課　出荷・着荷の通知状

ビジネス用語	
盛業（せいぎょう）	事业繁荣
拝受（はいじゅ）	收到
検収（けんしゅう）	验收

文例3

【请考虑，例文中的粗体字部分，还有别的表达方法吗？】

场景说明

　　核心目的：到货及数量不足的通知函。

　　信函要点：某公司订购了10台台式电脑，货品于2月5日送达，但是检查结果发现只有8台，交货明细中已注明10台。催促对方核对确认后尽快发来不足货品。

着荷と数量不足のご連絡

拝啓　爽秋のみぎり、貴社ますますご発展のこととお慶び申し上げます。

　さて、2月5日付で発送通知をご送付いただいたデスクトップパソコンを受領致しましたが、① <u>受け入れ検査の結果</u>、注文数10式に対して8式しか納品されておりませんでした。納品明細は、注文数と同数の10式となっておりますので、2式が② <u>欠品となっております</u>。

　いかがなさいましたでしょうか。

　③ <u>貴社におかれまして、再度、注文書をご確認のうえ、不足分を速やかにご送付くださいますようお願い申し上げます。</u>

　なお、受領書は一時保管させていただきますので、ご了承ください。

　取り急ぎ、着荷と一部数量不足のご通知まで。

敬具

① さっそく検品したところ

② 不足しております

③ 貴社ご確認のうえ、至急善処してくださいますようお願い申し上げます。

ビジネス用語	
爽秋（そうしゅう）	爽秋
大慶（たいけい）	庆贺，可喜可贺
欠品（けっぴん）	缺货
了承（りょうしょう）	谅解，理解

重点例文の解釈

1. 取り急ぎ（とりいそぎ）

　说明：意为"急速、立即、赶紧"。经常用于商务信函中。

　例句：

① 取り急ぎご報告まで。/匆匆汇报如上。
② 取り急ぎお礼まで。/仅此致谢。
③ 取り急ぎご返事申し上げます。/即此奉复。

2. ～うえ

说明：前接「名词＋の/动词た形」。等同于「～したのち；～した結果；～に基づいて」，意为"……之后；……结果；基于……"。

例句：
① お目にかかったうえは、お話します。/见面时再谈。
② 十分な考慮のうえの回答。/充分考虑后的回答。

3. ～におかれましては

说明：等同于「～は」，表示对动作主体的敬语表达，对自我行为表达时可以使用「～におきましては」，此两个句型通常用于书信或者礼仪性的书面语中，是在正式场合中使用的礼貌说法，非日常用语。可意译。

例句：
① 田中様におかれましてはご健勝のこととお喜び申し上げます。/谨祝田中先生身体康健。
② 先生におかれましては、お変わりなくいらっしゃいますか。/老师近来可好？

4. つきましては

说明：是「ついては」的郑重表达，表示因为这样的一种原因之意，是比较委婉的表达方式。多用于公函等，后文往往提出自己的要求、意愿等。可译为"因此"。

例句：
① つきましては、御出席賜りたく…/因此想请您出席……
② 先月の地震で当地は大きな被害を被りました。つきましては、皆様にご支援いただきたくお願い致します。/当地由于上个月的地震受灾严重。因此想请求大家加以援助。

常用表現

◆ さて、さっそくですが、○月○日づけで発注致しました件は、本日確かに到着致しました。明細通り、間違いなく受領致しましたことをお知らせ申し上げます。/我公司于×月×日订购的物品，确收商品与明细一致，特此通知。

◆ さて、2月1日づけでご注文いただきました品は、同封別紙の明細通り、全品を2月15日に○○運輸宅配便にてお送り申し上げました。御地へは、3月1日には到着の予定でございますので、よろしくご検収ください。/贵公司于2月1日订购的商品，如随附明细一致，已于2月15日通过××运输快递公司发出。预计于3月1日到达贵处，请注意查收。

◆ なお、当社各種製品を掲載致しましたカタログを同封させていただきますので、ご高覧いただければ幸いに存じます。/我们还随附了我公司的商品一览表，敬乞垂览。

◆ 注文番号［No.1234］の件、○○運送により○月○日○時、弊社受け入れ検査場に搬入された注文品を受領致しましたが、その時点で納入品の梱包の右上部分が潰れた状態となっておりました。/订单号［No.1234］商品，由××运输公司于×月×日×点送达，我社签收并已经搬

入到检查车间，但当时外包装右上角已经挤压破裂。

練習問題

1. 下記の空白を埋めなさい。

（1）〇〇年12月29日（☆）より〇〇年1月3日（☆）までをA＿＿＿＿＿＿と致しますのでB＿＿＿＿＿＿申し上げます。

（2）さて、弊社ではかねてより準備をすすめておりましたインドボンベイへの進出計画が整い、〇月〇日付けでC＿＿＿＿＿＿。これも皆々様のD＿＿＿＿＿＿と衷心より感謝致す次第です。

（3）〇〇事務所開設E＿＿＿＿＿＿、〇〇省政府はじめ、行政各機関、関係各部門にはF＿＿＿＿＿＿、ここに衷心より厚く御礼申し上げます。

（4）さて、〇月〇日付で発送通知を頂戴した標記商品が、本日〇月〇日、無事当社にG＿＿＿＿＿＿。早速検収したところ、H＿＿＿＿＿＿、確かに受領致しましたことをお知らせ致します。

（5）当方のミスによる誤送のためご納入が遅れ、誠に申し訳ございませんでした。本日I＿＿＿＿＿＿発送致しましたので、J＿＿＿＿＿＿お願い申し上げます。

2. 下記の話し言葉を書き言葉に書き換えなさい。

（1）いつもお世話になり、本当にありがとうございます。

（2）電話番号も変わりましたので、手元の名簿などを変更してください。

（3）もし請求書が届きましたら、契約通り5月31日（金）までに下の口座にご送金ください。

（4）転勤をきっかけに、社員全員でさらに業務に専念し、皆さんにご奉仕したいと思っております。

（5）今度当社は、サービスを向上させるために営業部の組織を改めて、そして責任者を任命しました。

3. 下記の要点にそって、例文を作りなさい。

（1）テーマは「着荷と現品違いのご通知」にする。

（2）注文番号M1245の貨物を受領した。

（3）注文品HI369はHS369に間違えた。

（4）注文書通りに速やかに正しい製品を送ってもらう。

（5）現品は発送元の静岡工場へ返送した。

第25課　保険に関するビジネス文書

- **作成の目的**

　保険に関連するビジネス文章を紹介する。保険付保依頼、保険付保依頼の回答、保険会社に対する損害賠償の依頼それぞれ一通紹介する。

- **保険とは**

　1．海上保険申込

　輸出者から輸入者に貨物を輸送する途中に、事故や自然災害などに遭遇する危険が伴う。それらのリスクをカバーするために、外航貨物に対して海上保険が掛けられる。海上保険の申込者は、輸出者の場合と輸入者の場合がある。

　2．申込者と付保範囲

　貿易契約の受渡し条件がCIF、CIPにおいては、輸出者が付保手続きを行う。それ以外の受渡し条件のときは、輸入者が手続きをする。商品に損害が発生した場合、保険の求償手続きは輸入者が行い、保険会社から保険金の支払いを受ける。

　海上保険は一般的に、輸出者の工場、倉庫などから輸入者の工場や倉庫までの全輸送行程をカバーする。ただし、保険区間の最終目的地に貨物が未着でも、輸入地に到着後、船舶では60日、航空機では30日で保険期間は終了となる。

　3．求償手続き

　保険会社への求償手続きに必要な書類は一般的に、インボイス&P/Lのコピー、保険証券、保険金請求書、運送人回答状のコピー、運送人宛請求償状のコピー、船荷証券の全通、重量証明書のコピー、検査報告書、海難証明書のコピーなどである。

　4．保険の種類

　カバー範囲が広い順に、従来からあるAll Risks(全危険担保)、WPA/WA(分損)、FPA(分損不担保)と、1982年に作成された新約款(新 ICC)があり、輸出入者双方合意の上選択する。また追加保険として、WAR(戦争危険担保)やSRCC(ストライキ乱暴騒乱担保)がある。保険金額は通常、CIF総額の110％を上限とする。

- **書き方のポイント**

　保険付保依頼、保険付保依頼の回答、保険会社に対する損害賠償の依頼に関する文章を作成に当たって、次のいくつかの事項に注意しなければならない。

　①内容は簡潔に済ませてよい。②付保依頼の場合は、付保条件と付保方法を先方によく説明し、代行してもらうことが大切。③依頼回答の場合、付保した条件、金額をはっきり先方に

第 25 課　保険に関するビジネス文書

教え、保険証券や借方記入証明書を相手に送る。④ 損害賠償請求の場合は、当方の損害を損害賠償請求の理由にして、依頼すれば無難である。

文例 1

【请确认以下例文中的写作重点】
场景说明
　　　核心目的：代办保险委托函。
　　　信函要点：我公司在第 123456 号订单中，以成本加运费价格，订购 500 箱短裤。现想委托卖方在当地代为投保，按发票金额额外加 10％，即 2100 美元投保综合险。我方将在收到对方发来的结账单后，立即将保费汇付给对方。且如对方愿意，也可开具即期汇票，向我方收款。

① 単品ショーツ付保のお願い

拝啓　貴社益々ご清栄のこととお喜び申し上げます。
　さて、当社の第 123456 号② 注文書の中の 500 箱の単品ショーツは C&F 条件で買い付けたものであります。
　つきましては、当社は現地において付保したいと思っておりますので、③ 上記の貨物に対しインボイス金額に 10％を加えた US＄2,100 で当方に代わって All Risks を付保していただきたくお願いします。
　　④ 貴社より借方記入通知書を受け取り次第直ちに保険料を貴社に送金致します。もしご希望なら、一覧払い為替手形を振り出し請求されても結構です。
　以上、よろしくお願い申し上げます。
敬具

① 件名にお願いする事項を明記する。
② 注文書の番号をはっきり書き記す。
③ 付保する条件と方法を説明する。
④ 保険料の支払い方法を言及して、先方を安心させる。

ビジネス用語	
ショーツ	短裤
C&F	成本加运费
買い付ける（かいつける）	采购，收购
All Risks（オールリスク）	综合险
借方記入証明書（かりかたきにゅうしょうめいしょ）	借项通知单
一覧払い（いちらんばらい）	见票即付
振り出す（ふりだす）	出票，开出

文例 2

【请指出并改正下列例文中的错误】
场景说明

　　核心目的：代办保险的通知函。

　　信函要点：我公司应对方公司5月21日发来的委托代办保险的电报，对123456号订单货物，按中国人民保险公司条款规定，承办了综合险。保险金额为2100美元。并于5月28日之前，把保险单和借项通知单寄送给对方公司。该批货物用"梅子"装运，于6月5日起航。

付保手続き代行のご通知

① 相手の依頼に対する返事なので、「拝復」にするべき。

② いつのファックスなのか明記するべき。書き換え例「5月21日付」。

③ 保険会社の名を忘れずに。書き換え例「中国人民保険公司のAll Risks」。

　① 拝啓　貴社ますますご隆昌のこととお喜び申し上げます。

　さて、貴社② <u>ファックス</u>で第123456号契約書の貨物に対する付保を当社が代行させていただく件、拝承致しました。

　つきましては、当社はすでに貴社のご要求通り、上記の船積み貨物に対し、③ <u>All Risks</u>を付保致しました。保険金額はUS＄2,100です。5月28日までに保険証券と保険料の借方記入通知書を一緒に貴社にお送りできると思います。

　この貨物は「梅子」に積んで6月5日出航する予定です。

　まずはご通知まで。

敬具

ビジネス用語	
代行（だいこう）	代办，代理
拝承（はいしょう）	听，闻
保険証券（ほけんしょうけん）	保险单
出航（しゅっこう）	起航

文例 3

【请考虑，例文中的粗体字部分，还有别的表达方法吗？】
场景说明

　　核心目的：向保险公司协商索赔的委托函。

　　信函要点：我公司于5月10日在大连港收到对方发来的货品。但是检查中发现第23号包装箱的侧面有裂缝，在船务公司代理人陪同下，由大连进出口检疫局的检验员进行开包验货，发现发票中记载的"惠普"品版的10部电脑工作站中，6部机器受损。由于对方公司投保，且对方公司持有保险单，故请对方公司与投保的日本海上保险公司协商索赔。随附大连进出口检疫局和船务公司代理人出具的报告书各一份。另须补进6台机器，货款请借记我公司账户。

保険会社に対する損害賠償の請求について

拝啓　新緑の候、貴社いよいよご隆昌のこととお喜び申し上げます。

　さて、「鑑真」号が5月10日大連港に到着した際、① **荷揚げされた貨物の中、第23号ケースの側面に割れ目が入っているのを発見しました**。つきましては、船会社代理人立会いの下に、大連出入国検査検疫局のサーベーヤに開梱検査をしていただきました。インボイスの記載によりますと、そのケースには「HP」ブランドのワークステーション10台が詰め合わせてありましたが、そのうち6台がひどく損傷していました。

　ここに大連出入国検査検疫局の報告書と船会社代理人の報告書を② **同封致します**。保険証券は貴社所持しておられるので、③ **何卒本件について日本海上保険会社と交渉してくださるようお願い致します**。

　現在、6台のワークスステーションを補充しなければなりませんので、供給につきよろしくご手配ください。貨物代金は当社勘定の借方にご記帳ください。

　④ **貴社の保険会社に対する損害賠償請求が順調にゆくよう期待致します**。

　略儀ながら、書中をもってご依頼まで。

敬具

① 検品したところ、第23号ケースの側面にひび割れができたのを発見しました。

② 添付致します。

③ 貴社に日本海上保険会社と交渉していただくしかないのです。

④ 貴社の損害賠償請求がスムーズに進むよう期待しております。

ビジネス用語	
荷揚げ（にあげ）	起货，卸货
ケース	包装箱
側面（そくめん）	侧面
割れ目（われめ）	裂缝，裂口
立会い（たちあい）	到场，在场
サーベーヤ（surveyor）	检验员，鉴定人
ワークステーション（workstation）	工作站
所持（しょじ）	所有，持有
勘定（かんじょう）	账目，账单
借方（かりかた）	借方，收方

重点例文の解釈

1. 荷揚げ（にあげ）

説明：意为"起货，卸货"。

例句：

① 貨物船から荷揚げする。/从货船上卸货。

② トラックへ直接荷揚げする。/直接卸到卡车上。
2. 立会い（たちあい）
说明：意为"在场，列席"。
例句：
① 税関立会い検査。/海关现场验货。
② 税関職員による貨物検査の際は、指定検査場にて税関検査の立会いを行う。/海关官员进行验货时，在海关指定地点进行现场查验。
3. 開梱検査（かいこんけんさ）
说明：意为"开箱检查"。
例句：
① X線検査時にインボイスと中身を比較しますので、該当品が見出せない場合は、開梱検査になります。/进行X光检查时将发票与内容物进行对比，若未发现该商品，将进行开箱检查。
② 空港で荷物を開梱検査させられた。/在机场被要求开箱检查。
4. 交渉（こうしょう）
说明：意为"交涉，谈判"。
例句：
① 価格交渉。/价格交涉。
② 契約交渉。/合同交涉。

常套表現

◆ 当社にて保険契約ができるよう、本船名、ETD、ETAを遅滞なく電報にて通知願います。/请及时电告货船名、预计离港时间、预计到港时间，以便我们能在此地投保。
◆ このロットの貨物にWPAを付保していただきたいです。/请对这批货物投保水渍险。
◆ 当社の保険条項は主に分損不担保（FPA）、分損担保（WPA）、オール・リスクという三種類になっております。/我公司的保险条款主要分平安险、水渍险和综合险三种。
◆ 本ロット貨物の保険はバイヤーの方でかけることになっております。/本批货物的保险由买方自行投保。
◆ 今回の食器損傷に対して、保険会社に交渉した結果、全額賠償することを受諾したことになっています。/对于此次餐具受损，经与保险公司交涉，保险公司答应赔偿全部损失。
◆ 破損保険は貴社のご希望通りに付保しますが、割増料金は貴社持ちになります。/我方按贵方要求投保破损险，但额外保费须由贵公司负担。
◆ 客先から明確な要求がない場合、われわれは一般にWPAとWar Riskをかけます。もし、貴社がAll Risksをかけたいと希望されるなら、かけることができますが、保険料が少し高くなります。/客户若无特殊要求，我们一般投保水渍险和战争险，如果贵公司希望投保综合险，我们可以接受，但保费会高一些。
◆ 我が国の輸出商品を買い付ける場合、購入契約書を締結する時に、相手国の輸入商社は保険について任意に条件を決定することができます。即ち、日本あるいは中国のどちらかで、貨

物保険をかけることも可能です。このような場合、現地の輸出会社が貴社のご要求通り、当社で保険をかけることになります。/在购买我国出口商品，签订进口合同时，对象国进口公司可以就保险事宜任意决定保险条款。亦即，可以在日本或中国的保险公司投保货物保险。这意味着本地出口公司可以应贵公司要求，在本公司投保。

練習問題

1. 下記の日本語を中国語に訳しなさい。
   (1) 上記貨物に付保する必要があるかどうかお知らせください。
   (2) われわれはこの種の保険をかけますが、費用は貴方で負担してください。
   (3) 貴社が5％の料率にご同意の場合は、船積み貨物の詳細な状況をFAXにてお知らせください。
   (4) 保険業者から保険証明書を受け取り次第、直ちに貴方へお送り致します。
   (5) FOBとCFR価格なら、買い手が保険をかけることになります。

2. 下記の空白を埋めなさい。

保険料率の（　1　）

拝復　3月15日付お手紙拝受致しました。貴社が上海で船積みし横浜港に輸送する磁器について、当社で保険をかけるよう（　2　）されている事を知り、嬉しく存じます。
　　ここもとお知らせ（　3　）が、破損保険(Breakage)は一種の特別保険であり、（　4　）料金が必要です。また現在（　5　）は0.5％であり、損害については5％を超過した部分のみを賠償致します。今度の貴社の貨物は割れ物なので、WPA以外に、（　6　）を追加付保することを勧めます。
　　ここに関連約款を添付致しておきますのでご（　7　）ください。
　　貴社がこの料率に（　8　）されますなら、できれば船積み貨物の詳細な状況を電報でお知らせください。それにより当社は（　9　）を発行致します。
　　（　10　）ご返事くださるようお願い申し上げます。
　　まずは、取り急ぎご連絡まで。

　　　　　　　　　　　　　　　　　　　　　　　　　　　　　　　　　　　　敬具

3. 下記の要点にそって、例文を作りなさい。
   (1) テーマは「荷揚げ不足による損害賠償について」にする。
   (2) 当社は中国軽工業品進出口公司で、大阪に30ケースの子供服を出荷した。8月2日に大阪に着いて検品したら、1ケースの中身が1ダース不足になっている。
   (3) 当社はすでに先方の荷受人にRMB2,500を賠償した。
   (4) 「大阪港の損失証明」に基づき、先方会社の船会社に同じ金額の賠償を請求する。

第 26 課　代理の申入れや依頼

- 作成の目的

国際ビジネスで、代理は常に行なわれている経営方法のひとつである。輸出者はある国内の店に、指定の地域で指定の期間に製品を代理販売する権利を預ける行為である。その場合に発生するビジネス文章を代理の申し入れ、代理の依頼、新規代理店の紹介それぞれ一通ずつ紹介する。

- 代理とは

代理は一手代理と一般代理に分けられる。代理を行う期間に、委任者は代理商に一定のコミッションを支払い、また、代理商は一定の数量の商品を販売か購買をしなければならない。

- 書き方のポイント

代理の申し入れ、代理の依頼、新規代理店の紹介に関する文章を作成に当たって、次のいくつかの事項に注意しなければならない。

1. 内容は簡潔に済ませてよい。
2. 代理申し入れの場合は、自社をいかにアピールするかが大切。
3. 代理依頼の場合、依頼する気持ちを表し、代理の条件を全面にわたって企画書を提出してもらう。
4. 新規代理店紹介の場合は、代理店ができることで、相手へのメリットを強調することが大切。

文例 1

【请确认以下例文中的写作重点】
场景说明

　　核心目的：代理商协议申请函。

　　信函要点：我公司在山东省青岛市创业已有 10 年，专门采购和销售国外电子产品，规模虽不大，但在山东地区及北京周边拥有多家客户和营销实绩。其间曾经代理过多次对方公司的商品，深知其产品的技术性能很高。在上个月上海召开东亚投资贸易洽谈会上，通过对方公司的木村先生得知，对方公司有意在山东省设立销售店，故特发此函，希望成为对方公司产品山东地区的独家代理商。

① エンジェント契約の申し入れのお願い

謹啓　春暖の候、貴社いよいよご隆昌のこととお慶び申し上げます。
　突然ではございますが、ご相談したい儀があり、本状を差し上げました。
　② 弊社は山東地区のチンタオで創業10年、各種の外国電子製品の仕入れおよび販売を営む企業でございます。10年にわたり、貴社製品のお取り扱いすることが多く、他社に比べ、貴社の技術力と信用に日々敬服する次第であります。
　ところで、先月中国の上海で開かれた東アジア投資と貿易商談会に参加したとき、御社の木村様より、山東省で販売店を設立したいということを伺いました。③ つきましては、一方的なお願いではございますが、貴社のチンタオ地区で営業基盤を確固たるものにするための戦略の一つとして、弊社に是非とも一手販売代理店のご用命をいただきたく存じます。
　是非とも前向きにご検討いただき、ご承認いただくことが出来たならば、この上ない喜びでございます。④ 小さい規模ながら、地元山東地区と北京周辺では多数の取引先と営業実績を持つ弊社ならばこそ、必ずや貴社のお役に立てるものと確信しております。
　甚だ勝手ではございますが、よろしくお取り計らいの程お願い申し上げます。
　　　　　　　　　　　　　　　　　　　　　　　　　　　敬白

① 件名に申し込む事項を明記する。

② 自社の簡単紹介や先方会社と付き合う事実を述べる。

③ 一手販売代理店になる願望を率直に表す。

④ 再び自社をPRする。

ビジネス用語	
エンジェント	代理人，代理店
春暖（しゅんだん）	春暖
儀（ぎ）	事情
敬服（けいふく）	佩服
一方的（いっぽうてき）	单方的，片面的
一手販売（いってはんばい）	独家销售，总销售
前向き（まえむき）	积极
甚だ（はなはだ）	很，甚
取り計らい（とりはからい）	安排，照顾

文例2

【请指出并改正下列例文中的错误】
场景说明
　　核心目的：代理策划书的委托函。

信函要点：3月10日收到对方来信，希望申请成为本公司的独家销售代理，对此表示感谢。本公司电子产品，为适应市场特点，而不断地调整产品的实用性和价格，在日本销量很好。每年营业额以2位数字增加，市场占有率高达40%。而且产品已经打入中国上海市场，销售状况良好。得到对方公司的申请，有意进行合作。因此希望对方公司按照附件中的条件制作策划书，并且如果策划书能符合本公司要求的话，会近期派营业部的山下前往对方公司，商讨具体事宜。策划书包含事项为：全省内设立店铺数量及规模、单品代理还是多品种代理、预期年营业额结算方式、我公司需要提供什么支持。

企画書提出のご依頼

拝復　貴社ますますご隆昌の由、お慶び申し上げます。

　さて、先般3月10日付貴信にてお申し越しの販売代理店ご① 要求に感謝致します。

　当社の電子製品は市場の特徴に合わせるために、製品の適用性と価格方面において絶えず調整を行い、② 日本全国で著しい売上を伸ばしました。また、中国の上海市場に既に入り、売れ行きが好調でございます。

　このたび、御社の願ってもないお申し越しで、有難くお引き受け致したいと存じます。とりわけ貴地区において確かな実績のある貴社とお取引できることになれば、大きく飛躍できるチャンスになるものと喜んでおります。

　さっそくですが、③ 企画書を作っていただき、弊社に送っていただければ幸いです。もし条件が合致しましたら、近々弊社の営業部の山下をお伺いさせ、お打ち合わせ致したく存じますので、よろしくお願い申し上げます。

　まずは、書面にて企画書のご依頼まで。

敬具

記

1. 全省範囲内で何店舗を予定するか、店舗の規模はどうであるか；
2. 単品代理、それとも多品種代理であるか；
3. 予定年営業額；
4. 決算方式；
5. 当社からどんなサポートが必要であるか。

以上

① 要求とは当然の権利として求める意味合いがあるので、ふさわしくない。書き換え例「要望」。

② 具体の売上を数字で表したら説得力がある。書き換え例「この営業額は毎年2桁数で増加し、市場占有率は40％を占めています。」

③ 作ってほしい企画書の内容を別紙添付することを本状に言及するべき。書き換え例「同封別紙の条件を元に」。

ビジネス用語	
企画書（きかくしょ）	策划书
申し越し（もうしこし）	提出要求，通知

売上（うりあげ）	销售额
売れ行き（うれゆき）	销路，销售情况
とりわけ	特别
飛躍（ひやく）	飞跃
サポート	支持，协助

文例3

【请考虑，例文中的粗体字部分，还有别的表达方法吗？】

场景说明

　　核心目的：新设代理店的介绍函。

　　信函要点：此次我公司在四川地区开展业务，委任成功商社公司为四川总代理店，特此发函告知客户。至此，我公司已经在中国包括四川等六个地区开展业务，形成营销网。今后会提供更加优质的服务。恳请对方公司给予指导和协助。

四川地区新規代理店のご紹介

拝啓　時下ますますご清栄の段、お慶び申し上げます。日頃は格別のご愛顧を賜り心よりお礼申し上げます。

　さて、本年四月を期して、弊社が四川地区で業務を展開し、① **総代理店**として成功商事株式会社に② **委嘱**することにしました。これで四川地区も入れて中国全体では合計6地域の販売ネットワークを構えており、いままで以上にクオリティの高いサービスを提供致します。

　つきましては、③ **今後は、御社をはじめ御地の販売店各位の皆様のご要望に沿ったサービスを提供できるよう専心努力させる所存でございますので、なにとぞご指導ご支援を賜りますよう、宜しくお願い申し上げます。**

　本日は、まず書面をもちましてご挨拶申し上げます。

敬具

① 一手代理店

② 委託

③ 今後は、社員一同より一層専心努力し、四川地区一円の皆様方のご要望に誠心誠意お応えする所存でございますので、何卒格別のご愛顧のほど偏にお願い申し上げます。

ビジネス用語	
清栄（せいえい）	清绥，时绥
委嘱（いしょく）	委托，托付
構える（かまえる）	建造，修筑
クオリティ	质量
誠心誠意（せいしんせいい）	诚心诚意
奉仕（ほうし）	服务，效劳
一円（いちえん）	一带
偏に（ひとえに）	衷心，诚心诚意

重点例文の解釈

1. この上ない(このうえない)
说明：意为"最……，没有比这更……"。
例句：
① この上ない素質をもつ。/拥有最高的素质。
② この上ない上機嫌だ。/高兴得不得了。

2. 〜ばこそ
说明：意为"正是因为"。
例句：
① すべては君のためを思えばこそで、ぼくが得をすることは何もありゃしないさ。/一切都是为了你，我可落不下什么好处。
② みんなは君のためを思えばこそ、こうしていろいろ忠告するのだ。/大家为了帮助你，才提这些意见。

3. 絶えず(たえず)
说明：意为"不断，经常"。
例句：
① 絶えず熱心に勉強する。/不断地热心学习。
② 私は絶えずよい姿勢を心がけている。/我经常注意保持良好的姿势。

4. サポート
说明：意为"支持，支援"。
例句：
① ボランティア活動をサポートする。/支持志愿者活动。
② ユーザーサポートを強化する。/加强对用户的援助。

5. 委嘱(いしょく)
说明：意为"委托"。
例句：
① 研究を民間人に委嘱する。/委托社会人士进行研究。
② 会の運営を部外者に委嘱した。/会议的运营委托给外部人处理。

6. 構える(かまえる)
说明：意为"修建，修筑"。
例句：
① 新居を構える。/建筑新住宅。
② 店を構える。/开店。

コラム

代理店契約書

〇〇〇〇株式会社(以下、「甲」という)と△△△△株式会社(以下、「乙」という)は、以下の通

り代理店契約を締結する。

第1条（目的）
乙は、その所在地における甲の代理店として、別紙卸価格表に記載される甲の製品（以下、「本件商品」という）の販売を行い、甲の販売方針を尊重して商品の販路拡大・販売促進に努めるものとする。

第2条（販売契約）
乙は甲より本件商品を買い取り、これを他に販売することを原則とする。

第3条（秘密保持）
乙は、本契約後、甲の製品について知り得た営業及び技術上の秘密を第三者に漏洩してはならない。

第4条（商品の受発注・納品等の条件）
甲乙間における商品の受発注方法、納入方法、納入場所、納品、検品に関する事項や乙の取扱限度額などについては、別途両者の協議により定めるものとする。

第5条（代金の支払い）
乙が甲より仕入れた商品に対する代金は、毎月○○日を締め日とし、当月分の代金を翌月○○日までに、乙が甲の指定する銀行口座に振込むことにより支払う。

第6条（売買価格）
本件商品の乙に対する売買価格は、別紙卸価格表に記載の通りとする。なお、この価格は、必要に応じ、当事者協議の上変更することができる。

第7条（商品の発注）
1）乙は、毎月月末までに、翌月分の購入数量を注文書により発注する。甲乙間の卸売買価格は、別途定める。
2）乙の発注は、毎月各商品につき、決められた最低量を購入しなければならない。

第8条（販売目標及び報奨金）
1）乙は、別途甲と乙の間の合意により定める年間売上目標額の売上の達成を目標とし、これに向けて最善の努力をする。
2）乙が本取引契約を遵守しかつ第1項の年間売上目標額の売上を達成した場合、期末において甲は乙に対し、別途定める契約達成報奨金を支払うものとする。
3）乙が第1項の目標額を達成できない場合、乙は、代理店の資格が検討され代理店の権利を失うことがあるものとする。

第9条（販売価格等）
1）乙は、本件商品を、甲の指定するメーカー希望価格を尊重しつつ、適正価格にて販売するものとする。
2）乙は、特殊販売店（スーパーマーケット、ディスカウント等）と取引しようとする場合は、事前に甲に報告して、その指示に従うものとする。

第10条（商品の返品等）
甲が乙に売り渡した商品については、それが製造上に瑕疵があったり不良品である場合及び

輸送中破損した場合を除き、返品できないものとする。

第11条（保証金）

1）乙は、本契約による債務及び損害賠償の保証として金〇〇〇〇円を甲に預託する。

2）本契約終了後は速やかに、保証金には利息を付けず、この保証金から乙の甲に対する債務を控除した残金を乙に返還する。

第12条（譲渡の禁止）

乙は、甲の書面による事前の同意を得ない限り、本契約に基づく一切の権利または義務を第三者に譲渡もしくは担保に供してはならない。

第13条（契約解除）

乙につき次の各項の一に該当する事由が生じたときは、甲は何らの催告を要せず、直ちに本契約を解除することができる。

（1）本契約あるいは個別契約の条項に違反したとき

（2）銀行取引停止処分を受けたとき

（3）第三者から強制執行を受けたとき

（4）破産・民事再生・あるいは会社更生等の申立を受けたとき

（5）信用状態の悪化等あるいはその他契約の解除につき、相当の事由が認められるとき。

第14条（有効期限）

本契約は、契約締結日より1年間効力を有するものとする。但し、期間満了3か月前までに、甲乙いずれからの特別の申出のないときは、さらに1年間延長するものとし、以後も同様とする。

第15条（契約終了時の措置）

本契約が終了したときは、乙は直ちに甲の代理店である旨の表示を中止し、以後、甲の代理店である旨を表示してはならない。不当表示に基づく利益は、全て甲に返還するものとする。

第16条（合意管轄）

甲及び乙は、本契約上の紛争については、甲の本店所在地を管轄する地方裁判所を第一審の管轄裁判所とすることに同意する。

以上、本契約の成立を証するため、本契約書2通を作成し、甲乙記名捺印の上、各一通を保有する。

年　月　日

　　　　　　　　　　　甲　住　所
　　　　　　　　　　　　　社　名
　　　　　　　　　　　　　　　　　代表取締役社長　〇　〇

〇　〇　　　　〔印〕

　　　　　　　　　　　乙　住　所
　　　　　　　　　　　　　社　名
　　　　　　　　　　　　　　　　　代表取締役社長　〇　〇

〇　〇　　　　〔印〕

第 26 課　代理の申入れや依頼

練習問題

1. 下記のキーワードを利用して中国語を日本語に訳しなさい。

（1）如果可以的话，我们想成为贵公司在日本的中国手帕总代理（総代理），不知贵公司意下如何（いかが），如能给予我们坦率（腹蔵のない）的意见，我们则不胜感激。

（2）我公司有丰富的经验和深厚的人脉关系（深い人脈），在上海这个领域内被认可为有实力的企业（実力ある会社）。

（3）久闻贵公司在日本丝绸业位居首位（トップクラス），只是苦于（残念ながら）没有联络方式而一直没有接触（取引するチャンス）。

（4）贵公司在上海是否没有代理商（エージェント），如果没有的话，很冒昧（唐突），我们有意向（意向）成为贵公司的丝绸服装的独家代理（単独エージェント）。

（5）我很遗憾（遺憾ながら）地通知您，12月31日我公司电子产品将停止在九州地区的销售。因为过去3年间，九州的市场（マーケット）已经处于饱和状态（飽和状態），销往九州地区电子产品数量（輸出数量）不断减少（衰退し続ける），从公司的经营成本（経営コスト）考虑，不得不做此决定（ざるをえない）。

2. 下記の話し言葉を書き言葉に書き換えなさい。

（1）我が社は日本で販売している貴社の製品〇〇の販売に興味があります。

（2）3年以上研究を続けてきたので、かなりの認識をしているからです。

（3）貴社は東北地方で食品販売の大手商社で、多くの加工商品販売に成功を遂げていたことを以前から聞きました。

（4）詳しい提案を送りますから、貴社の意向を教えてください。

（5）その理由として、弊社はアフター・サービスのための機能が十分確立されているからです。

3. 下記の要点にそって、例文を作りなさい。

（1）テーマは「販売に関する提案の件」にする。

（2）3月10日と4月10日先方の販売に関する提案の手紙を受け入れた。

（3）日本は工作機械産業が進んでいるので、日本で当社の製品数値制御装置の販売を進めたい。

（4）先方は当社のディストリビューターとして、まず2年間独占代理の形で取引し、もしサービスがよく、注文も多いなら、さらに2年を延長する。

（5）同封に当社のカタログ、価格表、仕様書を添付する。

（6）当社の署名済みの販売契約書を別便に送り、先方がサインした契約書のコピーを一部返送してもらう。

第 27 課　抗議状

- 作成の目的

　利益や権利の侵害、契約や義務の不履行などによって、特に迷惑を受けた場合に書く文章である。しかし、相手方の不当を責めて反感を買い、問題をこじらせることのないように気を付ける。抗議といっても相手を怒らせるのが目的ではなく、あくまでも善処をもとめるものである。理詰めで相手の非を認めさせ、反省を促すようにするべきである。

- 種類とフォーム

　品質不良、品質相違、不完全包装、破損、数量過不足、納期遅れ、人為的ミスなどに抗議することができる。

- 書き方のポイント

　① タイトルには「～抗議の件」と書かず、「～未着、取消し、遅れについて」にする。
　② 抗議すべき事柄と理由を明確にし、当方のこうむった迷惑や損害の事実を明示し、その責任を求めて善処を要望する。
　③ 最終目的を踏まえて、具体的な善処策を提示することは大切。
　④ 感情を制御して戦略的に書くべき。

文例 1

【请确认以下例文中的写作重点】
场景说明

　　核心目的：交货延迟的抗议函。
　　信函要点：我公司订购的广告单6万份，应在3月2日交货，但是直至今天3月15日，仍没有收到货品，由于该广告单准备夹入3月20日的报刊中，故我方感到非常为难。其间打电话给对方公司印刷厂，说是3月12日印刷完成，并交货，但是今天3月15日仍没有任何消息。催请对方迅速交货，如不能赶上3月20日的话，我方将向对方索赔广告单费用120万，以及我公司信用受损赔偿金。

納期遅延について

　　急啓　3月2日納品予定のチラシ広告の6万部の件ですが、3月15日の今日現在、当社に着荷しておりませんが、一体どのようになっているの

第27課　抗議状

でしょうか。① 3月20日の新聞折り込み予定日を目前にし、困惑しきっております。
　② 貴社印刷所に先日お問い合わせ致しましたところ、3月12日には刷り上がり、梱包後発送するとのことでしたが、今日まで待ってもまだ届いていないのです。納期の遅延に対する督促を再三繰り返し申し上げることは、相方にもよいことではないと存じますが、③ とにかく、早急にご納入ください。
　④ 万一、3月20日の新聞折り込みに間に合わない場合は、折り込み経費120万円に加え、当社が被る信用被害の慰謝料などのペナルティーを頂戴することになりますので、ご覚悟ください。
　まずは、取り急ぎご連絡まで。

草々

① 至急処理してほしい理由を具体的に明示する。
② 途中連絡したことを伝える。
③ 相手側の善処を求める。
④ 抗議に応じてくれない場合に触れる。

ビジネス用語	
遅延（ちえん）	延迟，耽搁
チラシ	广告单，传单
折り込み（おりこみ）	（夹入报刊中的）广告，传单
困惑（こんわく）	为难，困惑
刷り上がる（すりあがる）	印完，印成
繰り返す（くりかえす）	反复
慰謝料（いしゃりょう）	赔偿金
ペナルティー	罚金
覚悟（かくご）	精神准备

文例2

【请指出并改正下列例文中的错误】
场景说明
　核心目的：取消订单的抗议函。
　信函要点：对方公司于5月8日向我公司订购制作会员制口碑销售网，但今天却收到取消订制的电话，距离交货期只剩两个星期，该做法是违反商业道德的。而且网站制作已经大致完成，进入收尾阶段，且该网站是按照对方要求制作的，无法转卖给其他公司。故无法同意对方取消订单的行为。

ご注文取消に関して

前略　本日お電話で伺いました注文取消の件、改めて書面にて申し上げる次第でございます。

① 注文した日付を明記して、証拠とする。書き換え例「去る20○○年5月8日付をもって」。	① ご注文いただきました会員制の口コミサイト構築につきまして、本日、構築について制作をストップする旨のお取り消しの電話連絡をいただきました。 　納期は2週間後に迫り、弊社では、既に仕上げの段階に差し掛かっているところでございます。いかなる事情かは存じあげませんが、今になって注文取り消しをされますと弊社と致しましては困惑するばかりでございますし、商道徳上許されないことではないでしょうか。まして、今回の会員制口コミサイトは、② 他への転売などは不可能でございます。
② 転売できない理由を明記する。書き換え例「貴社要望の仕様となっておりますので、」。 ③ 断るだけでなく、善処してほしいということを明記するべき。書き換え例「しかるべき善処をお願い申し上げます。」	つきましては、取消のお申し出には応じかねます。当該サイトは貴社にて引き取っていただくのが筋ではないかと存じます。 　以上、③ お願い申し上げます。 　　　　　　　　　　　　　　　　　　　　　　　　　　草々

ビジネス用語	
口コミサイト（くち～）	口碑销售网
ストップ	停止
商道徳（しょうどうとく）	商业道德
差し掛かる（さしかかる）	来到，临近
引き取る（ひきとる）	领取，收领
筋（すじ）	条理，道理
しかるべき	适当的，应有的

文例3

【请考虑，例文中的粗体字部分，还有别的表达方法吗？】
场景说明
　　核心目的：榨汁机降价的抗议函。
　　信函要点：接到对方希望降价的来信，我方深感为难。我方的报价，是回馈老客户的特别优惠价格。且时下原材料价格高涨，我方为维持原价竭尽全力，没有降价的空间。希望对方能给予理解和价格认可。

ミキサーの価格について

　拝復　貴社いよいよご隆盛のこととお慶び申し上げます。平素の格別のお引立てに深謝申し上げます。
　さて、先般、貴社よりご送付いただいた書状確かに拝受致しました。貴書によりますれば、「ミキサー」の値引きを要請するとのこと、誠に驚

きを禁じ得ません。

① 弊社と致しましては、長らくお取引いただいております貴社に対して、これまでも破格の価格設定でご提供させていただいており、原材料高騰による値上げラッシュの中にあっても価格を据え置いてまいりました。② しかしながら、弊社も大変な苦境に立たされており、現状維持も困難な状況でございますので、これ以上の値引きはお引受け致しかねます。

つきましては、③ 何とぞ諸般の事情をご勘案の上、ご了承賜わりますよう、伏してお願い申し上げます。

取り急ぎ、書中をもって、商品値引きに対するご回答まで申し上げます。

敬具

① 今の価格は、長年お取引いただいている貴社に対するご報恩として、極めて高い割引を設定しております。
② この価格でも既に、当社は利益がまったく見込めません。
③ 貴社のご意向に添えず誠に不本意ですが、何卒当初の価格にてご了承くださるよう、お願い申し上げます。

ビジネス用語	
ミキサー	榨汁机，搅拌机
禁じえない（きんじえない）	不由得，不禁
長らく（ながらく）	长久
破格（はかく）	破格，破例
高騰（こうとう）	腾贵，高涨
ラッシュ	热潮
据え置く（すえおく）	稳定
勘案（かんあん）	考虑，斟酌
報恩（ほうおん）	报恩

重点例文の解釈

1. いずれにしても

说明：意为"总之、不管怎样"。

例句：

① いずれにしてももう一度会ってよく話をしよう。/总之再碰一碰头好好谈谈吧。

② いずれにしてもひまだからいっしょに行くよ。/我反正闲着没事，就陪你走一趟吧。

2. 覚悟（かくご）

说明：意为"精神准备、决心"。

例句：

① 彼は命をかける覚悟である。/他决心豁出命来。

② いつ首をきられてもいい、覚悟はできている。/随便任何时候解雇，我都作好了精神准备。

3. 差し掛かる（さしかかる）

说明：意为"来到、临到"。

例句：
① 約束の日がさしかかってきた。/约定日期迫近了。
② 会計年度末にさしかかり、忙しくて手が離せない。/临近会计年度末，工作忙得不可开交。

4. 筋（すじ）
说明：意为"条理、道理"。
例句：
① 文章の筋が通っていない。/文理不通。
② 筋の通った正しいことなら、遠慮なく要求すべきだ。/既然是合情合理的要求，就应该毫不犹豫地提出来。

5. 禁じえない（きんじえない）
说明：意为"不禁、不由得"。
例句：
① 君がこんな失敗をするとは、僕は失望を禁じえない。/你失败了他会失望的。
② 観光客に物乞いする子供達の姿を見て、涙を禁じえなかった。/游客看到小乞丐们，都不禁流下了眼泪。

6. 伏して（ふして）
说明：意为"谨、恳切"。
例句：
① この段、伏してお願い申し上げます。/特此奉恳。
② どうかご支援をたまわりますよう伏してお願い致します。/恳切希望您能给予援助。

常套表現

◆ このようなことでは、弊社の信用にも傷がつきかねません。今後このようなことが絶対に無いように、十分ご注意くださいますようお願い申し上げます。/这样的事，也有损本公司的信用。故烦请注意今后绝对不再发生此类事情。

◆ 貴社により電気洗濯機9台返品されましたが、5ヶ月経過した今日、今更返品だとは意外でございます。何卒当該品をお引取り願います。/目前贵公司将9台电动洗衣机退回本公司。在事情过去5个月之后才提出退货，令我们十分意外，还请将货品收回为盼。

◆ 貴社が当方との代理店関係を無視して、しかも当方に断らず、他社と取引を始められたことにつきご説明願いあげます。/贵公司无视与我方的代理店关系，而且事先也未通知，就与其他公司开展贸易，还望能就此作出解释。

◆ 遺憾ながら貴方に次の通知を致します。○月○日付にて貴方積み出しの契約番号○号にかかわる○○につき、検疫局の検査結果、その品質は契約に規定の基準に程遠いものでした。検査証は受領次弟航空便でお送りします。/我们遗憾地通知贵方：贵方于×月×日发来第×号合同项下的××，经检验局检验，发现其品质远远低于合同规定的标准。有关检验证，一待收到当即航邮寄上。

◆ 検査報告書記載の通り、欠減は出荷以前に存在したと認められるので、当方には欠減分相当

第 27 課　抗議状

額のクレームを提起する根拠があります。/ 如所附检验报告表明，短重在装运前已存在，我们有理由要求赔偿短装货物的相应金额。

◆ 改めて申し上げますが、貴店と弊社の間には販売契約に基づくいくつかのルールがございます。貴店は毎月の販売実績を翌月〇日までに弊社本社へ報告せねばなりません。ところがこの数ヶ月、貴店は契約を履行されていません。つきましては、至急ご報告ください。/ 我方再次提醒，根据贵店与我公司间的销售合同，有几点规定。贵店每个月的销售额应该在次月的×日前报给我公司。但是这几个月，贵店都没有履行合约，请您迅速上报。

◆ かように特許権侵害が明白ですので、貴社におかれましては、同製品の製造及び販売をただちに中止していただくことが良策かと存じます。万一当警告を無視した場合は、即時法的手続きをとる用意がございます。/ 如上证明已经侵害了专利权，贵公司应该立即停止本商品的制造和销售为宜。如无视此警告，我方准备立即采取法律手段。

練習問題

1. 下記の空白を埋めなさい。

　　　　　　　　　　　　破損商品の（　１　）について

拝啓　いつも格別のお引立てを賜り厚くお礼申し上げます。

　さて、本日〇月〇日付でご（　２　）いただいたクリスマスツリーセットの荷を解きましたところ、40セット中23セットが、破損商品であることが（　３　）致しました。破損部分は各セットにより（　４　）、ツリーの枝の差し込み部分が壊れているもの、飾りつけ部分の星が潰れているものなど（　５　）です。従って、破損の発見できなかった残りの17セットについても、子細に点検すれば、破損部分があるのではないかと（　６　）しております。

　つきましては、（　７　）では商品として店頭に並べることができませんので、40セットすべてを運賃着払いにて至急（　８　）いたしますので、（　９　）完全品をご発送くださいますよう、お願い致します。

　なお、今後はこのようなことがないように、（　１０　）な検品後にご出荷くださいますよう、お願い申し上げます。

　取り急ぎご連絡まで。

　　　　　　　　　　　　　　　　　　　　　　　　　　　　　　　　　敬具

2. 下記の話し言葉を書き言葉に書き換えなさい。

（1）注文に関しては、記載額に誤記があったので、報告する。

（2）これを確かに言ったつもりですが、弊社の説明が不十分だったせいと思い、ここにお詫びする。

（3）このような不良品の混入は、今年はもう4回になるので、貴社の検品体制には、とても不信感をもってしまう。

（4）これから同じような不備があれば、貴社との取引を見直すことにもなってしまうので、十分ご注意するよう、併せてお願いする。

（5）いうまでもなく同商品は、販売時期をすぎた場合売れなくなるので、ご確認のうえ、早急

にご配送くださるよう、お願いする。
3. 下記の要点にそって、例文を作りなさい。
　（1）テーマは「弊社ロゴ無断使用警告について」にする。
　（2）先方の会社はホームページに当社のロゴを無断使用した。
　（3）使用中止の警告文章を送ったが、掲載をやめてくれないので、もう一度抗議状を送る。
　（4）これ以上掲載を中止しない場合は、法的手段をとることを知らせる。

第28課　弁解状・反駁状

- **作成の目的**

  相手から苦情や抗議が申し入れられ、事実を調査した結果、相手の抗議も無理はないが、不可抗力で当方の非によるものではないや、非はあってもやむを得ない事情によるものであると、当方の事情を説明し、相手の理解を得るための文章が弁解状である。一方、抗議を受けたが、当方はまったく非がなく、相手の抗議こそ不当であるや、事実誤認によるものと反論するための文章が反駁状である。

- **種類とフォーム**

  当方の非の性質によって、弁解状、反駁状、お詫び状かの選択をする。相手の苦情や抗議が正当なら弁解状、不当なら反駁状、当方の非を認めて許しを請うならお詫び状となる。

- **書き方のポイント**

  ① 返事の文章であるなら、返信の用語を使う。② 件名に「〜の弁解・反論」をせずに、「〜の件について」にする。③ 事実を客観的に述べ、冷静に書くことが肝要である。④ 当方に非があった場合は、深く陳謝した上で、誠心誠意事情を説明する。⑤ 当方に非がない場合は、相手の不当を責めることなく、非がないことを理解してもらい、トラブルを解決することにある。

文例1

【请确认以下例文中的写作重点】

场景说明

　　　　核心目的：包装不当的辩解函。

　　　　信函要点：9月12日我公司寄出的玻璃工艺品，但收到对方的联络说由于我公司的包装不当造成部分破损。特发此函进行辩解。我公司一直经营易碎商品，所以在商品包装上格外注意，至今为止没有发生过此类事故，所以怀疑是运输途中的问题。但即便这样，为了今后的合作，我方会立即寄送替代品，并请对方公司以货到付款形式发回破损品。

荷造り不完全について

① <u>拝答</u>　平素は格別のご愛顧を賜り、厚くお礼申し上げます。

　さて、早速ではございますが、先日9月12日付でご送付致しました商品ガラス細工の一部が、破損していたとのこと、誠に申し訳ございま

① 返事の文章であるなら、返信の用語を使う。

② せん。

② 弊社では、取り扱っている商品は割れ物のため、発送の際には慎重に取扱い、常に細心の注意をもって厳重に荷造り致しておりますので、今までに荷造りの不満による事故は、一度も生じておりません。輸送中の取り扱いに問題があったのではないかと存じますが、いずれにせよ、ご送付致しました商品が貴社のお役に立たなかったことは弊社の落ち度でございます。

③ つきましては、さっそく代替品を発送致しますので、いましばらくお待ちいただければ幸いに存じます。なお、お手数ではありますが破損品は運賃着払いでご返送いただきますようお願い申し上げます。

まずは取り急ぎ書中をもってお詫びとお願い申し上げます。

敬答

② 本社の荷造り不良でない可能性を述べる。

③ これからの付き合いのために、自社の努力を示して、相手に納得してもらい、善処方法を尽くす。

ビジネス用語

ガラス細工（～ざいく）	玻璃工艺品
割れ物（われもの）	易碎物品
荷造り（にづくり）	包装，打包
いずれにせよ	不管怎样，无论如何
落ち度（おちど）	疏忽，过失
着払い（ちゃくばらい）	货到付款

文例 2

【请指出并改正下列例文中的错误】

场景说明

　　核心目的：侵犯专利权的反驳书。

　　信函要点：我公司于 4 月 7 日接到对方公司的抗议函，提及我公司产品"轻松电话基本款"是侵犯了对方公司"安心手机"（注册号 3456）的专利权。对此特发此函进行反驳。据我公司调查，"轻松电话基本款"是今年发行上市的，在对方公司发售前就已使用，因此不存在对方所说的侵犯专利权一说。因此对方要求我公司停止商品的制造和销售，也是无效的。相关事宜可以咨询公司顾问律师冈本始。

① 特許権侵害の反駁

前略　先日、4月7日付の貴信を拝読致しました。

　弊社の新機種携帯電話「らくらくホンベーシック」が、貴社製携帯電話②「コンフォートケータイ」の特許権を侵害している旨をご指摘いただきましたが、貴社の主張にいささか疑念を抱きましたため、一筆差し上げました。

① 件名に反駁を書くと、挑発的なので、避けたほうがいい。書き換え例「特許権侵害について・の件」。

② 携帯電話登録番号を忘れずに。書き換え例「（登録番号 3456）」。

本件につきまして調査致しましたところ、弊社「らくらくホンベーシック」は本年リリース致しましたが、貴社製品の発売前にすでに使用していることが証明され、貴社ご指摘のような特許の侵害には該当しないことが判明致しました。

従いまして、貴社お申し越しの製品の製造販売中止の申し立ては③ <u>無理</u>となりますので、ここで通知申し上げます。

なお、今後の本件に関しましてのお問い合わせは、弊社顧問弁護士岡本始が承りますので、ご承知おきくださいますようお願い申し上げます。

まずは取り急ぎ、書中にて特許権侵害についてご回答申し上げます。

　　　　　　　　　　　　　　　　　　　　　　　　　　草々

③ 無理とは「道理に反し、物事の筋が通らない」という意味で、ふさわしくない。書き換え例「無効」。

ビジネス用語

特許権（とっきょけん）	专利权
ベーシック（basic）	基本，基础
コンフォート（comfort）	安心，舒适
疑念（ぎねん）	疑问，疑念
リリース（release）	发行，发表
申し立て（もうしたて）	提出申述，陈述

文例3

【请考虑，例文中的粗体字部分，还有别的表达方法吗?】

场景说明

　　核心目的：木门交货延误的反驳书。

　　信函要点：5月10日接到对方公司的来信，告知我公司的木门交货延误。就此事我方已与对方公司的谷川电话联系过，特发此函以书面形式再次重申电话内容。对方公司来信提及就交货期延误属于损害赔偿，但我公司认为其间就发货延迟的事情也做出了努力，并非不履行合同。因此将于近期前往对方公司说明情况，希望对方公司能重新考虑索赔一事。附记事情原委：我公司误把货品发到对方公司大分事务所，立即与大分事务所联络，对方公司总务部的岸本先生回答说会把货物转寄给大阪事务所，但并没有转寄，因此造成了货品延误。

「木製扉」納入遅延の件

拝復　5月10日付貴書を確かに拝承致しました。① **このたびは弊社の不手際により、貴社に多大なるご迷惑をおかけ致しましたこと、深くお詫び申し上げます。**

すでに貴社ご担当の谷川氏にお電話にてご連絡差し上げました内容と重複致しますが、改めて書面にてご報告申し上げる次第でございます。

① このたびは弊社の「木製扉」につきまして、再三のご督促をいただき、誠に恐縮に存じます。

貴書によりますと、このたびの納期遅延は、損害賠償事項に該当するとのことでございますが、下記経緯のとおり、② **弊社も善処しておりますことがおわかりいただけるかと存じます。**

　　そもそもの原因が弊社にあることは明白でありますが、何ら手立てを講じずに③ **看過した**訳ではございませんので、契約不履行には④ **当たらない**ものと認識致しております。

　　つきましては、近くお伺いして、賠償請求のご再考を含め、本件お打ち合わせ致したく存じますので、その節は何とぞご高配賜りますようお願い申し上げます。

　　まずは取り急ぎ、書面にてご回答まで申し上げます。

敬具

記

【経緯】弊社のミスにより、貴社大分事務所へ商品の誤送。ただちに誤送先事務所へご連絡したところ、貴社総務部岸本様より、正しい納品先大阪事務所への転送をお引受けいただける旨、ご回答いただく。しかしながら実際は転送が行われず納期遅延となる。

以上

② 弊社も最善を尽くそうとのことをお分かりいただきたいのです。
③ 見過ごした
④ 該当しない

ビジネス用語	
不手際（ふてぎわ）	过失，疏忽
該当（がいとう）	适合，符合
経緯（けいい）	原委，经过
明白（めいはく）	明白，明确
手立て（てたて）	方法，手段
看過（かんか）	不加追究，坐视不管
再考（さいこう）	重新考虑
転送（てんそう）	转邮

重点例文の解釈

1. いずれにせよ

说明：意为"总之"。

例句：

① 今日はこの問題にはもう触れませんが、いずれにせよ今後も考えていかなければならないとは思っています。/今天就不再谈这个问题了，总之，我想今后还要继续考虑这个问题。

② 今後誰にこのプロジェクトを任せるかは未定だが、いずれにせよ彼には降りてもらうことに決めた。/虽然今后由谁来负责这一项目的问题还没有决定，但是有一点是肯定的，就是不能再由他来负责了。

2. 落ち度（おちど）

说明：意为"过错，过失，失误"。

例句：

① 自分の落ち度を認める。/承认自己的过错。

② 証拠のないことだから、言うとこっちの落ち度になる。/因为是没有证据的事情，说了就成了我方的过错。

3. リリース

说明：意为"发行，发布，发表"。

例句：

① アルバムをリリースする。/发行专辑。

② 新曲をリリースすると、大ブームになった。/一发行新歌，就大受欢迎。

4. 不手際（ふてぎわ）

说明：意为"过失，疏忽，做事不周"。

例句：

① 当店の不手際によりお客様にご迷惑をおかけ致しました。/因为本店的差错，给顾客添了麻烦。

② わたしの不手際をお許しください。/请原谅我的笨拙。

5. 看過（かんか）

说明：意为"饶恕，放任，忽视"。

例句：

① 納税者の1人としてこのような無駄使いはまったく看過できない。/作为一个纳税人我绝不能饶恕这种浪费。

② 看過しえない事態が発生した。/发生了不能忽视的事态。

常套表現

◆ 貴書によりますと、当社の「CF-12」が貴社の特許権を侵害しているとのご指摘でございますが、当社と致しましては、貴社の特許権に抵触しないように、細心の注意をもって設計・製作したつもりでございます。/来函称本公司的"CF-12"产品侵犯了贵公司的专利权。然而本公司则认为，为避免侵犯贵公司的专利权，我们一直是十分谨慎小心地在进行设计与制作。

◆ 納期遅延のご抗議承り、早速調べたところ、商品貴港に到着後、通関業者の手違いで誤送と判明しましたので、御社にお届けするよう頼んでおきました。ご迷惑をおかけして誠にすみません。/收到有关交货延误的抗议后，我们即着手调查，搞清商品到达贵港后是因报关员出错而误送他处。现已托其转送贵社。平添麻烦，深感抱歉。

◆ 先日、お叱りを受けた本社営業部営業三課中島義道の素行についてですが、当方にも納得致しかねる点がございまして、本状にて釈明させていただきます。（中略）確かに中島もまだ若輩で礼儀知らずなところはございますが、山中様におかれましても、当社との信義をお守りいただくのが筋ではないかと思う次第でございます。/就前几天收到投诉责备我公司营业部营业三课中岛义道品行一事，我方有不能认可之处，特发此函进行说明。的确中岛作为年

轻人有不失礼节之处,但是贵公司的山中先生,是否也应该恪守与敝社的承诺呢?
◆ 当方と貴社は20年の長きにわたるお付き合いもございます。今回の一方的再契約辞退は、いささか性急すぎるご処分ではないかと存じます。願わくば、ご要望をお聞かせいただき、条件について今一度話し合いの機会をお与えください。ご回答をお願い申し上げます。/ 我们两公司已经有长达20年的合作,此次单方解除续约,是否有些操之过急呢。恳请能否再就合作条件进行一次洽谈。烦请给予答复为盼。

練習問題

1. 下記の下線について言葉を別の言い方に変えなさい。

契約解除に対する反論状

冠省(1)　○○年○○月○○日付貴社よりの契約解除の通知を拝受致しました。弊社といたしましても重大なる事態と受け、事実および法律の面より調査検討致しました結果、貴社の解除権行使には承服(2)致しかねる由(3)を、以下のとおりご回答致します。

　まず、当社納入の○○○○×○○台の○○能力がカタログ性能の○○パーセント弱であり消費電力が○○倍なので欠陥(4)製品である旨のご指摘ですが、カタログの計測値は○○○内での運転測定値である旨明記しており、貴社のご使用条件とはまったく異なっている(5)ため当社製品の欠陥によるものではございません。

　また、貴社とのお話し合いでご使用条件に適合(6)しうるよう、納入品の改造作業を致しておりますが、ご契約では納期は○○年○○月○○日までであり、相当の期間を定め良品の納入を催告(7)したが納期内に履行がなかった、とのご主張には理由がございません。

　以上の由により、貴社による本件契約を解除する旨のご通告(8)は法的に無効との判断ですので、改造品をご受領(9)のうえ○○年○○月○○日までに代金をお支払いください。ご履行なき場合は損害賠償請求に及びます(10)ので、あしからずご了承くださいませ。

　略儀ながら書中にてご回答まで申し上げます。

不一

2. 下記の中国語を日本語に訳しなさい。
　（1）有关延迟付款一事,请允许我们作如下解释。
　（2）考虑到彼此间悠久的友好关系,我方建议赔付款双方各承担一半。
　（3）贵方单方面解除合同,我方因此蒙受了巨大损失。
　（4）有关事故原因,还望贵公司能作进一步的详细调查。
　（5）贵公司有关赔偿损失的要求,我们碍难接受,请原谅。

3. 下記の要点にそって、例文を作りなさい。
　（1）テーマは「ご指摘について」にする。
　（2）4月9日先方の会社から書状をもらい、当社のふりかけは以前より品質が落ちたから、1割値引して欲しいという要請だった。
　（3）当社は原材料の吟味・生産・パッケージ封入などの段階に厳重に品質チェックしたため、風味を落ちることないとアピールし、客観的な根拠を提示しないと、値引することを断る。

第 29 課　お詫び状

- **作成の目的**
　相手の抗議や苦情に対して、なにか当方の手落ちでなくとも不測の事態が生じて相手に迷惑や損害をかけた場合に、相手の不満や怒りを和らげ、鎮めるために出す文章である。
- **種類とフォーム**
　支払い遅延、請求書誤記、約束手形不渡り、納期遅延、不良品納入、品質不良、誤送などの事態にお詫び状を出す。
- **書き方のポイント**
　① タイトルを「～お詫び」にする。② 非を率直に詫び、誠意と問題解決に臨む前向きな姿勢を示す。③ 明確な弁解理由がない場合は、謝罪に徹する。④ 事実関係と責任の所在を明らかにし、あいまいな表現は避ける。⑤ ただちに善後策を講じる旨を明記する。

文例 1

【请确认以下例文中的写作重点】
场景说明
　　核心目的：停止市外接送服务的道歉函。
　　信函要点：本公司决定将于20××月2月12日停止市外接送服务。由于本公司近来运输力降低，在部分地区或某个时间段内，车辆配送和等待时长等方面给用户带来了不良体验，因此本公司将在此期间内专注提升技术和车辆配给，并在条件成熟后再次开展市外接送业务，希望对方给予理解和原谅。

① 市外への送迎サービスの停止に関するお詫び

謹啓　立春の候、ますますご清栄の事とお慶び申し上げます。平素は格別のお引き立てを賜り、ありがたく厚くお礼申し上げます。
　さて、この度、大慶タクシーグループでは、大慶配車アプリによる市外への送迎サービスにつきまして、② 20○○年2月12日（水）11時より停止させていただきます。ご迷惑をおかけ致します事、心よりお詫び申し上げます。
　また、③ 現在は配車車両不足により、一部地域の一部時間帯におい

① 件名に「～お詫び」にする。

② 簡潔にお詫びする理由を言及する。
③ サービスの停止する理由を詳しく説明し、理解をもらう。

て、配車率や待ち時間などで利用者様のエクスペリエンスに多大な影響を及ぼしております。弊社としましては、この状況について深くお詫びをさせて頂きます。このような状況を打開するため、技術面をはじめとした様々な手段で効率アップを図り、より多くのニーズを満たすよう努めております。配車車両の確保及び、技術面などで改善が出来上がり次第、改めて市外への送迎サービスを再開させて頂きます。

④ 対処方法を明記する。

　また、④ 弊社のホームページにおいて、お問い合わせ窓口を開通しましたので、お気づきの点がございましたら、何なりとお申し付けください。

　まずは、サービス停止のお知らせとお詫びを申し上げます。今後とも一層のご愛顧を賜りますようお願い申し上げます。

謹白

ビジネス用語	
清栄（せいえい）	安康；平安
アプリ	应用程序
エクスペリエンス	体验，经验
打開（だかい）	打开（局面），找到解决途径
何なり（なんなり）	无论什么，不管
申し付ける（もうしつける）	吩咐，指示

文例 2

【请指出并改正下列例文中的错误】

场景说明

　　核心目的：货物破损的道歉书。
　　信函要点：8月4日收到对方公司来信，提到我公司所发货物破损，并已就此事与船务公司进行了多次沟通。特发此函，对破损事故及多次交涉，表示道歉。破损原因的确是由于包装材料的品质不良，在运输途中摇晃或者包装松动而导致货物破损。我方会按照协议进行赔付，并强化包装材料，杜绝发生同类事故。并感谢对方公司在此事处理上给予宽容和积极应对。

破損事故についてのお詫び

拝啓　時下ますますご清栄のこととお喜び申し上げます。平素は格別なご厚情を賜り厚く御礼申し上げます。

　8月4日付貴信拝見致しました。早速、本件につき既に船会社と数回にわたり① <u>交渉させていただいた</u>由、大変お手数をおかけし、誠に申し訳なく存じております。

　このたびの破損事故につきましては、当方も仔細に調査を致しましたところ、確かに包装材料の品質が② <u>十分でなく</u>、輸送途上において

① 交渉してもらうことに、手数を掛けるというから、敬語表現が間違っている。書き換え例「交渉いただいた」。

② 一見で分かる不十分でなく、長期運送に適しないというべき。書き換え例「長期輸送用として十分でなく」。

揺れまたは梱包の緩みが生じたために発生したものと思われます。

　当方は必ず契約規定通り損失の賠償を行います。これから③徹底を図ってまいります。また、御社の問題解決に対する極めて積極的な対応と寛容な精神に対し敬意を表します。

　以上お返事かたがたお詫び申し上げます。

敬具

③ 改善策を具体にするべき。書き換え例「包装材料に関しても、もっと強化させ、二度とこのような事態にならないよう、徹底を図ってまいります。」

ビジネス用語	
破損(はそん)	破损,损坏
仔細(しさい)	仔细,详细
揺れ(ゆれ)	摇晃,振动
緩み(ゆるみ)	松动,松懈
寛容(かんよう)	宽容,宽恕
敬意(けいい)	敬意,敬重

文例3

【请考虑,例文中的粗体字部分,还有别的表达方法吗?】
场景说明
　　核心目的：取消订单的道歉书。
　　信函要点：我公司委托对方公司施工建设"幸福庄公寓",但不得不取消施工,特发此函表示致歉。该公寓本是政府用地开发项目对象,在预期增值地区建造公寓,但是政府突然公布停止开发,我公司也感到非常为难。由于现今地价上扬希望渺茫,不得不中止计划。今后一定事先充分调查计划的可行性后,再付诸实施。还望对方公司给予理解和谅解。

注文取消しについてのお詫び

謹啓　貴社ますます御隆昌にてお喜び申し上げます。

　さて、早速ではございますが、先般「幸福荘マンション」の施工をご依頼致しましたが、誠に遺憾ながら施工取り消しをさせていただきたくお願い申し上げます。貴社には多大なるご迷惑をおかけしましたこと、誠に申し訳なく、心よりお詫び申し上げます。

　このたびは、①**政府による宅地開発の対象地域とされ、地価の上昇が期待されておりましたエリアにマンションを建築する予定でございましたが、政府より突然の開発中止の発表がなされ、弊社としても大変困惑致しております。**

　つきましては、②**地価上昇が期待できなくなった今、当計画は断念せざるを得ず、貴社へのご依頼もキャンセルさせていただくこととなった**

① マンションを建てる予定のエリアの所有権をめぐって、争いを発生し、施行を中止せざるを得ない事態になっておりました。

② 誠に申し訳ない仕儀と相成りましたが、先般のご依頼は一応取り消しの処理をさせていただく存じます。

③ 土地の所有権の紛争を早急に解決してから、改めて次第でございます。

③ 今後は、計画の実行性など事前調査を十分に行った上でご依頼申し上げるように致しますので、事情ご賢察の上、何とぞご了承賜わりますようお願い申し上げます。

略儀ではございますが、書面をもって注文取消しのお詫びまで申し上げます。

敬具

ビジネス用語	
多大（ただい）	极大,巨大
上昇（じょうしょう）	上升,上涨
エリア	地域,地区
困惑（こんわく）	困惑,为难
断念（だんねん）	放弃,断念
事前（じぜん）	事先,事前
所有権（しょゆうけん）	所有权

重点例文の解釈

1. 何なり（なんなり）

说明：意为"无论什么,不管"。

例句：

① 疑問の点は何なり申し出なさい。/疑问之处尽管提出来。

② ご不満の点は何なりおっしゃってください。/您如果有什么不满意的尽管说。

2. ～にわたる

说明：意为"（时间）连续,不断,经过"。

例句：

① 彼は前後3回にわたってこの問題を論じた。/他前后三次论述了这个问题。

② ここ数年にわたって豊作が続いている。/农业生产连续几年获得丰收。

3. 多大（ただい）

说明：意为"很大,巨大"。

例句：

① 多大の成果をあげる。/取得很大的成绩。

② このたびは多大なご迷惑をおかけしました。/这次给您添了很大的麻烦。

4. 断念（だんねん）

说明：意为"死心,放弃"。

例句：

① あの計画はまだ断念しない。/还不放弃那项计划。

② アメリカへの留学を断念した。/打消了去美国留学的念头。

常套表現

- いずれにしても、当方の過ちでご迷惑をお掛け致しましたことは、お詫びのしようもございません。それによる損害につき十分に償いたく存じますが、本日取り敢えず賠償金2万ドルをご送金致しましたので、お受取りください。/不管怎么说，是由于我们的过失，才给贵公司带来了诸多麻烦，这使我们感到十分愧疚。对此造成的损失，我们愿全部赔偿。我们姑且先汇去赔偿金美元2万，敬请查收。
- さっそく当社納品伝票等を調査しましたところ、ご指摘どおり当方のミスで、6月5日納品分伝票の計算間違いによることが判明しました。誠に申し訳なく深くお詫び申し上げます。/我方迅速就本公司的交货发票进行了调查，的确如贵公司指正的一样，6月5日发货发票计算上有错误。我们诚挚地向您表示歉意。
- さて、弊社より先日発売致しました製品が、貴社の登録商標を侵害しているとの3月5日付のお手紙を拝受致しました。ご指摘いただきました点については、弊社の不注意から生じたものでまことに申し訳ございません。お手紙をいただいて初めてわかった次第で、お詫びの申し上げようもございません。/3月5日贵公司来信提及前几日我公司发售的商品侵害了贵公司的注册商标。就您指正事宜，是我公司疏忽造成的，非常抱歉。得到贵公司来信，我们才了解到侵权一事，真不知该如何道歉为好。
- 遅延の原因は、製造ラインに発生した思いがけないトラブルで、このため製品の完成が大幅に遅れる結果となりました。現在、遅れを取り戻すべく工場あげて努力致しておりますので、なにとぞ事情ご推察のうえ、今しばらくのご猶予を賜りますようお願い申し上げます。/延误的原因是生产线发生了意外故障，造成商品生产大幅延误。现在我们全公司为了弥补延误努力生产，还望贵公司能体察详情，准许延缓。
- 先月分のお勘定、本月5日までに決済致すべきはずのところ、一部の売掛金の回収が思うようにならず、そのため貴社へのお支払が不本意ながらも遅延致しまして、誠に申し訳なく存じます。/上月的账目本应于本月5日前付清，然因部分赊款未能如期收回，从而不得已拖延了支付贵公司付款，实感抱歉。

練習問題

1. 下記の空白を埋めなさい。

（　1　）のお詫び

拝啓　貴社ますますご隆盛のこととお喜び申し上げます。

　さて、この度は、ご注文（　2　）中学生2年教科書500冊を、（　3　）3年生教科書を納入し、大変ご迷惑をおかけ致しましたこと、深くお詫び申し上げます。本日5日、貴社ご注文の2年生分を（　4　）チーター急送便でお届け致すべく手配させて頂きました。

　この誤送は、梱包を終えた段ボールへ貼る宛名伝票の貼布ミスという初歩的なものでござ

いました。時期的に発送業務がもっとも繁忙するときは申せ、まことに申し訳なく、責任者には（　5　）に注意致すとともに、再び（　6　）の誤りを繰り返さないようチェック態勢を強化致しますので、今回に限りなにとぞご（　7　）くださるようよろしくお願い申し上げます。
　なお、誤送品につきましては、まことにお（　8　）ですが、運賃着払いとして、当社宛てご（　9　）くださいますようお願い申し上げます。
　まずは取り急ぎ、誤送のお詫び（　10　）代替品発送のご通知まで。

敬具

2．下記の敬語の間違いを指摘し訂正しなさい。
　（1）早速調査いただきましたところ、取り扱い運送店の誤記によるものと判明いたしました。
　（2）本日改めて至急ご発送あげましたから、何卒一両日のご猶予をいただきたくお願い申し上げます。
　（3）今後、このようなことを二度と起こらぬよう、十分にご注意くださいますので、何卒ご勘弁くださいますようお願い申し上げます。
　（4）貴社が弊社に対し特別に優遇させてくださいことに、常に感謝しております。
　（5）ここに多年の温かいご愛顧にお応えになり、貴社に一層のサービスをさせていただくことを誓います。

3．下記の要点にそって、例文を作りなさい。
　（1）テーマは「請求金額誤算のお詫び」にする。
　（2）7月26日先方の会社から書状をもらい、当社が送った請求書に誤りがあると書いてある。
　（3）当社調べた結果、確かに担当者の納品伝票の計算ミスで、請求書の金額に誤りがあった。
　（4）謝って二度とミスをしないようと努力することを伝える。

第三章

社内文書

第30課　始末書

- 作成の目的
  業務中に起こしたトラブルに対して、反省の言葉を述べる時に作る文章である。
- 種類とフォーム
  交通事故、会社への損害、欠勤・遅刻、資料の置き忘れなどの場合に作る。決まった型式や項目はない。
- 書き方のポイント
  1. タイトルを「〜始末書」にする。
  2. 構成要素：
  A 事故・失態の事情説明。　　　　　　　B 原因・理由の説明と自分の責任との関係。
  C 反省やお詫びの言葉、再発防止を目指す誓約。D 就業規則に従う旨の表明。
  F 賠償責任についての言及。
  3. 言い訳がましくならないように注意することが大切。

文例1

【请确认以下例文中的写作重点】
场景说明
　　核心目的：丢失门卡的检讨书。
　　信函要点：本人于8月10日（周一）丢失了公司门卡。门卡放在钱包内，钱包在公共汽车中被偷，造成公司有暂时被非法入侵的可能。其后已向警察报案，随附报案记录。对自己的疏忽进行反省，并今后将门卡与钱包分别放置，杜绝此类事情再次发生。

始末書

① 事故の事情を説明する。	私の不注意により、① ○年8月10日（月）、会社入り口のキーカードを無くしてしまいました。バスの中で盗られた財布の中に入っておりましたので、警察にも被害届を提出致しました。その控えも提出させていただきます。この結果、一時的に会社に不法侵入される恐れがあります。
② 過失に対し素直に反省する。	② このたびの不始末について深く反省し、心からお詫び申し上げま

す。③ 今後はこのような事がないように、キーカードは財布と別に持つ事に致します。　③ 再発防止の努力を示す。

以上

ビジネス用語	
キーカード	门卡
被害届（ひがいとどけ）	报案
控え（ひかえ）	记录
不法（ふほう）	非法
侵入（しんにゅう）	侵入，闯入
恐れ（おそれ）	担忧
不始末（ふしまつ）	疏忽，过错

文例2

场景说明

　　核心目的：毁坏商品包装盒的检讨书。

　　信函要点：本人于11月15日（周三）由于作业失误，损坏了发给客户的高级商品包装盒，给公司带来损害。本人深刻地反省个人疏忽，并赔偿损坏包装盒的费用。为杜绝再次发生，今后更改工作顺序，将包装盒制作放在最后工序。

始末書

　私は、〇年11月15日（水）、作業ミスにより、お客様にお送りする高級商品箱を壊してしまいました。その結果、会社に対して多大な損害を与えてしまいました。これは私の不注意で起きたことであり、深く反省するとともに心からお詫び申し上げます。

　壊した箱の弁償をさせていただく事は勿論、今後は作業手順を変更し、箱は最終工程で作成致します。この手順であれば、高級商品箱を作業中に壊す事は無くなります。今後は二度とこのようなことが起こらないよう十分注意し、業務に精進することを固く誓います。

以上

ビジネス用語	
ミス	失败，错误
多大（ただい）	很大，极大
弁償（べんしょう）	赔偿
精進（しょうじん）	努力，专心从事

文例 3

场景说明

核心目的：商品破损的检讨书。

信函要点：9月3日，我公司发给绿股份公司的漆制花瓶中，有12个发现有破损，被退回。由于本人管理不擅，造成仓库的管理和商品检验不当，在此深刻反省。今后将严格检查机制，并对此次破损商品进行赔偿，共计115800日元。

始末書

　〇年9月3日、弊社配送所より緑株式会社に出荷致しました商品「漆の花瓶」のうち、12個に商品の破損が見つかり、返品されました。弊社と緑株式会社に対し、多大な損害とご迷惑をおかけしましたことを心よりお詫び申し上げます。

　これは、倉庫内での管理体制とその後の検査が不十分であったためと考えられ、また私の管理不行き届きにより起きた過失であると、深く反省致しております。今後は、このような事態を二度と引き起こさないよう、チェック体制を徹底してまいることをここにお誓い致します。

　なお、会社に対して与えた損害は、下記のとおりの内容です。賠償につきましては、会社の決定に何ら異論はございません。

記

商品「漆の花瓶」　12個　115,800円

以上

ビジネス用語	
漆（うるし）	漆
行き届く（ゆきとどく）	周到，周密
過失（かしつ）	过失，过错
異論（いろん）	异议，不同意见

練習問題

1. 下記の文を完成しなさい。

（1）この件につきましては寛大なご措置をいただきましたが、甚大なるお迷惑をおかけし、＿＿＿＿＿＿。

（2）今後は絶対にこのような不始末を起こすことのないよう、細心の注意を払って、業務に励むことを＿＿＿＿＿＿。

（3）会社にご迷惑をおかけしたことを＿＿＿＿＿＿。

（4）このような過失を再び起こさないよう十分＿＿＿＿＿＿。

（5）会社に与えた損害内容及び金額については＿＿＿＿＿＿従います。

第30課　始末書

2. 下記の単語を使って一つの文にまとめなさい。
   (1) 生じた　電話の連絡　わけです　不可能　状態
   (2) ○○商事と　無断欠勤　支障　取引　きたす　しまいました
   (3) 印刷ミス　会社　多大な損害　により　与える　に対して　しまいました
   (4) 下記　原因　通り　調査した　判明いたしました　結果
   (5) 注意する　このような　起こさぬよう　事態　二度と　誓います　こと

3. 下記の要点にそって、例文を作りなさい。
   (1) テーマは「始末書」にする。
   (2) 業務と関係ないサイトを見たので、IT部門から3回の警告を受けて、インターネット接続不可された。
   (3) 実は一回目の警告の後、業務外のサイトを見ていなかったため、抗議したところ、パソコンからウイルスが発見された。
   (4) 自分の原因でウイルスが社内に広がり、IT部門に迷惑を掛けたので、お詫びする。これから二度と業務外サイトを見ないよう誓って、ウイルス対策も徹底する。

第31課　報告書

- 作成の目的

　上司に仕事について報告するときに作った文章である。ビジネスマンにとってもっとも身近な文章の一つ。

- 種類とフォーム

　報告書には定期的報告書（日報、週報、月報、季報、年報など）、不定期的報告書（出張報告書、参加報告書、研究報告書、調査報告書、開発報告書など）、特別な報告書（自動車事故報告書、業務災害報告書、クレーム報告書など）に分けられる。

- 書き方のポイント

　① タイトルを「〜報告書」にする。② 要点をはっきりさせ、簡潔にまとめるべき。③ 箇条書き、グラフなどにし、一目瞭然にする。④ 情報は確認してから報告する。⑤ あいまいな表現や、推測だけで決め付ける書き方は避ける。⑥ 必要によって、末尾に感想、私見、推論を記して置くとよい。

文例1

【请确认以下例文中的写作重点】
场景说明
　　核心目的：社员食堂的调查报告。
　　信函要点：对方公司委托我公司（社员食堂包装），以局外人身份进行"第三人视线调查"，将调查方法与结果等进行汇报。结果详见附记。

御社社員食堂についての調査① 報告書

① 件名は報告書にする。	この度は弊社（株）食堂リサーチの「社員食堂パック」をご利用いただき、誠にありがとうございました。今回は第一回目として弊社社員による、「第三者目線リサーチ」の結果を報告させていただきます。
	<p align="center">記</p>
② 箇条書きで一目瞭然にする。	② リサーチ期間：20〇〇年1月7〜11日 リサーチ項目：食堂利用率、メニュー、お得度 リサーチ人数：20代、30代、40代、50代の男女で合計8人

《リサーチ結果》
食堂利用率：平均30％（食堂入口を撮影し、人数計測）
メニュー：　3(10段階評価)
　　　　　〈調査員コメントまとめ〉
　　　　　① レシピが単調
　　　　　② 揚げ物が多い
　　　　　③ 味噌汁の具が見当たらない
　　　　　④ 冷めている物が多い
評価：　8(10段階評価)
　　　　　〈調査員コメントまとめ〉
　　　　　① 会社付近のランチ平均価格は500円であり、個人負担100円は安い
　　　　　② ご飯と味噌汁はお代わり自由なのが素晴らしい
　　　　　③ 新入社員が「100円の価値も無い！」と話しているのを聞いた
　　　　　④ 時間が無い時は非常に重宝されている

③《総合評価》
　現在の食堂は、自由になるお金の少ない40代以上の社員だけが利用している。この事を踏まえて食堂利用率を上げる為には、メニューのリニューアルが必須であると言える。
　自己負担金の100円は他社には無い魅力であり、メニューを変えるだけで利用率は格段に上がるものと推測される。

以上

③ 末尾で自分の感想、私見、推論を記して置く。

ビジネス用語	
パック	包装
目線（めせん）	視线
リサーチ	调查，研究
撮影（さつえい）	摄影
レシピ	菜谱，菜单
ランチ	午餐
お代わり（おかわり）	每日更换
重宝（ちょうほう）	珍视，爱惜
踏まえる（ふまえる）	根据，立足于
リニューアル	翻新
格段（かくだん）	特别，非常

文例2

场景说明

核心目的：上班时间使用业务外网的调查报告。

信函要点：将公司内部调查结果，向上司进行汇报。报告内容包含调查时间、调查方法、评判标准、调查结果。调查中发觉病毒事故，及解决方法，一并上报。

業務時間中の業務外インターネット利用調査結果報告

調査期間：20○○年1月から2月末まで(2ヶ月間)

調査方法：

　　業務外インターネット利用について調査する事を全社員に通知後実施

判斷基準：

　　各部署の直属上司が業務内外を判別

調査結果：

　　事前に通知した事もあり、業務外利用はほとんど見られなかった。

　　業務外利用の代表は、新聞、ニュース、インターネットバンク等で、いずれも休憩時間の利用であった。

　　今後、会社としてこれらの利用を許可するかどうかを明確に示す必要がある。

　　また、今回の調査中で部長職のパソコン2台がトロイの木馬と言うウイルスの一種に感染している事が発覚した。アダルトサイトの広告を強制的に表示する物で、通信内容の解析により見つける事が出来た。両部長にはメモリの増設と言ってパソコンを引き取り、ウイルス除去を実施した。

以上

ビジネス用語	
直属(ちょくぞく)	直属
判別(はんべつ)	辨別
インターネットバンク	网络银行
トロイの木馬(もくば)	特洛伊木马
アダルトサイト	成人网站
メモリ	内存
引き取る(ひきとる)	取回，领回

文例3

场景说明

核心目的：社员旅行问卷调查报告。

信函要点：为更好地策划今年旅行，对员工进行相关问卷调查。现将调查结果汇报。包含调查时间、调查人数、调查结果（具体数据）、结果总结。

社員旅行アンケート報告書

　毎年秋に労働組合と共同で行う社員旅行について、総務部は6月1日時点で在職している423名の社員全員にアンケートを実施致しました。

　以下がアンケートの結果となります。

① 今年は社員旅行に参加したいですか？
　　参加したい　　　　　47％
　　参加したくない　　　16％
　　わからない　　　　　28％
　　無回答　　　　　　　 9％

② どこに行きたいですか？
　　国内遠方　　　　　　32％
　　国内近場　　　　　　19％
　　海外　　　　　　　　28％
　　どこでも良い　　　　18％
　　無回答　　　　　　　 8％

③ 旅行の期間は何日が良いですか？
　　日帰り　　　　　　　27％
　　一泊二日　　　　　　11％
　　二泊三日　　　　　　34％
　　一週間　　　　　　　21％
　　無回答　　　　　　　 7％

④ 自己負担はいくらまで可能ですか？
　　無し　　　　　　　　55％
　　1万円　　　　　　　 28％
　　2万円　　　　　　　 10％
　　3万円　　　　　　　 4％
　　5万円　　　　　　　 3％

　以上の結果から、今年の社員旅行は実施し、行き先は国内の遠方で期間は二泊三日、自己負担金は無しとなりました。

　このアンケート結果を持って、労働組合と今年の社員旅行について詳細を決定致します。

以上

ビジネス用語	
労働組合（ろうどうくみあい）	工会
遠方（えんぽう）	远方，远处
近場（ちかば）	附近，近处
日帰り（ひがえり）	当天回来

練習問題

1. 下記の空白を埋めなさい。

販促キャンペーン実施（　1　）

内装のシーズンに伴い、キッチン用全製品を対象としたキャンペーンを下記のとおり実施した（　2　）を報告する。

- 結果報告
  前年度における同月の売上高と比べ2倍の売上を（　3　）。なお、詳細については別紙参照。
- 実施期間
  ○○年4月15日～6月15日。
- 内容
  - 期間中に対象製品10,000円以上ご（　4　）のお客様に20％割引キャンペーン。
  - 期間中に対象製品ご購入の方（　5　）50名様に電子レンジプレゼントキャンペーン。
- 問題点および対策
  今回のキャンペーンによる成果は十分あったと（　6　）。ただし、継続して売上を（　7　）していくためには、売上の高い製品の値下げを（　8　）、さらに販売の（　9　）をはかるべきである。

記

（　10　）書類：前年度売上比較表3通、項目別売上表3通

以上

2. 下記の文をキーワードを使って日本語に訳しなさい。

（1）我公司的DVD播放机（プレーヤー）受到投诉（クレーム），现报告如下。

（2）由于我个人疏忽（不注意）造成了事故的发生，给公司带来极大的麻烦（多大な迷惑）和损失（甚大な損害），我没有任何辩解的想法（ようもない），只是深刻地反省（反省）。

（3）销售额低下，并非我公司自身原因（自社のみの原因による），下一期（来期）与本期一样提高销售额希望不大（望み薄），因此有必要彻底（抜本的に）重新审定（設定を見直す）销售品目（販売品目）及价格（価格）。

（4）此次参加了题（テーマ）为地方企业参与（参入する）国际经济方法的研修会，现报告如下。

（5）自×月×日开始2周时间，出差去青森、岩手、山形东北3县的特约经销店（特約店）（8家），进行促销（販売促進），现报告如下。

3. 下記の要点にそって、例文を作りなさい。

（1）テーマは「〇〇新製品の販売促進キャンペーン会議出席報告書」にする。
（2）会議時間 4 月 3 日、10：30～12：50。
（3）場所：第三会議室　　参加者：営業部、販売部、営業企画室各 2 名。
（4）促進キャンペーンをめぐって、企画室室長による概要紹介、目標説明；営業部課長によるキャンペーンの個々内容、販売部長による質問、商品特性との違和感があるという；予算、期間などの討論を実施した。
（5）決定事項：実施時間、実施中土日の試食、実施店の決定期限。
（6）上記のポイントによって詳しい内容を自分で考えて、補充する。

第32課　掲示文

- **作成の目的**

　掲示文とは、社員全員に知らせたい事柄や連絡事項を、社内の廊下や食堂などに掲示する文である。同じ伝達文章でも掲示するからには目立ってわかるようにし、魅力的な文面にするセンスが必要である。

- **種類とフォーム**

　サークル会員募集、運動会実施案内、セミナー開催案内、防災訓練実施通知、社内報原稿募集、訃報通知などがある。

　特に定型的なフォームはないが、だれが、だれに、なにを知らせようとしているのか、一目でわかるように見出し部分を構成する。

- **書き方のポイント**

　① タイトルを「～お知らせ/ご案内」にする。② 立ったまま、あるいは画面上で読むので、長々とした説明は不要。簡潔にまとめる。③ 日時、場所、概要、問い合わせ先といった項目は別記として箇条書き。④ 社内向け文章なので、敬語表現は軽めにとどめる。⑤ 参加や応募を呼びかける文章は、意欲を高める文章とする。

文例1

【请确认以下例文中的写作重点】
场景说明

　　　核心目的：夏季休假的通知。
　　　信函要点：20××年工厂人员的夏季休假，与工会协商，决定变更日期（但课长以上不变）。特写告示告知大家。由原8月12—16日，变更为8月5—16日。在变更后的休假期间内的带薪长假及带薪假的申请会自动撤消，请大家择日重新申请。

夏季休暇変更の① お知らせ

② 業務部総務課

　20〇〇年度の工場勤務者の夏季休暇は、労働組合との協議結果により、以下のように変更する事をお知らせします。（＊課長職以上は変更

① 件名を「～お知らせ」にするし、「変更」と書き入れると、内容が一目でわかる。

ありません。）
③〈変更前〉
夏季休暇期間：8月12～16日
〈変更後〉
夏季休暇期間：8月5～16日

　また、変更後の期間中にリフレッシュ休暇及び有給休暇を申請している場合は、自動的に取り下げとなりますので、日にちを変えて再度の申請をお願い致します。

② 掲示文を出す部門の名前を書き記す。
③ 変更前と変更後の期間を箇条書きにする。

以上

ビジネス用語	
労働組合（ろうどうくみあい）	工会
リフレッシュ休暇（～きゅうか）	带薪长假
取り下げ（とりさげ）	撤销，撤回
日にち（ひにち）	日期，天数
変える（かえる）	更改

文例2

场景说明

　核心目的：年末共同募捐的通知。

　信函要点：作为社会贡献之一，我公司每年年末以公司名义捐款100万，工会名义50万，其余为个人募捐。并且去年募捐250万，接受了电台采访并得到日本红十字会的感谢。另外，募捐从个人所得中扣除，会出现年末调整返还金大于个人募捐金额的情况，届时须咨询财务部。

年末共同募金のお知らせ

業務部総務課

　今年も年末共同募金の義捐金を募集する時期になりました。

　社会貢献の一環として、当社では毎年会社名義で100万円、労働組合名義で50万円、さらに個人から募集し、まとめて年末に募金しております。

　昨年度は合わせて250万円の募金を行い、テレビ局から取材を受けると共に日本赤十字社から感謝をいただいています。

　募金は所得控除の対象となり、一部ケースでは個人で募金した金額よりも年末調整還付金が多くなるケースがございますので、お気軽に財務課にお問い合わせください。

以上

ビジネス用語	
募金（ぼきん）	募捐

義捐金（ぎえんきん）	捐款
取材（しゅざい）	采访
赤十字（せきじゅうじ）	红十字
控除（こうじょ）	扣除
還付金（かんぷきん）	返还金
気軽（きがる）	轻松，随便

文例3

场景说明

核心目的：乒乓球同好会会员招募。

信函要点：为了弥补平时的运动不足，并亲身体验乒乓球作为中国国技的魅力，特招收乒乓球爱好者入会。如无经验，可配教练。希望大家踊跃参加。附记练习的时间、地点、教练、会费、申请方式的详细信息。

卓球同好会会員募集

卓球同好会

　日頃の運動不足を取り戻し、さわやかな汗を流してみませんか。卓球は中国の国技と言われています。この機会に自分自身で試してみませんか。経験のない人でも大歓迎で教えます。8月には合宿も予定しております。下記の要領で会員を募集していますので、ふるってご入会ください。

記

1. 練習日時　　毎週土曜日　午後1時から5時まで
2. 練習場所　　西海公園卓球コート
3. コーチ　　　素人卓球スクール専属コーチ
4. 会　　費　　年間500人民元（残りは会社負担）
5. 申し込み　　総務部　楊（内線235）まで

以上

ビジネス用語	
卓球（たっきゅう）	乒乓球
同好会（どうこうかい）	爱好者会，同好会
運動不足（うんどうぶそく）	运动不足
取り返す（とりかえす）	弥补
さわやか	清爽
コーチ	教练

第 32 課　掲示文

合宿（がっしゅく）	集训
ふるう	踊跃，积极
コート	球场，台面

練習問題

1. 下記の文を完成しなさい。
　（1）暑気払いをかね、社員相互の親睦を（　　　）ために、下記により懇親会を（　　　）ます。
　（2）二日間で4回に分けて行うので、都合の（　　　）時間帯にご（　　　）くだされば幸いです。
　（3）優勝した部には豪華賞品を進呈しますので、ご家族も（　　　）のうえ、ぜひともご参加ください。
　（4）社内での災害対策を（　　　）すると同時に、各社員の（　　　）意識を高め、万一に備える訓練です。
　（5）フットサルやサッカー経験者はもちろん、（　　　）の人や女性も（　　　）歓迎です。

2. 下記の文を日本語に訳しなさい。
　（1）今年特别根据女性员工的要求决定去××温泉旅行。
　（2）作为了解××今后的发展趋势和××需求动向的资料，请各部门传阅并有效利用。
　（3）为了改善职场的安全卫生状况，提高安全意识，安全卫生委员会特此在此征集标语。
　（4）以管理人员为对象举行的管理能力培训研修班的具体安排如下。请各位部长、科长级人员，调整好工作安排务必出席。
　（5）由于电力不足，特此恳请各位大力协助，彻底贯彻如下节能政策。

3. 下記の要点にそって、例文を作りなさい。
　（1）テーマは「早期退職者の募集」にする。
　（2）人員削減のため、条件に合う早期退職者を募集するために、掲示文を作る。
　（3）条件：20〇〇年3月31日までに満40歳に達しており、勤続年数が1年超え、組合員（課長以下の職位）。
　（4）退職条件：（勤続年数＋16）×基本給の金額を早期退職金として支給する。（計算金額の例を挙げる）
　（5）申請期限：3月31日。また、応募者が100名を超えた場合、希望に添えないことがある。

第33課　回覧文

- **作成の目的**

　回覧文は、部課内など特定のグループで、確実に伝達したい事柄がある時、構成員に読んでもらうために作成する文章である。また要所の人たちや特定の範囲の人たちに読んでもらう文章なので、掲示文と区別する。

- **種類とフォーム**

　会議、役員会、講演会や懇親会などを開催する告知などがある。
　回覧を求める対象名と発信者の部課名か氏名を明確に書き、用件をしぼって、一気に読めるようにまとめる必要がある。

- **書き方のポイント**

　① タイトルを「～お知らせ・について」にする。② 回覧マークを大きく表示し、回覧文章であることを明らかにする。③ 日時や場所、問合せ先などは別記などで簡潔にする。④ 確実に回覧するために、読んだ後に押印またはサインする欄を設ける。⑤ 「です・ます」調で、用件を絞って、一気に読めるようにまとめる。⑥ 詳しい内容を回覧したい場合は、「別紙参照」や「添付資料をご覧ください」と付記し、回覧文を上に付ける。

文例1

【请确认以下例文中的写作重点】
场景说明

　　　核心目的：签名恳请开设社内托儿所的传阅函。
　　　信函要点：因幼儿园配备不足，为了照顾孩子而退职的女性去年多达23人，今年半年就达15人。因此以社内小组"育儿会"为主，为创建产后也能安心工作的环境，计划在下个月的劳资协商会上提出创建社内幼儿园的联名申请，因此希望得到工会全体人员的请愿签名。后附签名表，日期栏。

① 回覧

① 回覧マークを必ず入れて、各自への通知文でないことを伝える。

② **社内託児所の開設嘆願署名について**

この度、社内のサークル活動として正式に認められている、「子育て

サークル」が主体となって、③ 子供が出来ても安心して働ける職場環境を作る為に、社内託児所の開設を来月の労使協議会で嘆願する事になりました。

　つきましては、労働組合の皆様全員に嘆願署名をお願いしたいと思います。目標は当社労働組合員全員に署名してもらう事としております。

　④ 皆様ご存知の通り、現在の幼稚園不足は深刻で、幼稚園に行けない子供の面倒を見る理由で退職された女性が、昨年度は23人もいらっしゃり、今年はまだ半年も経っていないにもかかわらず、既に15名となっております。

　何卒、別紙の名簿に署名いただきますよう、お願い致します。

以上

② 件名で用件を明示する。
③ 事項の起因を述べる。

④ 現状を踏まえて、署名する意欲を高める。

名前	山田	石井	砂本	佐藤	池田
⑤ 回覧日					
署名					

⑤ 確実に見てもらうためにチェック欄を設ける。また、回した日も記入するようにすると滞らない。

ビジネス用語	
託児所(たくじじょ)	托儿所
嘆願(たんがん)	恳求，请愿
サークル	小组，社团
子育て(こそだて)	育儿
労使協議会(ろうしきょうぎかい)	劳资协商会
関わる(かかわる)	关乎，涉及

文例2

场景说明

　　核心目的：年末年初出勤确认的传阅函。

　　信函要点：因为公司是1年365天都正常营业，年末年初各部门都需最低限度配备人员，并对出勤人员提供午餐。请能在12月28日到1月3日期间出勤的人员，在后附的出勤者名单上写明社员号码、姓名、计划出勤日及时间。

回覧

年末、年始出勤者の確認について

従業員の皆様、ご苦労様です。

ご存知の通り、当社は1年365日間の平常営業を宣言している企業です。
　しかしながら、年末年始は各部署において必要最低限の人員配置で対応する事となっております。総務部では、年末、年始出勤者の確認を行い、出勤する皆様には食事を提供させていただきます。
　12月28日から1月3日までの間で出勤される方は、別紙の出勤予定者名簿に社員番号と名前、出勤予定日及び時間を記入して下さい。
　以上よろしくお願い致します。

以上

名　前	社員番号	出勤予定日	出勤時間

ビジネス用語

平常（へいじょう）	正常
宣言（せんげん）	宣言

文例3

场景说明

　　核心目的：公司专务董事结婚祝词集体题词的传阅函。
　　信函要点：下个月末，公司创立会长的长子，我公司专务董事山田太郎新婚大喜。工会决定赠送集体题词和纪念品。纪念品已预订了52寸液晶电视（约10万日元），现请大家在随附的纸笺上题词并签名。

回覧

弊社専務の結婚祝い寄せ書きについて

　来月末に創業者である会長の長男で、弊社専務の山田太郎が結婚致します。それに伴い、我々労働組合では、寄せ書きと記念品を贈る事を代表者会議で決定致しました。
　記念品は52インチの液晶テレビ（約10万円）を発注済みですが、寄せ書きについては皆様のご協力が必要不可欠となっております。
　この用紙と一緒に色紙が届いていると思いますので、結婚される専務に一言と自分のサイン（本名以外でも可）をお願い致します。

以上

ビジネス用語

寄せ書き（よせがき）	集体题词

第33課　回覧文

色紙（しきし）	美术纸笺
一言（ひとこと）	一句话
本名（ほんみょう）	本名

練習問題

1. 下記の空白を埋めなさい。

新入社員歓迎会の（　1　）

　6月1日から当部にもフレッシュな（　2　）5名が配属されました。つきましては、6月12日（金）に（　3　）を行います。これを機に、部員同士の（　4　）を深め、入社当時の新鮮な気持ちを思い出して、より（　5　）仕事に励みましょう！

記

日時　6月12日（金）18〜20時
場所　日本料理「花咲き」
会費　3,000円
幹事　井上（内線327）

9日（火）までに（　6　）を幹事に知らせてください。当日にならないと予定がわからない人はその旨ご（　7　）ください。

（　8　）

2. 下記の文の助詞を補充しなさい。

　9月（　A　）入りましたが、まだまだ暑い日（　B　）続きます。ここ（　C　）「暑気払い」（　D　）、また秋冬（　E　）向けて士気（　F　）高める狙い（　G　）、懇親会（　H　）開きたい（　I　）思います。皆様ぜひご参加ください。

3. 下記の要点によって、例文を作りなさい。
　（1）テーマ「訃報」。
　（2）人事部人事課長林一郎さんは交通事故でなくなったため、通夜、葬儀、告別式を回覧書で通達する。
　（3）具体的な死亡時間と享年を書き記し、出席してもらうようお願いする。
　（4）別記に具体的な通夜や告別式の時間、場所、喪主を紹介する。

第34課　通知文

- **作成の目的**
  通知文は、社内の実施事項や業務伝達事項を、一方的に関係者に知らせる文章である。
- **種類とフォーム**
  取締役会招集、支店長会議招集、支店・営業所移転、停電、断水、コンピュータウィルス対策などがある。
  定型に準じ、文章番号や日付を必ずつける。
- **書き方のポイント**
  ① タイトルを「~通知・について」にし、通知事項を明記する。② 文章は趣旨を述べるだけで内容のほとんどは別記、箇条書きを用いて簡潔にまとめる。③ 正確さ第一。記載に誤りのないようくれぐれも注意する。④ 敬語表現は軽めに、「です・ます」程度にとどめる。

文例1

【请确认以下例文中的写作重点】
场景说明

　　核心目的：定期召集董事会的通知。

　　信函要点：7月的董事会议将于13日（周三）如期召开，务请大家拨冗惠临。附记时间、地点、议题。并请无法参会人员，于8日前告知。文书编号150号，通知日期7月3日。

<u>① 社通第150号</u>
<u>7月3日</u>

定例取締役会招集通知

① 文章番号や日付をつける。	7月度定例取締役会を下記の通り開催致します。万障繰り合わせのうえ、ご出席お願いします。 　　　　　　　　　　② <u>記</u> 1.　日時　7月13日（水）午前10時 2.　場所　2階　第1会議室 3.　議題　本年度上半期の売上実績および下半期見込みについて 　　　　　　当月度売上予定報告
② 日時、場所、議題は確認しやすくするために、箇条書きにする。	

先月度売上予定報告
その他
なお、やむを得ず③ 欠席する場合は、8日（金）までに連絡のこと。

③ 出席できない場合も触れる。

以上

ビジネス用語	
定例（ていれい）	定例
招集（しょうしゅう）	召集
万障（ばんしょう）	万难
繰り合わせ（くりあわせ）	安排，调配
上半期（かみはんき）	前半期
下半期（しもはんき）	后半期

文例2

场景说明

　　核心目的：停水通知。

　　信函要点：本楼系统维护，将于5月9日（周六）零点到10点停水，停水地点本楼2楼到9楼，请员工注意不要忘关水龙头。文书编号33。

社通33号

断水のお知らせ

　ビルシステムメンテナンスのため、下記の通り断水になります。当日出社の方はご注意願います。

日時　5月9日（土）　午前0～10時
場所　当ビル2～9階
備考　該当時間はトイレの使用不可。また、蛇口を開けっ放しにせず、きっちり閉めることを願います。

以上

ビジネス用語	
メンテナンス	维护
断水（だんすい）	停水
蛇口（じゃぐち）	水龙头
開けっ放し（あけっぱなし）	开着
きっちり	严

文例3

场景说明

　　核心目的：优秀社员推荐通知。

　　信函要点：本公司迎来创业8周年，在董事会上决定特别表彰优秀社员，因此请各部门、营业所、分店按照要求推荐2人，最终人选将于日后的评选委员会上决定。附记分条写明推荐标准、推荐方法、提交期限。

優秀社員推薦の依頼

　このたび当社は創業8周年を迎えます。それに伴いまして、先に行われた役員会議にて決議し、優秀社員の特別表彰を行うこととなりました。

　つきましては、各部、営業所、支店から下記のとおり2名程度推薦していただき、当方までご連絡をお願い致します。のちに選考委員会において決定致します。

記

- 推薦基準
  - 著しく業務発展に貢献した者
  - とりわけ社に対する名声や信用に貢献した者
  - 品行方正なおかつ成績が抜きん出ている者
  - 継続して善行に励んでいる、奉仕精神に富んだ者
  - 上記においてなおかつ在職3年以上の者
- 推薦方法
  - 上司3名の合意による推薦状
- 推薦状提出期限　　6月18日（金）

以上

ビジネス用語	
決議（けつぎ）	决议，决定
表彰（ひょうしょう）	表彰
のち	之后
選考委員会（せんこういいんかい）	评选委员会
著しい（いちじるしい）	显著
とりわけ	特别
方正（ほうせい）	端正
なおかつ	而且，并且
抜きん出る（ぬきんでる）	出类拔萃
善行（ぜんこう）	善行
奉仕（ほうし）	效劳，奉献
合意（ごうい）	同意

第34課　通知文

練習問題

1. 下記の文について、提示によって書き方の間違いについて指摘し訂正しなさい。

停電のお知らせ

　8月9日(土)、午前10時から12時までの間、停電とさせていただきます。
　これに伴い、この時間帯はビルの管理上出勤できませんので、悪しからずご了承ください。
　また、金曜日の退社時には、パソコンの電源を切ってください。サーバーの措置はこちらで行いますので、そのままにしておいてください。
　ご協力のほど、よろしくお願いします。

以上

提示：
　（1）必要のため、停電させていただきます。
　（2）停電のため、金曜日の退社時には、パソコンの電源を切ってください。

2. 下記の文を日本語に訳しなさい。
　（1）将如下进行本年度的体检，请全体人员做好日程安排，务必接受体检。
　（2）根据本公司劳动规章制度的第6条，您将于×年×月×日到达退休年龄。
　（3）由于广岛西营业所的修建工程，决定自8月1日起，将移至广岛分店临时营业。
　（4）新型病毒在网络肆意流行。如被感染会破坏文档，破坏网络连接等。
　（5）请各营业所持过去2年的各产品销售业绩表参加会议。

3. 下記の要点にそって、例文を作りなさい。
　（1）テーマは「社内忘年会のご案内」にする。
　（2）年末になり、恒例の忘年会を行う。全員参加してもらう。
　（3）別記に日時(1次会、2次会の時間)、場所、会費を知らせる。
　（4）参加できない人に23日までに知らせてもらう。

第 35 課　案内文

- **作成の目的**

  案内文とは、それを読んだ人が、その事柄を選択し、意志決定する材料を提供し、行動を起こさせるための文である。通知文と違い、直接業務上のことより社内の行事や厚生に関することが多い。

- **種類とフォーム**

  厚生施設利用、社内旅行実施、展示会開催などがある。

  フォームは掲示文に似せる。標題は具体的に書き、文章は呼びかけ調にする。

- **書き方のポイント**

  ① タイトルを「〜について・ご案内」にする。

  ② 前文はある程度長くなっても、趣旨をわかりやすく書く。

  ③ 日時、場所、問い合わせ先といった項目は別記として箇条書きするが、紋切型でなく、魅力的な事項は強調する。

  ④ 敬語表現は軽めに、丁寧語(です・ます)程度にとどめる。

文例 1

【请确认以下例文中的写作重点】

场景说明

　　核心目的：西装特卖会的通告函。

　　信函要点：大荣百货商店每年定例的西装特卖会如期举行。商品半价销售受到好评。附记日期、会场及入场费。且此次特卖会仅限本公司职员及家人参加。

スーツ特別割引販売会の① ご案内

① 題名は「〜案内」にする。 ② 特別割引販売会の取り柄をアピールする。 ③ 別記に日時、会場、入場料などを箇条書きにする。	毎年恒例となっております、大栄百貨店のスーツ特別割引販売会が、下記の通り行われます。② <u>市価の半額以下という安さ</u>から、大変ご好評をいただいております。 <div style="text-align:center">③ 記</div>1. 日時　　来週土曜日(26 日)9:00〜18:00 2. 会場　　28F 社員食堂

3. 入場料　無料

　尚、大変申し訳ございませんが、弊社社員とその④ 家族のみに限らせていただいておりますので、ご了承お願い致します。

以上

④ 家族限定と宣言し、魅力さを感じさせる。

ビジネス用語	
恒例（こうれい）	常规，惯例
販売会（はんばいかい）	促销会
市価（しか）	市价
半額（はんがく）	半价

文例 2

场景说明

　　核心目的：体检通告函。

　　信函要点：今年体检如期进行。为了大家能做到疾病早发现早治疗，希望员工们积极参加。附记体检日期、费用、时间及分配。分配结果由各部门统筹，将每人希望的时间与日期记录后，发给总务部。

健康診断のご案内

　今年も健康診断の時期になりました。従業員の皆様には、健康診断によって病気の早期発見、早期治療を行っていただきたいと思います。

記

期間：6月1日～6月8日
費用：5月1日時点の在職者は無料
時間：朝9時～午後5時
割当：各部で時間の調整をし、個人別に希望日と時間を別紙に記入して総務部にご提出ください。

以上

ビジネス用語	
健康診断（けんこうしんだん）	体检
早期（そうき）	早期
在職者（ざいしょくしゃ）	在岗人员
割当（わりあて）	分配，分派

文例 3

场景说明

　　核心目的：职工运动会的通告函。

信函要点：作为工会活动之一，将于10月10日召开职工运动会。就5个项目召集参赛者。分别为红白球投球、障碍赛跑、亲子二人三脚、1000米女子马拉松、2000米男子马拉松。并希望参赛人在随附的参赛申请书上写明部门及姓名，提交截止日期10月3日，并于4日公布参赛名单。

社員運動会のご案内

労働組合活動の一環として、社員運動会を10月10日に実施致します。つきましては、以下の5項目で競技参加者を募集致します。

① 紅白玉入れ
② 障害物競走
③ 親子二人三脚（親子に限ります）
④ 1000mマラソン（女子）
⑤ 2000mマラソン（男子）

希望者は添付の参加申込書に、部署名と名前を書いてください。10月3日を締め切りとし、参加者の発表は10月4日に行います。

以上

ビジネス用語	
一環（いっかん）	一部分，一环
紅白（こうはく）	红白
玉入れ（たまいれ）	投球
障害（しょうがい）	障碍
二人三脚（ににんさんきゃく）	二人三足
締め切り（しめきり）	截至

練習問題

1. 下記の空白を埋めなさい。

厚生施設のご（ 1 ）について

夏季休暇中の（ 2 ）の利用について、下記のとおりお知らせ致します。

① 利用できる施設
　A○○荘　温泉（露天（ 3 ））あり
　B○○荘　テニスコート（ 4 ）
② 利用（ 5 ）
　社員及びその（ 6 ）、同伴者
③ 申込方法その他
　詳細は下記まで（ 7 ）。なお、予約は（ 8 ）順となります。

第35課　案内文

総務部・梅津　（　9　）232

（　10　）

2．下記の文を正しい順で並べなさい。
　（1）ある方は　運んで　時間に　足を　みてください　余裕が　ぜひ
　（2）ためにも　親睦を　旅へと　みませんか　出かけて　社員同士の　深める
　（3）これまでの　祈念する　開催します　感謝と　今後の　ために　下記のとおり　送る会を　ご活躍を　送別会を
　（4）最新技術や　セミナーも　新製品の　業界の動向　についての　あります　展示のほか
　（5）ネーミングを　当社の　ふさわしい　魅力ある　期待して　イメージに　おります

3．下記の要点にそって、例文を作りなさい。
　（1）テーマ「クリスマスパーティーのご案内」にする。
　（2）恒例の社内クリスマスパーティーを開催することを案内する。
　（3）時間：12月25日午後7時から始まり、立食パーティーの形で、8時以降は入退場自由。
　（4）優勝社員の表彰を受ける人は出席できない場合、代理人を指定すること。
　（5）午後9時にまだ会場にいる人を対象にプレゼント抽選会を行う。

第36課　照会文

- **作成の目的**

　社内の照会文とは、ある部門が他の部門に対して、業務の必要から疑問点や改めて知りたい事項を問い合わせる文章である。なんのために、なにを、いつまで知りたいかが、ポイントである。

- **種類とフォーム**

　在庫状況、販売状況、備品購入、システム使用状況などがある。

　定型に準じ、文章番号、日付、あて先名、発信人名は必ず書き、標題（括弧の中に照会と書く）を揚げる。

- **書き方のポイント**

　① タイトルには「～についてご照会・お問い合わせ」にする。② 前文は簡潔にし、問い合わせる事項は「記」以下に列挙する。③ 照会は依頼の一種であるから、「です・ます」調で「お願い」の文面にする。④ 質問の範囲は必要最小限にしぼり、回答期限に余裕を持たせる。

文例1

【请确认以下例文中的写作重点】

场景说明

　　核心目的：8月期新发售商品的库存查询。

　　信函要点：询问今年8月新发售的4种商品库存情况，以作为今后产品生产的参考。答复日期25日（周一），联系人生产部冈田。附记4种商品型号和查询内容，分别为库存、累积销售额、当月预期销售额。

① <u>本営28号</u>

② <u>8月期新発売製品の在庫状況ご照会</u>

　今年8月期新発売の製品について、以下の点についてお知らせください。③ <u>今後の製品生産の参考</u>とします。なお、ご回答は25日（月）までに生産部・岡田宛で願います。

　　　　　　　　　　④ 記

1. 製品名　TT-105

---

① 文章番号を書き記す。
② 照会内容を件名で明示する。
③ 照会理由を簡潔に述べる。
④ 照会する品、内容を箇条書きにして明確にする。

TX‐390
TZ‐556
TY‐998

2. 照会内容　4品の現時点での在庫ならびに累積販売数、及び当月分販売見込み数

以上

ビジネス用語	
在庫(ざいこ)	库存
現時点(げんじてん)	目前，现在
累積(るいせき)	累积
見込み(みこみ)	预计

文例2

场景说明

　　核心目的：订单20130505‐00234的查询函。

　　信函要点：我们在查询上述订单时，发现营业员（员工号8310142）把本应只附加1项免费服务的订单上附加了3项。造成现无法正常接收订单。请营业员本人更改订单为1项免费服务，或使用经理权限将该订单专为"完成"状态。另，该营业员上个月也有3笔订单附加了超额免费服务。

注文ナンバー20130505‐00234についての照会

　　本日、上記注文書を処理する為に内容を確認した所、営業員（社員番号8310142）が一つだけ自己判断で付ける事の出来る無料サービスを三つ付けていました。このままでは、注文の受け付け処理が出来ません。

　　営業員本人にオーダー変更処理をさせて、無料オプションを一つにしていただくか、マネージャー権限でこのオーダーのステイタスを〈完了〉にしていただきますようお願い致します。

　　尚、この営業員（社員番号8310142）は、先月も3件のオーダーで無料サービスの付け過ぎをやっております。

　　以上よろしくお願い致します。

ビジネス用語	
無料サービス(むりょう～)	免费服务
オーダー	订购，订货
オプション	选项，买卖选择权
マネージャー	经理
ステイタス	状况，状态

文例3

场景说明

　　核心目的：协做生产工厂的询问函。

　　信函要点：商品策划部提出计划生产下述商品。现需可委托生产的协作工厂信息，希于本月末前给予答复。附记商品型号、商品名称、协作生产工厂信息，包括名称、所在地、联络方式等。

生産協力工場の照会

　この度、商品企画部では下記の商品を作成する企画が持ち上がりました。つきましては、生産管理部で生産委託されている協力工場の情報をいただきたいと思います。いただいた情報に基づき、名前の挙がった全協力工場に見積もりを依頼する予定です。

　ご回答は今月末日までにお願いします。

記

1. 商品番号：2092811（小型掃除機）のシガレット充電版
2. 協力工場の情報：
　　名前
　　所在地
　　連絡先　等

以上

ビジネス用語	
持ち上がる（もちあがる）	提议，提案
生産委託（せいさんいたく）	委托生产
シガレット充電版（〜じゅうでんばん）	点烟器充电版

練習問題

1. 下記の空白を埋めなさい。

顧客番号 Z002381 山田太郎 様（　1　）（照会）

　表題のお客様からの注文が、今月だけで既に50万円を超えました。このお客様の信用調査を（　2　）行って、（　3　）して下さい。

　新しい注文を（　4　）かの判断をこちらで（　5　）と思います。

　以上よろしくお願い致します。

2. 下記の文を敬語を使って書き換えなさい。

　（1）来年からの女性社員ユニフォーム変更にあたり、各課の必要数を知らせてください。

　（2）この間提出してきた販売実績報告書の、下記の点について不明なところがあるので、今月の末までに回答してください。

　（3）社名・ロゴ変更のため、新しい名刺を発注しますから、各部署の一人あたりの必要枚数

を知らせてください。
　(4) 株主会で配るギフトセットをつくるため、当社製品の現在数を知らせてください。
　(5) 急いでいるのですみませんが、下記について調査してください。
3. **下記の要点にそって、例文を作りなさい。**
　(1) テーマを「OA機器の使用状況について(照会)」にする。
　(2) 社内のOA機器の整備、補修のため、各部署の使用状況を調査する。
　(3) 別記にOA機器は複合機カラー、複合機モノクロ、デスクトップパソコン、ノートパソコン、ファクシミリ、その他に分けて、使用状況を調査する。
　(4) 増設希望機器のメーカー、製品名、台数もつけてもらう。

第37課　回答文

- **作成の目的**

  回答文は、照会文に対する答えである。何と何を問い合わせられたかを確認し、対応した答え方をする。聞かれもしない事項に答える必要がない。また、照会の主なものは事実の確認であるから、よく調べて正確に答えるべき。

- **種類とフォーム**

  販売状況照会、在庫状況照会、備品納入照会、システム使用状況照会に対して回答文を作る。

  文章は回答する旨だけを述べ、回答事項を以下に列挙するのが普通。標題は寄せられた照会文と同じものにし、括弧の中に「回答」と書くとよい。

- **書き方のポイント**

  ① タイトルには「～についてのご回答・について(回答)」にする。② 回答内容は別記、箇条書きにして簡潔にまとめる。③ 詳細な資料を必要とする場合、要項のみをあげ、「別紙の通り」とする。④ 期日に間に合うように回答する。⑤「不明な点があったら下記まで連絡ください」と付言するのも親切でよい。

文例1

【请确认以下例文中的写作重点】

场景说明

　　核心目的：新商品ODA‐89销售情况的答复函。

　　信函要点：对5月6日收到的询问函进行答复。答复内容以附记形式分条撰写。在答复前，先重复一遍被询问题，再以附记形式分点答复。销量倍增的原因是受到富裕层的喜爱，且广告中启用2位明星，提高了在年轻人中的名气。作为营销措施为新商品制作了传单、海报、目录。

<u>① 新商品「ODA‐89」の売上状況について(回答)</u>

① 件名に「～回答」と明記する。 ② いつ照会されたものかを明示する。	② <u>5月6日付</u>でご照会のありました標記の件について、下記の通り回答致します。 　　　　　　　　　　　記 【商品名】　　ODA‐89

③【照会内容】
1.「ODA-89」の売上が前月に比して倍以上に増加した理由は何か
2. 営業について努力していることがあれば、その具体的な内容

【回答】
1. 他の商品と比較して高価格ですが、その分高品質の為、これまで富裕層を中心に高い支持を受けていました。
　しかし、今月から新商品のCMの続編として人気タレントの松本徹や人気俳優の相葉薫が次々と登場した為、若い世代にも人気を集めていると思われます。
2. 新商品のため、チラシ、ポスター、カタログを制作しています。

以上

③ 先方の質問を繰り返してから、回答をまとめる。

ビジネス用語	
標記(ひょうき)	标题
比する(ひする)	比
富裕層(ふゆうそう)	富裕层
CM	商业广告
タレント	演员,艺人
制作(せいさく)	创作,制作

文例 2

场景说明

　　核心目的：8月新品的库存情况答复函。

　　信函要点：对8月10日的询函进行答复。回答内容分点罗列，一目了然。文后补充，TT-105销售前景不乐观的结论。

8月期新発売製品の在庫状況について(回答)

8月10日付でご照会のありました、8月期新発売製品の当支店の在庫状況は以下のとおりです。

製品名	在庫数	累積販売数	当月見込み
TT-105	23個	48個	30個
TX-390	150個	89個	70個前後
TZ-556	118個	58個	50個前後
TY-998	59個	98個	60個前後

なお、TT-105は当月に入ってから伸び悩んでおり、今後の見通しも芳しくありません。

以上

ビジネス用語	
伸び悩む（のびなやむ）	行市呆滞
見通し（みとおし）	预料
芳しい（かんばしい）	好，理想

文例3

场景说明

　　核心目的：一体打印机的销售情况答复函。

　　信函要点：对9月18日的2210号询函，进行答复。分点回答销售业绩、今后的销售预测。由于3月进入政府各部门交替期，因此销售数量大幅增加，特别是福岛、山形两县订单量大，有望大幅超额完成额定目标。

複合機・プリンターの販売状況について（回答）

　20〇〇年9月18日付営本発第2210号文にて照会がありました。標記については、下記のとおりとなっております。

　大量注文が寄せられました。ついては下記商品について、現在の在庫数は下記の通りである。

記

1. 東北支社機種別販売実績
　　（1）カラー　　複合機　　450台
　　（2）モノクロ　複合機　　350台
　　（3）カラー　　プリンター　600台
　　（4）モノクロプリンター　400台
2. 今後の販売予測
　　各製品とも、3月の官庁入替期に向けて、順調に販売数を伸ばしており、特に、福島、山形では大型受注が決定したこともあり目標販売台数を大きく上回る見込みです。

以上

ビジネス用語	
複合機（ふくごうき）	一体机，复合机
寄せる（よせる）	聚集
カラー	彩色
モノクロ	黑白
入替（いれかえ）	交替
大型受注（おおがたじゅちゅう）	大宗订单
上回る（うわまわる）	超过

第37課　回答文

練習問題

1. 下記の文を訳しなさい。

(1) 6月9日付営発第203号により照会された、販売実績の増減に関する理由、およびご指摘の売上のバラツキに関する改善については、下記事項に準じ、同封別紙のとおり回答致します。

(2) 上記事項に関してお心あたりがない場合やご不明な点等がございましたら、下記までお問い合わせください。

(3) 2月19日付でお問い合わせのあった当課一月あたりの郵便物送付ならびに切手使用状況は以下の通りです。

(4) 売上が落ち込むを見せている理由として、毎年3月は学生の春季休業にあたるため1割ほど減少することが考えられます。

(5) 改善対策として現在はチラシの工夫やポスティング。今後はメールによるセール告知のほか、地元密着型の新企画などを検討している。

2. 下記の文の順を正しなさい。

(1) 前年同月比　落ち込んでいる　について　理由　前月比　売上が　で　著しく

(2) ショッピングセンター　都市開発　により　進出　が　周辺地域の　新規

(3) お答えいたします　について　あった　以下の　ご依頼　点　の

3. 下記の要点にそって、例文を作りなさい。

(1) テーマ「在庫処分について(回答)」。

(2) 3月25日の照会に対して回答する。

(3) 去年の冬物は、バーゲンセール実施を検討中。5月中旬に実施する予定。

(4) 去年の春物は、すぐに4割で在庫処分をする。

(5) その他の在庫品を既に取引先の○○商事に販売済み。

第38課　依頼文

- 作成の目的

依頼文は、いわばお願いの文で、業務上の便宜をはかってもらえるよう相手にお願いしたい時作る文章である。

- 種類とフォーム

販売実績・販売状況の照会、講師派遣の依頼、社内アンケートなどがある。

標題には依頼したい事項を具体的に書き、特に前置きが必要ないが、前文は、依頼の目的、内容を書き、依頼事項は「記」以下に列挙するのが普通。

- 書き方のポイント

① タイトルは「～の依頼・お願い」にする。② 依頼文は簡潔に書き、依頼する内容の詳細は別記にする。③ 社内文書といっても命令口調にならないように。④ 相手方の状況も考慮し、時間的な余裕を計算したうえで頼む。

文例1

【请确认以下例文中的写作重点】
场景说明

核心目的：实施员工士气调查的委托函。

信函要点：为了把握社内人事制度和劳务政策、公司风气的现状，将实行员工士气调查。委托作答附记中的问题并发给总务部。附记写明调查时间、调查内容、提问项目、提交日期。

モラールサーベイ（従業員意識調査）実施ご協力の① お願い

① 件名は依頼する事項を明記する。
② 依頼する理由を簡潔に述べる。

　このたび、② 社内人事制度や労務政策、社風に関する現状把握を目的に、社員の皆様の職場意識調査を下記の要領で実施することとなりました。

　つきましては、別紙回答用紙に必要事項をご記入の上、総務部までご提出いただきますようお願い申し上げます。

記

1. 調査月日　　　　　　　9月5日（月）
2. 調査内容　　　　　　　会社全般および職場環境に対する意識

		調査	
3. 質問事項	（1）	経営理念の認知度	
	（2）	職場の雰囲気	
	（3）	会社に対する満足度	
	（4）	上司・部下との関係	
	（5）	他部門との連携状況	
	（6）	仕事に対する充実感	
	（7）	報酬に対する満足度	
	（8）	会社に対する不満	
	（9）	職場・会社の問題点　　　他	

4. ③ 提出期限　　　　　9月9日（金）

③ 回答期限はきちんと伝える。

以上

ビジネス用語	
モラールサーベイ	士气调查，劳动热情调查
社風（しゃふう）	社风，公司风气
連携（れんけい）	合作，协作

文例2

场景说明

　　核心目的：撰写社内报刊稿件的委托函。

　　信函要点：社内报刊"温暖之家"迎来创刊第30号，计划编排专刊。内容以"一起做过的事"为主，委托撰写稿件。附记写明撰写内容、截止日期、刊载刊号、稿件字数。

社内報原稿執筆のお願い

　このたび社内報「暖かい家」の創刊第30号記念として、特集を組むことになりました。内容は、「一緒にできたこと」についての記事でございます。お忙しいとは存じますが、下記のとおりご執筆くださいますよう、よろしくお願い申しあげます。

記

- 内容　「一緒にできたこと」について

※総務部実施のアンケート、モニターに基づいたものでお願い致します。グラフ、ビジュアルな図表を加えていただけるとありがたいです。

- 締切日　4月14日金曜日
- 掲載号　社内報「暖かい家」　創刊第30号記念号
- 枚数　400字詰め原稿用紙5枚程度

以上

ビジネス用語	
執筆（しっぴつ）	执笔
特集（とくしゅう）	特辑
モニター	参考性意见
ビジュアル	视觉
詰め（づめ）	装进；限制在

文例 3

场景说明

　　核心目的：逃生练习的委托函。

　　信函要点：今年的逃生训练将如期举行。请届时按总务部的广播行动。附记写明训练的日期、场所、内容。

避難訓練のご依頼

　本年度の避難訓練は、下記の通り実施します。ご多忙中とは存じますが、ご協力をお願い致します。当日は、総務部からのアナウンスに従い、行動してください。

記

1. 日　時　10月17日（木）　午後1時～
2. 場　所　各フロアから避難階段を利用し、1階広場へ避難
3. 内　容　① 避難経路の確認
　　　　　　② 消火器の使い方
　　　　　　③ 災害時の注意事項の説明

以上

ビジネス用語	
避難（ひなん）	逃生,避难
アナウンス	广播
フロア	层,楼面
経路（けいろ）	路径,途径
消火器（しょうかき）	灭火器

練習問題

1. 下記の空白を埋めなさい。

社内報取材協力の（　1　）

　当社の社内報「青空」の人気コラム「先輩から一言」に、山上課長の原稿をお寄せ（　2　）たく、ご依頼（　3　）。

第38課　依頼文

　先の編集会議で、山上課長のご意見をぜひ多くの若年社員に（　4　）たい、との総意によりお願いすることとなりました。
　お忙しい（　5　）恐縮ですが、下記要領にてご（　6　）いただきたく重ねてお願い申し上げます。

記

原稿の主旨：（　7　）社員のモチベーションを高めること
文字数：800字
原稿（　8　）：2月10日（火）
（　9　）先：総務　山本（内233）

（　10　）

2．下記の文を敬語を使って書き換えなさい。
　（1）今度情報システムの変更のために、社内講習会を行うことになりました。
　（2）新入社員の研修のために、工場見学を実施したいです。
　（3）保険は10月1日に満期になりますので、例年と同じく、下記のように部員の継続手続きを取りまとめてください。
　（4）自動コーヒーメーカーについて、社員の意見をまとめたいので、下記のアンケートを協力してください。
　（5）主任研修として、新しい製造ラインの説明をしてほしいという要望があるので、貴課に講師を派遣してもらいたいのです。

3．下記の要点にそって、例文を作りなさい。
　（1）テーマは「書類提出のお願い」にする。
　（2）来年度の予算計画を作るために、資料提出を依頼する。
　（3）不明のところがある場合、問合せ先は企画課。
　（4）別記に資料名：20〇〇年度備品購入計画書（購入比較書添付）；提出期限：20〇〇年1月30日；問い合わせ先：企画課　鍋嶋（内線0024）　を箇条書きにする。

第四章

社交・儀礼上のビジネス文書

第39課　招待状

- **作成の目的**

招待状とは、日頃いろいろな形でお世話になっている特定の取引先・関係先などを、企業の行事や催し物などに招待し、感謝の意を表す文章である。発信者がより低位の立場で上位の受信者に出席行動をお願いするという場合が多い。

- **種類とフォーム**

招待状を主に出すケースには、創設・移転、就任・記念、新製品発表会、感謝会、内覧会、新年会などがある。

- **書き方のポイント**

① タイトルは「～ご招待・お招き」にする。② 書く要点：招待する趣旨、日時・場所、食事の用意の有無、お迎えの方法、必要なら服装や携帯品なども。③ 日時・場所などは、別記スタイルで箇条書きにするとわかりやすくてよい。④ 出欠の返信を必要とする場合は、会合案内の場合に準じて、往復はがきにするか、返信用はがき同封で出す。

文例1

【请确认以下例文中的写作重点】
场景说明

　　　　核心目的：公司创立纪念典礼的邀请函。

　　　　信函要点：我公司将于3月15日（周五）迎来创立10周年纪念日，并逢中日友好事业迎来良好机运，力求迎来下一个10周年，为中日友好事业作贡献。故借此机会向长久以来给予关照和协助的公司表示感谢，准备召开纪念典礼，并于典礼后敬宴。特发此邀请函，邀请对方参加。时间3月24日（周日）下午1点开始，地点帝国饭店龙凤厅。且希望于3月20日（周三）前发回随附明信片，确认是否参加。

会社創立記念式典への① お招き

① 件名は「～お招き・ご招待」にする。

謹啓　春陽の候、貴社にはますますご隆盛のこととお喜び申し上げます。

　さて、当社は、来る3月15日（金）をもちまして、創立十周年を迎えることとなりました。これまで大過なく経営を継続できましたのも、ひとえに皆様の変わらぬご愛顧ご支援の賜物と、衷心より御礼申し上げ

る次第でございます。昨年中華人民共和国設立70周年を迎え、日本も「令和」の時代に入りました。中日両国関係は好転し、経済と貿易分野での交流と協力は絶えず盛り上がりを見せ、長年見られなかった改善と発展の新たな気運が生じております。この流れの下で、今後は創業二回目の10周年に向けて弊社一同、なお一層の努力をしてまいり、中日両国の友好事業にお役に立てれば幸いと存じます。

つきましては、② 長年のご懇情に感謝申し上げる一端として、下記の通り、ささやかな記念式典を行い、心ばかりの粗餐を差し上げたく存じます。

ご多用中まことに恐縮ではございますが、万障お繰り合わせの上なにとぞご来臨の栄を賜りますようお願い申し上げます。

略儀ながら、書中をもちましてご案内を申し上げます。

謹白

記

③ 日時　20○○年3月24日（日）　午後1時より
　場所　帝国ホテル　龍鳳の間
④ なお、勝手ながらご出席の都合を、同封はがきにて、3月20日（水）までに、ご都合のほどご一報くださいますようお願い申し上げます。

以上

② 開催の目的を明記する。

③ 式典の日時、場所は別記、箇条書きにする。

④ 席を用意する都合上、出欠の返事は必ずもらうこと。

ビジネス用語	
春陽（しゅんよう）	春日
来る（きたる）	下（次的）
大過（たいか）	大过错、严重错误
気運（きうん）	形势、趋向
懇情（こんじょう）	深情厚谊
一端（いったん）	一部分、一段
ささやか	简朴、微薄
粗餐（そさん）	便饭、便餐
万障（ばんしょう）	一切障碍、万难
繰り合わせ（くりあわせ）	安排、调配

文例2

【请指出并改正下列例文中的错误】

场景说明

核心目的：新公司大楼落成答谢宴的邀请函。

信函要点：我公司总社大楼经过建设，终得落成，为表谢意，以及施工中给大家带来的不便表示歉意，特召开落成典礼及答谢宴，发函邀请对方参加。时间5月30日（周四）下午1点开始，地点本公司总社大楼2楼大厅。并告知光临现场时，请执本邀请函参加。另，如能利用公共交通工

具前往现场,则不胜感激。

新社屋落成披露宴へのご招待

拝啓　時下いよいよご清祥のこととお喜び申し上げます。平素は格別のご高配にあずかり誠にありがとうございます。

　さて、かねてより進めてまいりました当社本社ビルの建設工事が、このたび無事に落成の運びとなりました。これもひとえに貴社はじめ皆々様のご指導とご協力の賜物と① 深謝申し上げます。

　つきましては、落成式を② 催したいと存じます。ご繁忙の折大変恐縮ですが、ぜひご光臨賜りますようお願い申し上げます。

敬具

記

- 日　　時　　5月30日（木曜日）13時より
- 場　　所　　当社本社ビル二階ホールにて

以上

ご来臨の節は、本状を受付にお示しください。

なお、今後とも末長くお引き立てを賜りたく、式後に心ばかりの小宴を設けております。大変勝手ながら、公共交通機関でお越し願えれば幸甚に存じます。

① 落成になる御礼とともに、工事中に迷惑をかけることにお詫びする。書き換え例「また、工事中はなにかとご不便をお掛けしておりましたこと、心よりお詫び申し上げます。」

② 催す理由を言及すべき。書き換え例「皆様方の多大なるご支援ご協力に対し、お礼のご挨拶を申し上げたく、落成式を催したいと存じます。」

ビジネス用語	
落成（らくせい）	落成,竣工
無事（ぶじ）	顺利
繁忙（はんぼう）	繁忙
催す（もよおす）	举行,举办
来臨（らいりん）	来临,驾临
幸甚（こうじん）	幸甚,十分荣幸

文例3

【请考虑,例文中的粗体字部分,还有别的表达方法吗?】
场景说明

　　核心目的：高尔夫大会的邀请函。

　　信函要点：为了答谢长久以来诸位的关照,本公司特计划召开高尔夫大会,并于会后设联欢会以示款待。时间5月21日（周日）上午9点开始（如遇小雨照常进行）。地点关越高原高尔夫俱乐部,地址群马县多野郡××町长根××,电话0237-23-4523,集合时间地点早6点30分JR山手线池袋站西口,会费3万日元（含公平竞争奖、商品费用）,奖品设优胜奖、2等奖、3等奖、安慰奖、幸运奖。另请于5月15日前发回随附明信片,告知出席与否。

第39課　招待状

ゴルフ大会のご案内

謹啓　① 時下いよいよご清祥の段、お慶び申し上げます。日頃は格別のお引き立てをいただき、ありがたく御礼申し上げます。

　さて、② このたび日頃大変お世話になっております取引先の皆様方に感謝の意を込めまして、ゴルフ大会を企画致しました。日々、業務に邁進されておられます皆様方に、気分爽快な一日を過ごしていただければと存じます。

　つきましては、別紙のとおりご案内申し上げますので、誠に勝手ながらご参加の有無をご連絡くださいますようお願い申し上げます。

　なお、大会終了後はささやかではございますが親睦会をご用意しておりますので、お忙しい中恐縮ですが③ 何とぞご参加くださいますようお願い申し上げます。

　まずは取り急ぎ書中をもちましてご案内申し上げます。

謹白

記

1. 日時　20〇〇年5月21日（日）　午前9時スタート（小雨決行）
2. 場所　関越ハイランドゴルフクラブ
　　　　　群馬県多野郡〇〇町長根〇〇
　　　　　電話　0237-23-4523
3. 集合場所　JR山手線池袋駅西口前　午前6時30分
4. 会費　30,000円（プレー賞、商品代等含む）
5. 賞品　優勝、2位、3位、BB賞、飛び賞等多数。

　同封のはがきにご記入の上、5月15日までにお送りくださいますようお願い申し上げます。

以上

---

① 新緑の候、貴社ますますご隆昌のこととお喜び申し上げます。平素は格別のご高配を賜り厚く御礼申し上げます。

② 恒例のゴルフ大会を下記のとおり開催致します。

③ なにとぞ奮ってご参加くださいませ。

ビジネス用語	
清祥（せいしょう）	清吉，时绥
邁進（まいしん）	迈进，挺进
爽快（そうかい）	爽快
有無（うむ）	有无
親睦会（しんぼくかい）	联欢会
決行（けっこう）	照常进行
関越（かんえつ）	关越
ハイランド	高原，高地

群馬（ぐんま）	群马县
山手線（やまてせん）	山手线
池袋（いけぶくろ）	池袋
プレー賞（～しょう）	公平竞赛奖
BB賞（～しょう）	末名奖，安慰奖
飛び賞（とびしょう）	（按顺序颁给诸如以5、10结尾号码人的）幸运奖
恒例（こうれい）	惯例，常规
奮う（ふるう）	踊跃，积极

重点例文の解釈

1. 繰り合わせ（くりあわせ）

说明：意为"安排；抽出；调配"。

例句：

① なんとか繰り合わせをつけましょう。/设法安排吧。

② 万障お繰り合わせのうえご出席ください。/敬请拨冗参加。

2. ささやか

说明：意为"微薄，简朴"。

例句：

① ささやかな贈り物。/小小的礼品。

② ささやかですが、お礼のしるしです。/一点儿小意思，略表谢意。

3. かねて

说明：意为"以前，老早"。

例句：

① ご高名はかねてからうかがっております。/久仰大名。

② かねてからあこがれていた土地。/老早就盼望得到的土地。

4. 邁進（まいしん）

说明：意为"迈进，挺进"。

例句：

① 選挙にむけて邁進する。/面对竞选，勇往直前。

② 自己の目的貫徹のために邁進する。/为实现自己的目的努力奋进。

5. 奮う（ふるう）

说明：意为"踊跃，积极"。

例句：

① ふるって申しこんでください。/请积极报名。

② ふるってご参加ください。/请踊跃参加。

第 39 課　招待状

常套表現

- さて、かねてよりの念願がかないまして、このたびレストラン「〇〇〇〇」〇〇支店を開店することになりました。本店と同じく、多くの皆様にご愛顧いただけるレストランとなりますよう、精一杯頑張る覚悟でございます。/长久以来的夙愿得以实现，此次开设了"××"餐厅的××分店。我们将努力把分店打造成与本店一样的深受大家喜爱的餐厅。
- 参加を希望される方は〇〇月〇〇日までに弊社担当者にご連絡くださいますようお願い致します。/烦请希望参加的人员于××月××日前，与本公司负责人联络。
- つきましては、貴店のご苦労ご努力に対する感謝のしるしと致しまして、下記のとおり1日2泊温泉旅行へご招待申し上げたく存じます。/因此，作为对贵店人员辛苦和努力的酬谢，我们将招待大家参加如下1天2夜的温泉旅行。
- つきましては、新工場のご披露と共に、日頃のご愛顧とお引立てに対するお礼の微意を表したく、来る6月6日(土)午後1時より4時まで弊社新第二工場において、ささやかながらカクテル・パーティーを催したく存じます。/在此新工厂开工的同时，为了答谢诸位日常的惠顾与关照，聊表心意，谨定于6月6日(周六)下午1时至4时在本公司新建第二厂房举行小型鸡尾酒会。
- 弊社は電気製品の製作所として発足以来、順調に成長して参りまして、ここに30周年を迎えるに至りました。これもひとえに、弊社をご支援いただいた皆様のご厚情による賜物と、心から深く感謝致します。/本公司从一家电器产品的制造厂顺利发展起来，如今迎来其30周年庆典。这都是仰仗诸位对本公司的热情支持与关爱，在此特表衷心谢意。

練習問題

1. 下記の空白を埋めなさい。

（　1　）

拝啓　秋涼の（　2　）、ますますご隆盛のことと（　3　）申し上げます。平素は格別のお引立てを賜り、厚くお礼を申し上げます。

　さて、弊社は昭和〇〇年に創業以来、今年で40周年を迎えることになりました。これも（　4　）、皆様方のご支援とご愛顧による賜物と（　5　）。

　つきましては、（　6　）会社創立40周年を開催致したく、ご（　7　）のところまことに恐縮ですが、（　8　）。長年のご芳情に対して感謝の意を表したく、心ばかりの粗餐など供したく存じます。

　まずは、略儀ながら書中をもって（　9　）。

敬具

記

一、日時　〇〇年11月2日(土)　午後2時より
二、場所　松田ホテル　5階　谷の間
　（　10　）、ご出席のご都合を同封致しましたはがきにて10月15日までにお知らせください

ますようお願い申し上げます。

以上

2．下記の中国語を日本語に訳しなさい。
　（1）继新工厂开工典礼后，聊备小酌款待。
　（2）持此请帖可协×位进场，即请邀请同伴踊跃参加。
　（3）在××酒会上烦请您率先倡议举杯祝酒。
　（4）这完全是靠市政府当局以及中日双方各部门、有关各位所惠予的格外支援之结果。
　（5）出席与否烦请以所附明信片在×月×日之前赐复是幸。

3．下記の要点にそって、例文を作りなさい。
　（1）テーマは「開店5周年記念謝恩パーティーへのご招待」にする。
　（2）○年10月当社が開店5周年を迎えるにあたり、記念謝恩パーティーを開く予定がある。先方の人に出席してもらう。
　（3）当日○○ステージ、本場イタリア料理やセレクトワインなど、多数用意するので、みんなに楽しみしてもらうことができる。
　（4）来場の人に、招待券を受付に提示する必要がある。

第40課　祝賀状

- **作成の目的**

祝賀状は「祝い状」とも言われ、相手の喜びごとに祝意を伝え、相手に好感を与え、相互の良好関係をさらに深めるために書く文章である。

- **種類とフォーム**

お祝いの対象としては、入学・就職・栄転・結婚・寿賀・全快・出産・新築・開業などがある。いずれの場合も、相手方の喜びのさめないうちに出す。時機を失した祝い状など、間が抜けていて意味がない。

- **書き方のポイント**

① タイトルは「～お祝い」にする。② 挨拶、祝いの言葉、今後への期待、の順に構成する。③ お祝いに関係のない事柄を書いてはいけない。また、明るい文面にするため、不吉な連想を伴うことばを避ける。④ 祝い金、祝い品を贈る場合、その旨一筆書き添える。⑤ 相手の祝い事を知ったら、できるだけ早くお祝い状を出すのが効果的。

文例 1

【请确认以下例文中的写作重点】
场景说明

　　核心目的：新公司设立的祝贺函。

　　信函要点：听闻对方公司设立新公司，特发此函表示祝贺。在当下国际情势不稳定的严峻状况下，贵公司能引领潮流在信息产业领域中开展事业，让我们深感佩服。我们将会支持对方公司的壮举，并寄予期望。

① 新会社設立のお祝い

拝啓　晩春の候、ますますご盛業のこととお喜び申し上げます。日頃は一方ならぬご厚情をいただき、ありがたく厚く御礼申し上げます。

　さて、承りますれば、御社が新会社をご設立の由、誠におめでとう存じます。

　② 現在の情勢は、国際規模で流動し、すこぶる厳しい状況下におかれておりますが、時代を先取りして情報産業における新事業を展開さ

① 件名は「～お祝い」にする。

② 具体的な事実に触れることで、お祝いの気持ちをよりアピールする。

れる手腕には、感服のほかございません。私どもと致しましても、御社の快挙にご声援を惜しまないところで、大いに期待しておる次第であります。

今後は、これまで蓄積された知識やノウハウを活かされ、存分にご活躍されますようお祈り申し上げます。なお、③ 心ばかりのお祝いの品を別便でお送りしましたので、何卒受納賜りますようお願い申し上げます。

まずは略儀ながら、書中をもってお祝いを申し上げます。

敬具

③ 祝い金、祝い品を贈る場合、その旨一筆書き添える。

ビジネス用語	
晩春（ばんしゅん）	晚春,暮春
由（よし）	听说,据说
流動（りゅうどう）	变化不定
すこぶる	颇,非常
先取り（さきどり）	抢先,预先
手腕（しゅわん）	才干,本事
感服（かんぷく）	钦佩,佩服
快挙（かいきょ）	快举,壮举
惜しむ（おしむ）	吝惜,舍不得
蓄積（ちくせき）	蓄积,积累
ノウハウ	诀窍
受納（じゅのう）	收纳,收下

文例 2

【请指出并改正下列例文中的错误】

场景说明

核心目的：商品获奖的祝贺函。

信函要点：听闻对方公司的太阳能控电板荣获绿色能源奖,特发此函表示祝贺。对方公司创业以来,一直专注于再生能源,致力于绿色能源的发现和利用,此次获奖是对其踏实努力的高度评价。我们期待对方公司以此次获奖为契机,更快实现其能源革新战略计划。

貴社製品受賞のお祝い

拝啓　春暖の候、ますますご繁栄のこととお喜び申し上げます。平素はひとかたならぬお引き立てを賜り、厚くお礼申し上げます。

さて、このたびは、貴社製品「ソーラーパネル」がグリーンエネルギー賞を受賞なされました由、誠におめでたく、心からお祝い申し上げ

第40課　祝賀状

ます。
　ご創業以来、リサイクルエネルギーにこだわり、そのエネルギーの発見や利用を追求してこられた地道なご努力が、かような形で高く評価されましたことは、喜ばしい限りでございます。また、① 弊社現在のプロジェクトが終了したら、② 今度貴社のソーラーパネルを使用しようと思っておりますので、その節よろしくお願いします。
　今回のご受賞を契機に、③ 今後もご活躍されますことを心よりご期待申し上げます。
　書面で失礼とは存じますが、まずはお祝いを申し述べます。

敬具

① 忌み言葉を使わない。
② お祝い以外の要件を書かない。ついでに見えて常識を疑われる。お祝いの言葉だけにし、ここの話を削ったほうがいい。
③ 決まり文句を引っ張ってきただけでそっけない。結びでは相手の実態に合わせて書いたほうが、祝いする気持ちが伝わるだろう。書き換え例「貴社の革新的エネルギー戦略が一層加速されることを、心よりご期待申しあげます。」

ビジネス用語	
春暖（しゅんだん）	春暖
ソーラー	太阳光
パネル	控电板
受賞（じゅしょう）	获奖
リサイクル	再利用
拘る（こだわる）	注重，讲求
地道（じみち）	勤恳，踏实
喜ばしい（よろこばしい）	可喜，欣悦
契機（けいき）	契机，转机

文例3

【请考虑，例文中的粗体字部分，还有别的表达方法吗？】
场景说明
　　核心目的：创立纪念的祝贺函。
　　信函要点：我公司接到对方公司邀请函，邀请参加"无界限图书馆"的新产品发布会，特发此函表示祝贺并前往参加。当下以电子书阅读为主流，对方公司恰时推出"无界限图书馆"服务，读者可在线订书后收到快递寄来的书籍，还可快递寄回已读书籍，将掀起新型读书热潮。对此举深感佩服，并期待今后的合作，希望双方的友谊能地久天长。

「無境界図書館」創立のお祝い

拝復　清涼の候、貴社ますますご盛業の由、お喜び申し上げます。
　① **さて、このほど貴社におかれましては、めでたく「無境界図書館」を創立されました事、ご同慶の至りに存じ上げ、心よりご祝福申し上げます。** また、記念の祝賀会へご招待頂き、大変光栄に存じております。

① 拝承しますれば、貴社にはこのほど、めでたく新事業を立てられたこと、心よりお祝い申し上げます。

今日では、本を携帯電話やタブレットで読む事が当たり前となっておりますが、やはり紙の本を手に持って読む事が好きな読者に対して、貴社は業界初の試みである「無境界図書館」を創立され、業界に新風を巻き起こされました。読者がオンラインで本を選ぶと、選んだ本が宅配便で配送され、読み終わった本は宅配便で返却するという新システムに感服しております。貴社のおかげで、きっと新たな読書ブームを呼び起こせると信じております。

② これを機に、今後なお一層のご躍進を遂げられます祈念致します。
③ この機会に改めてお願い申し上げます。

② **今後も、さらに一層のご発展を遂げられますよう、皆様何卒ご健闘頂きますようお祈り致します。**小社としても、微力ながらご支援させて頂く所存でおりますので、この先も末長くご厚誼賜りますよう、③ **くれぐれもよろしくお願い申し上げます。**

当日は、謹んで列席させて頂きたいと存じます。

まずは略儀ながら書中にて、ご招待の御礼かたがたご祝詞を申し上げます。

敬具

ビジネス用語	
同慶（どうけい）	同庆
新規（しんき）	新；重新
目下（もっか）	目前
宅配便（たくはいびん）	快递
バラエティ	多姿多彩，多样化
健闘（けんとう）	奋斗
厚誼（こうぎ）	厚谊，高情
躍進（やくしん）	飞跃发展

重点例文の解釈

1. 由（よし）

说明：意为"听说，据说"。

例句：

① お手紙によれば、近くご結婚なさる由、誠におめでとうございます。/据您来信说最近就要结婚，谨表衷心的祝贺。

② ご病気の由、心からお見舞い申しあげます。/听说您病了，谨致以衷心的慰问。

2. 先取り（さきどり）

说明：意为"预先，抢先"。

例句：

① 流行を先取りする。/领先时尚。

② 時代を先取りした経済政策。/走在时代前面的经济政策。

3. 喜ばしい（よろこばしい）

说明：意为"可喜，令人高兴"。

例句：

① 喜ばしいニュース。/令人高兴的消息。

② 本日の盛典を迎えることが出来ますことは誠に喜ばしい次第であります。/能迎来今天的盛典真是令人高兴。

4. 契機（けいき）

说明：意为"契机，转机"。

例句：

① 病気を契機に酒をやめる。/以生病为转机戒酒。

② 彼女との偶然の出会いが、彼の人生を変える大きな契機となった。/与她的偶然相遇成了改变他人生的重大转机。

5. 至り（いたり）

说明：意为"至，极，非常"。

例句：

① めでたくご卒業の由ご同慶の至りです。/欣悉毕业，甚感同庆之喜。

② 大成功の由、慶賀の至りに存じます。/听说你们取得巨大成就，表示衷心祝贺。

常套表現

◆ このたびは、開店のご通知ありがとうございました。待望の独立、おめでとうございます。駅前とは、ずいぶん良いところを奮発なさったと感心しております。ご繁盛疑いなしと存じます。ご活躍のほど、お祈り致します。/感谢您能告知我们开店通知。恭喜您能得偿夙愿，独立创业。能在站前这样的黄金地段奋斗创业，我们深感钦佩。毋庸置疑一定会生意兴隆。我们期待您能大展身手。

◆ この度の代表取締役社長ご就任、まことに喜ばしい限りと存じ、心よりお祝い申し上げます。副社長在任中より貴殿の卓越した指導力には敬服の至りでございましたが、経済情勢厳しき今日こそ遺憾なく発揮されますことと期待致しております。ご心労等々多くなることと拝察申し上げますが、くれぐれもご健康にはご留意の上、ご活躍くださいますようお願い申し上げます。/听闻您就任董事长，深感欣喜，奉上衷心的贺意。在任职副社长期间，我们就对您的超群领导才能佩服不已，期待着您能在经济形势严峻的今天也能充分发挥您的实力。想必今后会更加劳心劳力，望您多留心健康，大展宏图。

◆ 3年前に初めてお会いして以来、○○様の温かいお人柄と、卓抜した指導力に、必ずや次期局長になられる方と確信しておりました。今後は益々お忙しい毎日でご心労も増えるかと存じます。くれぐれもご自愛の上、ご活躍くださいますようお願い申し上げます。/3年前见面时，我就确信，以××先生温厚的人品和卓越的领导才能，必定能成为下届局长。想必今后会越发忙碌且劳心劳力，希望您能保重健康，在工作上大展宏图。

◆ 本年度の産業製品アジアコンクールにおきましては、貴社の新製品「電子手帳」が見事に最優秀グランプリを獲得されました由、誠にめでたく、お喜び申し上げます。／贵公司新产品"电子笔记本"在本年度亚洲产品大赛中成功获得最高荣誉的特优奖,特表诚挚祝贺。

コラム

忌み言葉

　忌み言葉とは、不吉な意味があったり、連想させたりするので縁起が悪いとされている動詞や副詞をいう。読む相手に不快感を与えるので、これらの言葉を使うことは避けよう。
新築：崩れる　倒れる　壊れる　傾く　枯れる　焼ける　燃える・・など
開店・開業・栄転：落ちる　終わる　閉める　閉じる　潰れる　倒れる　衰える　寂れる・・など
結婚：離れる　切れる　別れる　出る　戻る　破れる　重ねる　割れる・・など
お見舞い：弱る　まいる　絶える　散る　終わる　繰り返す　再び　重ね重ね・・など
お悔やみ：さぞさぞ　くれぐれも　いよいよ・・など

練習問題

1. 下記の中国語を日本語に訳しなさい。
　（1）获悉××百货店××店开业消息,甚感同庆之至,并表示祝贺。
　（2）倾闻设立××中心的喜讯不胜欣喜,并致以诚挚的庆意。
　（3）祝愿您就任要职后,起步顺利,愈加成功、发展。
　（4）恭贺贵公司××工厂××新建制造车间竣工并投入生产。
　（5）期望贵我双方之间的协作和配合得到更进一步的发展。
2. 下記の話し言葉を書き言葉に書き換えなさい。
　（1）貴社が新会社を設立することを聞いて、本当におめでとうございます。
　（2）今まで貯めた知識やノウハウを活かし、十分に活躍できるようお祈りします。
　（3）こんな形で高く評価されたことは、本当に嬉しいです。
　（4）この度貴社はめでたく創立25周年を迎えることに、同慶に思います。
　（5）当日は、ご出席させていただき、直接ご祝詞をしたいと思います。
3. 下記の要点にそって、例文を作りなさい。
　（1）テーマは「株式上場のお祝い」にする。
　（2）20○○年7月10日先方の会社株は東京証券取引所市場第一部に上場するを聞き、祝賀状を書く。
　（3）上場できたのは、佐藤社長を始め、社員のみなさんの弛まない努力の結果である。深く感服する。
　（4）これからのご発展を祈る。
　（5）祝い金を同封に送る。

第41課　お見舞い状

- 作成の目的

  お見舞い状とは相手が災害や事故などに遭ったり、病気になったりした時に送った書状である。

- 種類とフォーム

  例えば地震、台風、火災、病気、けが、工場事故、交通事故、盗難などにお見舞い状を送る。

  形式に気を配り、必要なことを簡潔に記す。

- 書き方のポイント

  1. 一切件名をつけないのが普通。
  2. 頭語は、「前略」や「急啓」を使い、末尾に「草々」「敬具」で結ぶ。前文を省くのが普通であるが、相手が回復し始めて再度見舞うときは、前文を入れることがある。
  3. 主文には被災か病気を知った経緯、お見舞いを述べ、安否を尋ね、激励の言葉をかけ希望をもたせ、助力を申し出、などを書く。
  4. デリケートな状況なので忌み言葉は使わない。
  5. 忌み言葉は「返す返す、重ね重ね、重々、いよいよ、ますます、くれぐれも、しばしば、再び、たびたび、追って、なお、しみじみ」などがある。

文例1

【请确认以下例文中的写作重点】

场景说明

　　　核心目的：破产慰问函。

　　　信函要点：得知熟知公司破产，深感意外，特发此函慰问。一直对对方公司情况了解，故突然破产，深感意外。我们能体谅铃木社长的心情，所幸对方公司拥有优良技术和优秀技术应用人才，相信一定能找到再生新路，且能比以往更加事业繁荣。如有所需，我们定奉上微薄之力。

① 急啓　② この度は憶測すら及ばない突然の結末に、ただただ驚愕するばかりでございます。長年お付き合いをさせていただいていた御社のご状況を知る者としましては、このような結果になるとはとても考えが及びませんでした。

① 急啓で始め、草々で締める。
② 挨拶言葉は不要。突然の事態に驚いて取り急ぎ送信したことを、礼を失しないように伝える。

③ 慰めの言葉を掛ける。	③ 善後策に日々奔走しておられる、社長鈴木様はじめ取締役の皆様方のご心中は如何ばかりかとお察し申し上げます。幸い貴社には幾多の大変優秀な技術とこれを支えるさらに優秀な人材にも恵まれておられますので、必ずや更生され、新たなる活路を見出すことができ、以前にも増してご盛業の運びとなるものと信じております。
④ 援助することが可能な場合は、一言その旨を伝えると励まされる。	私どもで④ お役に立つことがございましたら、微力ではございますがお力になりたいと存じますので、何なりとお申し付けください。一日も早い貴社のご回生をお祈り致しております。 　まずは取り急ぎ書中にてお見舞い申し上げます。 <div align="right">草々</div>

ビジネス用語	
憶測（おくそく）	揣测，猜
結末（けつまつ）	结尾，终结
驚愕（きょうがく）	惊愕，惊讶
奔走（ほんそう）	奔走，张罗
心中（しんちゅう）	内心，心事
如何ばかり（いかばかり）	多么，如何
幾多（いくた）	几多，许多
恵まれる（めぐまれる）	赋予，富有，充足
新た（あらた）	新；重新
活路（かつろ）	生路，出路
見出す（みいだす）	找到，发现
盛業（せいぎょう）	事业繁荣
回生（かいせい）	回生，再生

文例 2

【请指出并改正下列例文中的错误】

场景说明

　　核心目的：地震慰问函。

　　信函要点：通过电视得知以关东地区发生大地震，对方公司所在地为震源地，特发此函慰问。现阶段还不知具体情况，衷心地祈祷对方公司人员及建筑物都能平安无恙。我们身在外地无法提供帮助，如有所需，一定尽力而为。并希望对方在疲惫不堪的境地下，能奋战复兴。

① 急啓で始まるべき、「草々」で締める。	① 拝啓　② 清秋の候、ますますご清栄のこととお喜び申し上げます。 　このたび貴地を震源とする関東地方全体にわたる地震が、テレビな

第41課　お見舞い状

どで報道され、深刻な被害の様子に驚き入っております。
　いまだ詳しい情報がございませんので、貴社ご一同様が怪我もなくご無事であることをひたすら祈ってやみません。皆様の安否は確認できましたでしょうか。社屋を含めご被害のないことを心からお祈り致しております。③ <u>また、被害の様子を至急お伝えいただけるとありがたいです。</u>
　遠方にてお力添えままなりませんが、私どもにできることがございましたら、ご遠慮なくお申しつけください。できうる限りのお手伝いを致します所存です。
　何かとご苦労が多く疲労困憊の状態とは存じますが、再興に向けてご奮闘くださいますよう、お願い申し上げます。
　まずは取り急ぎ書面にてお見舞いまで。

敬具

② 時候の挨拶や感謝の言葉などの前文は基本的に不要。削除するべき。

③ 取り込み中の相手に負担をかけるような頼みは禁物。削除するべき。

ビジネス用語	
震源（しんげん）	震源
驚き入る（おどろきいる）	极其恐惧
一同（いちどう）	全体
遠方（えんぽう）	远方
力添え（ちからぞえ）	援助，支援
疲労困憊（ひこうこんぱい）	疲惫不堪
再興（さいこう）	复兴，恢复
奮闘（ふんとう）	奋斗，奋战

文例3

【请考虑，文章中的粗体字部分，还有别的表达方法吗？】
场景说明
　　核心目的：病情慰问函。
　　信函要点：听闻对方住院的消息，深感意外，特写此函表示慰问。若是操劳过度导致住院，希望对方不要过于勉强自己，安心养病，早日康复。另寄慰问品，望收下。近日将亲自前往探病。

急啓　本日貴社にお電話致しましたところ、〇〇様が先週よりご入院とのことで、① **大変驚いております**。② **ご容体はいかがでしょうか**。衷心よりお見舞い申し上げます。
　③ <u>伺っていれば、長い間休みをなさらず、過労によるご入院の由、ひとまず安心致しましたが</u>、そんな状況になるまで無理なさらず、どうか

① 本当に思いがけぬことでございます。
② その後のご病状はいかがでしょうか。
③ 仕事一筋にてお過ごしでいらっしゃったために、ご心労も多々

おありであったかと拝察致しておりますが
④ 養生；静養
⑤ 後日、お見舞いにお伺い致しますが、本日は取り急ぎ、書面をもちましてお見舞い申し上げます

ご自愛くださるようお願いします。この際④ **療養**に専念され、何卒お元気を出され、一日も早く全快されますよう、お願い申し上げます。

　なお、別便にてお見舞い品を送付申し上げました。私どもの微意をどうかお納めくださいますよう、お願い致します。

　⑤ <u>近々、お見舞いに参上致しますが、まずは書中にてお見舞い申し上げます。</u>

不一

ビジネス用語	
容体（ようだい）	病情，病状
自愛（じあい）	保重
療養（りょうよう）	第一线，前头
全快（ぜんかい）	痊愈
微意（びい）	一点心意，寸心
参上（さんじょう）	亲自前往
思いがけない（おもいがけない）	意料不到
一筋（ひとすじ）	一心一意
心労（しんろう）	操劳，操心
養生（ようじょう）	养病，疗养
拝察（はいさつ）	想、理解（自谦表达）

重点例文の解釈

1. 恵まれる（めぐまれる）

说明：意为"赋予、富有"。

例句：

① 資源に恵まれる。/富有资源。

② 姉は文才に恵まれている。/姐姐富有文才。

2. やまない

说明：意为"不止，永远"。

例句：

① 願ってやまない。/衷心希望。

② 諸君の活躍を期待してやまない。/衷心期待诸位能大展宏图。

3. まま

说明：意为"随心所欲，随意"。

例句：

① 足の向くままに歩く。/信步而行。

② 相手のいうままに譲歩する。/完全按照对方的要求作出让步。
4. 思いがけない（おもいがけない）
说明：意为"意想不到"。
例句：
① 思いがけない災難にあった。/遭到了意想不到的灾难。
② ここで彼に会おうとは思いがけなかった。/没料想到会在这里遇见他。
5. 一筋（ひとすじ）
说明：意为"一个劲儿，一心一意"。
例句：
① 芸一筋に生きる。/专心致志于艺术。
② 彼女はただ一筋に彼を思いつめた。/她只是一心一意地思恋他。

常套表現

◆ 営業部長という要職にある〇〇様ですので、お仕事のことが気がかりとは存じますが、今はご闘病にご専念され、この際病根をすっかり根絶やしにしてしまわれるようお願い致します。/想必××先生作为营业部长，一定惦念工作，但恳请您一定专心治病，能彻底根除病根。

◆ 昨日御地を襲った台風の被害につきましては、〇〇地区一円に広がっているとのこと、その被害の内容が、まだ十分把握もできないまま、テレビの報道を拝見していますが、不安が募る一方でございます。/据了解，昨日袭击贵地的台风所造成的灾害，目前正在向××地区一代蔓延。虽然从电视报道看还无法全面把握受灾详情，但我们的不安却与日俱增。

◆ 当社と致しましては、即刻できる限りのご支援を致したいと存じておりますので、何なりとお申し付けください。特に人手などが必要なようでございましたら、申しつけてくだされば、私どもの社員をそちらへ派遣致します。/作为本公司，我们将尽可能在最短时间内向您提供援助，敬请随意吩咐。尤其若需人手帮忙，只要吩咐，我们即派员工前往。

◆ 先程のニュースで、〇〇工場の事故の報に接し、呆然としております。負傷者があったとのことですが、ご容体はいかがでしょうか。心よりお見舞い申し上げます。平素より安全策には万全を期し、これまで無事故の貴工場ですので、皆様のご心痛いかばかりかと愚察致す次第です。/方才通过新闻得知××工厂事故，我们甚感吃惊。据说有人员负伤，不知伤情如何。仅奉问候。对于平时一直注重完善安全且一直无事故的贵公司来说，想必大家一定非常悲痛。

◆ このたび不慮の事故により、ひどい捻挫をされたと伺い、一同驚いております。お加減はいかがでしょうか。骨折に至らなかったことだけが、せめてもの慰めですが、捻挫も程度がひどければ、かなり大変な怪我ですので、さぞかしご苦痛のこととお察し致します。/听闻发生意外事故造成严重挫伤，我们深感惊讶。不知情况如何。所幸没有骨折，但是挫伤严重的话，则属重伤，想必您一定很痛苦。

練習問題

1. 下記の空白を埋めなさい。

　（　1　）　今朝のテレビニュースにより、御地は地震に遭われ、相当の被害があった（　2　）、驚き入っております。

　貴社の安否はいかがでございましょうか。（　3　）。

　皆様にご被害のございませんことを、ただひたすらに祈願致しております。

　なお、微力ではございますが、できるかぎりの（　4　）をさせていただきたいと存じますので、何なりとご遠慮なく（　5　）。

　心よりご無事をお祈り致します。

　（　6　）。

　　　　　　　　　　　　　　　　　　　　　　　　　　　　　　　　　　　　（　7　）

2. 下記の文の間違いを指摘し、訂正しなさい。

　(1) 何卒ご自愛のうえ、再建にご尽力のほど心から祈られます。

　(2) 長年お付き合いをいただいていた御社のご状況を知る者としましては、このような結果になるとはとても考えが及びませんでした。

　(3) 微力ではございますがお力になりたいと存じますので、何なりとお申しください。

　(4) どうぞ十分にご養生いたし、一日も早いご全快を心からお祈り申しあげます。

　(5) 近々、お見舞いに参上致しますが、まずは書中にてお見舞い致します。

3. 下記の要点にそって、例文を作りなさい。

　(1) テーマなし。

　(2) 先方の会社の事務所が盗難にあったと聞いて、お見舞い状を差し上げる。

　(3) 平素よく保安管理に気を使うのに、今度の事件にあうことは意外だった。

　(4) 先方の社員は多分驚いて、不安にあるだろうと思う。

　(5) みんなはあれこれ心配して悩んでいるが、落ち込まずにがんばってほしい。

　(6) 必要なら、力を尽くす。

第42課　お悔やみ状

- **作成の目的**

　お悔やみ状とは関係先に不幸があったり、弔事の案内やお礼をしたりする時に送った書状である。

- **種類とフォーム**

　一周忌の案内、取引先社長や会長などの逝去、社葬の案内、会葬のお礼、香典返しなどにお悔やみ状を送るのが普通。

　形式に気を配り、必要なことを簡潔に記す。

- **書き方のポイント**

　① 一切件名をつけないのが普通。② 「拝啓」などの頭語や時候の挨拶など、前文は省略するのが普通。結語は「合掌」「敬具」などを用い、「草々」「不一」は禁物。③ 「重ね重ね」などの忌み言葉は使わない。追伸も書かない。④ 毛筆なら薄墨を使う。⑤ 句読点は省くのが礼儀正しいとされているが、現在は句読点を入れる場合が多くなってくる。⑥ 会葬礼状や死亡通知は、松の内（1月1〜7日）を避けて送る。⑦ 二重封筒、はがきはNG。罫線のない白い便箋がよい。⑧ 本来なら葬儀に出るのが礼儀。欠席したことを詫びる一言を。

文例1

【请确认以下例文中的写作重点】

场景说明

　　核心目的：社长去世的吊唁函。

　　信函要点：听闻贵公司的代表董事社长香取先生去世，深表惊讶，特发此函表示哀悼。香取社长生前给予了我们莫大的关爱，并在激烈竞争中，我公司能延续至今天，完全依靠了香取社长的帮助。想必大家因为他的去世而心情悲痛不已，但希望大家能继承其遗志，早日重振。随附吊唁品，望供于灵前。

このたび貴社代表取締役社長香取様ご逝去の報に接し、驚愕のほかございません。① <u>ご遺族はもとより、貴社ご一同様のご悲嘆はいかばかりかと拝察申し上げるとともに、衷心よりご冥福をお祈り申し上げます。</u>

① 相手の気持ちになって悲しみを共有する姿勢をとる。

② ご生前はひとかたならぬご厚情を賜り深く感謝申し上げます。競争の激しい業界のなかで、弊社が今日まで存続しておりますのも香取様のお力添えの賜物と深謝申し上げます。

皆様方におかれましても落胆のこととお察し申し上げますが、どうか故人のご遺志を実現なされますよう心よりお祈り申し上げます。

なお、③ 心ばかりのものを別送致しましたので、ご霊前にお供えくださいますようお願い申し上げます。

④ 合掌

② 故人の人柄や仕事振りにふれ、哀悼の意を表す。

③ 品物を送ったことを伝える

④ 頭語がないから、結語は仏式なら「合掌」、その他の場合は「敬具」などとする。

ビジネス用語	
逝去(せいきょ)	逝世,去世
驚愕(きょうがく)	惊愕,惊讶
悲嘆(ひたん)	悲叹
冥福(めいふく)	冥福
存続(そんぞく)	永存,长存
力添え(ちからぞえ)	援助,支援
落胆(らくたん)	灰心,气馁
霊前(れいぜん)	灵前
合掌(がっしょう)	合掌,合十

文例 2

【请指出并改正下列例文中的错误】

场景说明

　　核心目的：不能参加葬礼的吊唁函。

　　信函要点：对方公司专务董事松前先生去世，但无法前往参加葬礼，特发此函表示哀悼。平时松前先生一直身体很好，且奋战在工作第一线，此次突然去世，悲痛之情无以言表。本应排除万难参加葬礼，但因身处远方，无法前往，只好在远方祈祷冥福，望能谅解。另寄吊唁之礼，望供于灵前。日后有机会一定奉香于灵前。

貴社専務取締役松前様ご逝去のご悲報に接し、謹んで哀悼の意を表します。

誠に思いがけないご① 死去でございます。平素はいたって健康な方と存じあげており、いつも会社の先頭に立たれていた松前様がまさか、との思いばかりで何もお伝えする言葉が見つけられません。

本来ならば、万難を排して拝趨の上、御霊にお別れを申し上げ、お見送りしたく存じますが、遠方のため参上できないことが残念でなりま

① 死に対する直接な表現を使わない。書き換え例「凶報」。

せん。不本意ながら当地にて、② 重ねて心からご冥福をお祈り申し上げる次第です。何卒ご海容くださいますようお願い申し上げます。

別封でささやかながら、ご霊前の志を送らせていただきました。お③ 飾りくださいますようお願い申し上げます。

いずれ機会を改めてご焼香させていただきたく存じます。

まずは書中をもって、お悔やみとともに不参のお詫びを申し上げます。

合掌

②「重ねて」は忌み言葉である。悲しいことが度々起こらないようにという意味を込めて、不吉に思われるので使ってはいけない。削除するべき。
③ 霊前に飾るではなく、供えるというべき。書き換え例「供え」。

ビジネス用語	
悲報（ひほう）	讣闻
哀悼（あいとう）	哀悼
先頭（せんとう）	最前列,排头
万難（ばんなん）	万难,种种困难
拝趨（はいすう）	拜访,趋谒
海容（かいよう）	海涵,宽恕
志（こころざし）	表达心意的礼品
焼香（しょうこう）	烧香
不参（ふさん）	不参加,不出席

文例3

【请考虑,例文中的粗体字部分,还有别的表达方法吗?】

场景说明

核心目的：客户母亲过世的吊唁函。

信函要点：忽闻客户母亲去世,特发此函表示哀悼。听闻其母去世,深感意外。我自身也是母亲早亡,因此每次去客户家中,得到其母热情招待,都感如同自己母亲一般,期望与其相见。听闻其母去世消息,已是葬礼之后,没能见上最后一面,深感遗憾。随寄奠仪,望供于灵前为盼。

思いもよらぬこのたびのご母堂様の① ご急逝の訃報に接し、大変驚いております。② 貴台をはじめご家族の皆様方のご落胆いかばかりかと、お察し申しあげます。

私自身も早くに母を亡くし、貴台のご自宅にお伺いするたびにご母堂様には温かいおもてなしとお言葉をいただき、まるで実の母と接しているような気持ちになり、いつもお会いできるのが楽しみでございました。

すぐにでもお参り申し上げるべきところ、あいにく訃報を耳に致し

① ご他界の由
② 貴台はじめご親族一同様には、さぞかしご悲嘆のことと拝察致します。

ましたのがご葬儀後でございました。最後のお別れを申しあげることができなかったことが、残念でなりません。

③ **ご香料を同封致しましたので**、ご霊前にお供えいただきたくお願い申しあげます。

心よりご冥福をお祈り申しあげます。

敬白

③ 別封は些少ですが

ビジネス用語	
急逝（きゅうせい）	突然去世，溘逝
訃報（ふほう）	讣告，讣闻
もてなし	款待，招待
耳にする（みみにする）	听闻
些少（さしょう）	些许，少许

重点例文の解釈

1. もとより

说明：意为"当然，固然，不待言"。

例句：

① 国内はもとより海外でも名高い。/国内自不必说，即使在海外也很有名。

② 英語はもとよりフランス語も話す。/英语就不用说了，法语也会说。

2. いかばかり

说明：意为"多么，如何"。

例句：

① 喜びはいかばかりだろう。/该是多么高兴。

② 彼女の悲しみはいかばかりであったろう。/她是多么地悲伤啊。

3. いたって

说明：意为"很，甚，极"。

例句：

① この冬はいたって寒い。/今年冬天很冷。

② いたって丈夫だ。/很健康。

4. 〜てならない

说明：意为"不得了，不由得"。

例句：

① 悲しくてならない。/不禁感到悲伤。

② そのように思えてならない。/不由得那样想。

5. あいにく

说明：意为"不巧，偏巧"。

第 42 課　お悔やみ状

例句：
① あいにくなことに旅行中で会えなかった。/偏巧正在旅行没能见着面。
② 運動会にはあいにくの雨だ。/对运动会来说，真是一场扫兴的雨。

常套表現

◆ 皆様方におかれましても落胆のこととお察し申し上げますが、どうか故人のご遺志を実現なされますよう心よりお祈り申し上げます。/想必诸位都非常沮丧,但是请大家能为实现故人的遗志而努力。

◆ 思い起こせば、○○先生には卒業後も大変お世話になり、いつかこのご恩をお返しせねばと思っていた矢先でございます。○年○月の○○会でもお言葉をかけていただき、お元気な姿を拝見したばかりで、とても信じられない気持ちでございます。/想起××老师在毕业后也给予我多方照顾,现在正是我想要回报恩德的时候。×年×月在××会上老师还与我交谈,非常健硕,因此至今还无法相信老师突然离世。

◆ 貴社元会長であられる御尊父様には　私どもも日頃より格別のご厚情を賜っておりましただけに　痛惜の念にたえません　/令尊作为贵公司原会长,平日里给予我们格外的关照,故甚感悲痛。

◆ 過日病院にお見舞いに伺った際には　ご容体芳しくお床払い間近と喜色満面でお答えくださいましたので　安堵の胸を撫で下ろしていた矢先のこと故　誠に無念このうえなく心痛の極みに存じます　/前几日去医院探望时,说是已身体恢复,已能下床,喜形于色,略感放心,不料却突然故去,心痛至极。

◆ 前途有望な青年で　当社の精鋭として未来を託せる若人でした　悔しさで胸がつまります　涙が止めどなく流れます　天の無慈悲に怒りさえ覚えます　/他是前途有望的年轻人,是我们公司的精英。故感懊悔万千,泪流不止,叹老天不公。

練習問題

1. 下記の空白を埋めなさい。

承りますれば○○○○様が昨夜ご逝去された（　1　）、あなた様のご痛恨のほど衷心からお（　2　）申し上げます。
　ご帰宅なさってから急にお（　3　）が悪くなられたとか寝食を共になさったご尊父様ご他界のお悲しみは（　4　）かとお察し申しあげます。
　どうか一日も早く、お悲しみがやわらぐ日の来ることを、お（　5　）申し上げますとともに、ご尊父様のご（　6　）を心よりお祈り申し上げます。心（　7　）のご香料、どうぞご霊前にお（　8　）ください。
　まずは、（　9　）書中をもちましてお悔やみ申し上げます。

（　10　）

2. 下記の文を中国語に訳しなさい。
（1）会者定離が世の常とは申せ、早すぎる運命の残酷さに慰めの言葉もございません。

（2）ご生前中は一方ならぬ世話になりましたのに、なんら報いることもできず、誠に心残りでなりません。

　（3）本来なら早速拝趨のうえお悔やみを申し上げ、またご焼香もさせていただかねばならないところですが、それもかなわず、誠に申し訳なく存じます。お許しください。

　（4）○○ご逝去で、さぞやかお力落としのことと存じますが、身体を壊さぬようご自愛賜りたくお願い申し上げます。

　（5）ご母堂さまは天寿をまっとうされ、おだやかにご永眠なされた由、貴台が一日も早く傷心から立ち直されることこそ何よりの手向けになると存じます。

3．下記の要点にそって、例文を作りなさい。

　（1）テーマなし。

　（2）相手の父がなくなったことを聞いて、びっくりした。

　（3）数日前入院したことを聞いたが、とてもなくなると思わなかった。そして先日訪ねたとき、釣りの話を語り合い、立派な魚拓も拝見したことを思い出すと、悲しみが沸いてくる。

　（4）残された家族のために、早く立ち直れることを願う。

第43課　礼　状

- **作成の目的**
  祝いや見舞いを受けたり、式典などに出席してもらったりした時に、作って出す文章である。
- **種類とフォーム**
  祝いや祝賀状に対する礼状と、見舞いや見舞状に対する礼状、あるいは贈り物や祝いの参加への礼状がある。
  いずれもなるべき早めに出す。頭語・結語など、手紙の形式に沿って書く。件名は不要のが普通。
- **書き方のポイント**
  ① お礼の気持ちを素直な言葉で表現する。決まり文句だけでなく、具体的な言葉がよい。② 理由を明確に、何のお礼かはっきりわかるようにする。③ 今後のお付き合いをより深めていきたい旨を伝える。④ 品物をもらった場合「お返しに」などの表現はしない。

文例1

【请确认以下例文中的写作重点】
场景说明

　　核心目的：获奖感谢信。
　　信函要点：此次本人获"友好贡献奖"，特发此函向给予我帮助的表示感谢，并再一次感谢当初应允参观对方大学。在中日两国关系向好，不断开展青年交流、教育交流和文化交流，且两国首脑实现互访，为亚洲乃至世界和平作出贡献的大背景下，本人只是做了份内之事，而此次获奖完全仰仗了团队及对方的帮助。今后将进一步专研，不辱此份荣光。

拝啓　厳冬のみぎり、ますますご清祥の由お慶び申し上げます。
　　本日はお祝いの電話をいただき、誠にありがとうございます。
　　この度は、小生如きの研究が「友好貢献賞」に顕彰されました事、光栄の極みと大変喜んでおります。① 現在の中日両国は、青年交流や教育交流、更には文化交流に至るまで、年を追うごとに深い絆を築き上げ、ついには両国のトップが互いの国を訪問し合うなど、近年では稀に見ない程の緊密な友好協力関係に至っております。この事はアジア、ひ

① 世間を述べ、受賞の背景を言及し、うれしい気持ちを示す。

② 受賞できたのは相手の助けと切り離せないという気持ちを示す。

③ 改めて相手から恩恵を受けたことを感謝することは、日本語習慣に合う。

④ 今後の深い親交を願う一言を入れる。

いては、世界の安定と繁栄を維持する上でも日に日に重要性を増しております。その中で、小生は成すべき事を成しただけではありますが、② 今回の表彰は日ごろ励ましてくださる尊台をはじめ、小生の仕事を常にフォローしてくれる同僚やスタッフの力のおかげだとありがたく思っております。③ この場を借りて、当時貴大学の見学のことを快諾いただき、また活気あふれた解説をしてきただきましたことに、改めてお礼申し上げます。

今後はこの表彰を心の糧として、またこの表彰の栄誉に恥じないように、さらに研鑽を積む所存です。④ これからも格別のご厚情、ご支援を賜りますよう、謹んでお願い申し上げます。

敬具

ビジネス用語	
小生（しょうせい）	小生，鄙人
如く（ごとく）	如；和……一样
顕彰（けんしょう）	表彰，表扬
極み（きわみ）	极限，顶点
日に日に（ひにひに）	日益，逐步
尊台（そんだい）	台端，尊右
フォロー	跟随；遵从
心の糧（こころのかて）	精神食粮
研鑽（けんさん）	钻研，研究

文例 2

【请指出并改正下列例文中的错误】

场景说明

　　核心目的：参加商品展览会的感谢函。

　　信函要点：对方前来参加我公司召开 10 年商品的展示会，并发言致词，特发此函表示感谢。今后我公司会努力创业，并希望能继续给予我们支持和指导。

① 何に対するお礼なのかわからない。書き換え例「ご多忙のところ、弊社の製品展示会にお越しいただき、」

拝啓　向春の候、貴社ますますご清栄のこととお喜び申し上げます。

　　さてこのたびは、ご多忙のところ、① ご厚情あふれるご祝詞と力強い励ましのお言葉を賜り、誠にありがとうございました。

　　弊社、創業 10 年の歩みを物語る全製品を展示させていただきましたが、ご感想はいかがなものでしょうか。これからも、少しでも皆様のお役に立つことができますよう、より一層の努力をしてまいりたいと存じます。

第43課　礼状

なにとぞ、旧に倍するご指導を賜りますよう、お願い申し上げます。
　さっそく② 直にお礼を申し上げるべきところでございますが、まずは略儀ながら書中をもってご挨拶申し上げます。

敬具

②「直に」という言い方が曖昧で、「参上して」と言い換えるべき。

ビジネス用語	
向春（こうしゅん）	初春
厚情（こうじょう）	深情厚谊
祝詞（しゅくし）	祝词
物語る（ものがたる）	讲述
旧に倍する（きゅうにばいする）	加倍

文例3

【请考虑，例文中的粗体字部分，还有别的表达方法吗？】
场景说明
　　核心目的：火灾问候的感谢函。
　　信函要点：我公司铃鹿工厂发生了火灾，对方发来了慰问，特发此函表示感谢并告知火情及灾后处理。由于火势蔓延不快，只是导致建筑物一部分烧毁，人员无伤亡。作业重启虽有一定难度，但是全体职员同心协力，定能处理妥当。另外，恳请对方能宽容数日，延后交货。

　謹啓　貴社ますますご盛業のこととお喜び申し上げます。
　このたび、弊社鈴鹿工場の火災に際しましては、ご多忙中にも関わらず、① 早速ご厚情あふれるお見舞いを賜りまして、誠にありがたく厚く御礼申し上げます。
　② 幸いにも火の回りが遅かったため、建物の一部を焼失するにとどまり、全員無事避難することができました。
　操業の再開にあたりましては多少の支障がございますが、全社一丸となって対処する所存でございます。皆様におかれましても、ご休心のほどお願い申し上げます。
　③ 商品の出荷等、貴社にはしばらくの間ご迷惑をおかけ致しますが、なにとぞご容赦いただきますようお願い申し上げます。
　まずは略儀ながら書面にて御礼かたがたご報告申し上げます。

敬白

① 早々に丁重なお見舞いとご救援を賜りまして
② つい先日行われた火災予防訓練のおかげでしょうか、初期消火作業が手際よく進み、当初心配していたより被害が少なく、1階の作業場と生産ラインの一部焼失だけですみました。
③ 貴社には、工場の生産ライン完全復旧まで緊急連絡などご不便おかけすることと存じますが、どうぞしばらくの間ご容赦ください。

ビジネス用語	
回り（まわり）	蔓延
焼失（しょうしつ）	烧毁

支障(ししょう)	障碍
一丸(いちがん)	一体
対処(たいしょ)	处理,应付
休心(きゅうしん)	放心,安心
手際よく(てぎわよく)	麻利地,迅速地
ライン	生产线
復旧(ふっきゅう)	修复,恢复

重点例文の解釈

1. 快諾(かいだく)

说明：意为"欣然允诺,慨允"。

例句：

① 彼はわたしの申し出を快諾した。/他欣然答应了我的请求。

② 原作者の快諾を得て日本語に訳して出版した。/著者欣然同意,译成日语出版了。

2. あふれる

说明：意为"充满,溢出"。

例句：

① 子どもたちは元気にあふれている。/孩子们生气勃勃。

② 彼の心は喜びにあふれている。/他心里充满了喜悦。

3. 旧に倍する(きゅうにばいする)

说明：意为"加倍"。

例句：

① 旧に倍するご愛顧をお願い致します。/请加倍照顾。

② 旧に倍するご支援をお願い申しあげます。/希望能比以前更加倍地给予我们支援。

4. 支障(ししょう)

说明：意为"障碍,故障"。

例句：

① 停電で工事に支障をきたす。/停电给工程带来障碍。

② 手術後もなんの支障もなく日常生活を営んでいる。/手术后也没有什么不便,照常生活。

5. 休心(きゅうしん)

说明：意为"安心,放心"。

例句：

① 一同元気ですから、なにとぞご休心ください。/全家都好,请安心。

② 全快致しましたので、なにとぞご休心ください。/我已痊愈,请放心。

常套表現

◆ おかげさまをもちまして、今週から出社し、職場にも復帰致しております。これもひとえに

皆様方のご厚情の賜物と、感謝申し上げます。今後とも、一層のご支援を賜りますよう、お願い申し上げます。/托您的福,本周开始就能复职,这完全有赖大家的深情厚谊,深表感谢。以后期望给予我更大的支持和协助。

◆ なお、出火原因ですが現在警察で捜査中でございます。弊社と致しましても一日も早く復旧できるよう最善の努力をしているところでございます。/现在正在查找起火原因,我公司也会为尽早修复而竭尽全力。

◆ 先般は、ご丁寧に快気祝いをいただき、誠にありがとうございました。また、このたびは、突然の入院で大変ご迷惑をおかけし、申し訳ございませんでした。/前些日子收到您探病的慰问,深表感谢。这次突然住院让您挂念了,实在抱歉。

◆ 本日はお忙しいところを私のためにお時間を頂戴し、ありがとうございました。具体的な業務内容についていろいろとお話を伺い、また、貴社の活気にあふれた雰囲気に触れることができましたことは、就職活動中の私にとって大変意義深いものになりました。/今天在百忙之中接待我,深表感谢。不仅听您讲述了很多业务上的具体问题,还体验了贵公司充满活力的工作气氛,这对于准备就职的我来说,意义非常深刻。

◆ 過日の御地への出張の際には、大変お世話になり、厚く御礼申し上げます。御地での新商品説明会が順調に進みましたのも、泉田様のご尽力のおかげであります。心より感謝致しております。/前些日子到贵地出差时,承蒙您无微不至地照顾,深表谢意。并且因为泉田先生您的帮助,在贵地举办的新品说明会才得以顺利开展,真是感激不尽。

練習問題

1. 下記の空白を埋めなさい。

（キャンペーン協力のお礼）

拝啓　時下（　1　）ご清栄のこととお喜び申し上げます。日頃は（　2　）のご配慮を賜り、心から御礼申し上げます。

　さて、このたびは、弊社が（　3　）いたしました「歳末キャンペーン」にご協力いただきまして、（　4　）にありがとうございました。おかげさまをもちまして、応募総数も（　5　）を超え、キャンペーンも大成功と（　6　）こと、あらためて御礼申し上げます。

　これも（　7　）皆様のご（　8　）の賜物です。今後とも、なにとぞご支援、ご指導の（　9　）よろしくお願い申し上げます。

　まずは（　10　）ながら、書中にて御礼申し上げます。

敬具

2. 下記の文をキーワードを使って訳しなさい。

（1）上次拜托（お願いする）您的"关于30岁女性的结婚意思调查资料（意識調査資料）",快速地（早々に）送达我方（送付）,深表谢意。

（2）由于您的帮助,我们能长时间学习观察（見学する）业界最先进（業界最先端）操作系统（作業システム）的运行情况,并加深了认识（理解を深める）。

（3）感谢您此次订购（注文）我公司新产品××，我们会迅速安排（早速手配する），保证货物在指定日期（指定の日時）一定到达（届ける）。

　（4）此次在我公司（私儀）代表董事长（代表取締役社長）就任之际（に際する），感谢您现场贺词（祝詞），并收到您的贵重礼品（結構なお品），我方深表谢意。

　（5）此次您在百忙中（お忙しいところ）帮我方引见（紹介）了客户，我们深表谢意。我们立即（早速）与对方联系，并于今日与公司××先生达成一致（話がまとまる），预备自9月份开始建立贸易关系（取引）。

3．下記の要点にそって、例文を作りなさい。

　（1）テーマなしで、セミナー主催してくれたことに礼状を書く。

　（2）当社が主催した「ブランド戦略セミナー」で講演を担当してくれたことに、感謝する。

　（3）講演の内容は豊かで、有益で、楽しかった。好評を得ている。

　（4）今日は講演料を指定の日本銀行松江支店口座に振り込んだので、査収することを願う。

　（5）いつか直接お礼に伺うつもりがある。また、今後も指導してくれることを願う。

練習問題の答え

第二章　取引上のビジネス文書

第３課　新規取引先紹介の依頼状

1
(1) かねないでおります→かねております
(2) ご紹介していただけますよう→ご紹介いただけますよう
(3) 同封していただきました→同封させていただきました
(4) に対し→により
(5) くださいまして→いただきまして

2
(1) なお、よろしければ、ご紹介のご名刺をいただきに参上いたしますので、ご連絡くださいますよう重ねてお願い申し上げます。
(2) 今後とも公私にわたりご厚情のほど、改めてお願い申し上げます。
(3) 山田営業部長とは、貴社のパーティの席上で名刺交換をしたことがあります。ただ、あまり深いお付き合いはありませんでした。
(4) はなはだ勝手なお願いではございますが、○○市お取引先をご紹介いただければ幸いに存じます。
(5) 近日中に、弊社担当職員を参上させますので、よろしくご引見のほどお願い申し上げます。

3　参考文例

取引先ご紹介のお願い

謹啓　時下ますますご清祥の段、お慶び申し上げます。日頃は大変お世話になっております。

過日はご多忙のところ、とても有意義なお話を拝聴させて頂き、改めてお礼申し上げます。

さて、突然のお願いで大変恐縮ですが、お話にありました○○○○株式会社、○○○取締役の○○○○○様を、ぜひお引き合せくださいますようお願い申し上げる次第です。ご紹介いただきました上は、当然のことながら決してご迷惑をお掛けするようなことは

致しません。その旨固くお誓い申し上げます。
　また、必要であれば即刻おうかがいしたく存じますので、お取り計らいのほどよろしくお願い致します。
　略儀ながら、まずは書中をもちましてご紹介のお願いを申し上げます。

謹白

第4課　取引先の紹介状

1

（1）兹介绍××房产公司的景山彻先生，请誉予接见为感。
（2）兹介绍经营研究所的桑原进先生，他是我多年的知交，想与您谈谈贵公司的五年计划。

2

（1）唐突ではございますが；突然ではございますが；突然では恐縮ですが…
（2）先般ご依頼を受けておりました／先般お申し越しいただきました。
（3）よろしくご引見、ご高配くださいますようお願い申し上げます。

3　参考例文

下請け企業の紹介

拝啓　寒冷の候、貴社ますますご清祥のこととお慶び申し上げます。平素よりご厚情、大変ありがたく存じます。
　さて、貴社におかれましては、新たに下請け業者をお探しとのご意向を拝承いたしましたので、ついては、当社と二十年来の取引があります〇〇株式会社をご紹介させていただきたいと存じます。
　同社は、プラスティック加工メーカーでは屈指の中堅企業であり、優れた技術を有し、業績を伸ばしております。貴社の〇〇の下請けとしては、まさに打ってつけと申せます。
　ご多用中恐れ入りますが、ご面談いただければ幸いです。
　取り急ぎご紹介かたがたお願いまで。

敬具

第5課　新規取引の申込み

1

（1）同封いたしますので、ご査収ください。
（2）ご一報いただければ幸いです。
（3）初めてお手紙を差し上げます。
（4）ご尊名を承りました。
（5）記載しております条件が貴意にかないましたら、なにとぞ弊社と新規お取り引き賜わりますよう、よろしくご高配のほどお願い申しあげます。
（6）ご高覧の上、ご回答を賜りたく、心よりお待ちしております。
（7）特約店として貴社のお力を賜りたく、ご協力お願い申し上げる次第です。

(8) 弊社の信用状況につきましては、○○社長にお問い合わせくださればご理解いただけるかと存じます。
(9) 直接参上して詳しくご説明させていただきたいと存じます。
(10) 県下随一の中堅会社。

2

(1) 唐突
(2) 参照/高覧
(3) 伺い/承り
(4) 幸甚
(5) 賜り

3　参考文例

外注加工の申し込み

拝啓　貴社いよいよご隆盛の由、なによりと存じます。
　さて、弊社はキッチン用換気扇の製造メーカーでございます。このたび、貴社とお付き合いのあるマルヤマ建築会社様よりご紹介いただき、定評のある貴社に、ぜひ別紙部材の加工をお願いいたしたく、申し入れさせていただきます。
　本件についてのお願いをかなえていただけるということになれば、ただちに弊社担当者を伺わせますので、お手数ではございますが、ご一報いただければ幸いです。
　なお、弊社の信用状況はマルヤマ建築会社様にお問い合わせくださされば幸いに存じます。ご検討のほどよろしくお願い申し上げます。

敬具

記

添付書類：加工する部材の明細　　一部

以上

第6課　申込みへの承諾状/辞退状

1

(1) 新規取引申し込みの件
(2) 拝復
(3) 申し込み/申し入れ
(4) ありがたくお礼を申し上げます
(5) 辞退
(6) おきましては
(7) 次第
(8) 悪しからず/事情をご賢察の上
(9) お詫びかたがたご返事

2
　(1) ③②④①
　(2) ④②①③
　(3) ②①④③
　(4) ①③②④
　(5) ④②①③

3　参考文例

販売特約店申し込みの件

拝復　初夏の候、貴社におかれましてはますます御盛業のこととお慶び申し上げます。

　さて、5月5日付け貴信により貴社新製品「売れ売れ寝具」の販売特約店の申し出をいただき、誠にありがとうございました。

　早速検討いたしましたが、はなはだ残念ながら貴意に添いかねる仕儀と相成りました。弊社では貴社と御同業である丸元家具会社と販売契約を結んでおり、寝台関連製品を取り扱っております。また当分の間、寝具関連製品販売部門を増設する予定もございません。

　せっかくのご厚意に反し、誠に申し訳ございませんが、何卒事情をご賢察の上、ご了承くださいますようお願い申し上げます。

　取り急ぎ書面にてお返事申し上げます。

敬具

第7課　新規取引先の信用状況の照会状

1
　(1) 特に興味があるのは製品の品質、一般的知名度及び同社が大量に生産し出荷する能力があるか否かということである。

　(2) ご繁忙中誠に恐縮ですが、上記商店について、経歴、営業状態、取引銀行、その他のご高見など、ご内報賜りたくお願い申し上げます。

　(3) 神戸のSH商社より最近当社に対して、同地においてパソコン関連製品の二次代理店になりたいとの申し入れがありました。貴行よりSH商社の財務及び営業状況につきご連絡いただければ幸いに存じます。

　(4) このたび弊社に華本電機株式会社から新規取引の申込みがございましたので、そのための事前調査でございます。

　(5) ご回答いただきました内容等につきましては極秘扱いに致しますので、ご安心ください。

2
　(1) このほど小社は〇〇会社に委託加工を依頼いたしたいでございます。

　(2) 大変恐縮ですが、同社の信用状態についてご内報賜りたく、本状にてお伺いする次

第です。
　（3）ご多忙中誠に恐縮ですが、同社に関して下記事項をお知らせくださいますよう、お願い申し上げます。
　（4）○○会社の信用状態につき、ご教示頂きたくご連絡させて頂きました。
　（5）○○等全く不案内なものですので、目下思案中の状態でございます。

3　参考文例

株式会社○○に関するご照会のお願い

拝啓　時下ますますご発展のこととお慶び申し上げます。平素は格別のお引き立てを賜り、厚くお礼申し上げます。
　さて、さっそくですが、御社とお取引がございます株式会社○○様の信用状態につき、私どもにご教示いただけませんでしょうか。
　このほど弊社では株式会社○○様より新規取引のお申込みを受けましたが、同社についての詳細がまったく不明のため、現在回答を控えさせていただいております。
　つきましては、甚だお手を煩わし恐縮でございますが、同社と長年のお取引がある貴社に、下記条項につきましてご教示いただれば幸いに存じます。差し障りのない範囲で結構ですので、ご高配賜りますようお願い申し上げます。
　なお、ご教示いただきました内容につきましては、秘密は厳守いたします。

敬具

記

1. 営業状態
2. 信用状態
3. その他のご高見
4. ご返信希望日：○○年5月10日（火）

以上

第8課　新製品の案内状

1

　（1）お引き立て　（2）たび　（3）併せて　（4）問い合わせ　（5）成功　（6）用命　（7）自負　（8）かねてより　（9）見込まれる　（10）引き続き

2

　（1）平素はひとかたならぬご愛顧を賜り
　（2）格別；一方ならぬ
　（3）かねがね；前もって
　（4）ご高覧いただければ幸いに存じます。

3

新製品「タッチデジカメ」発売のお知らせ（販売店へ）

拝啓　春陽の候、ますますご隆昌のこととお慶び申し上げます。日頃より、弊社製品の販

売につきましてご尽力をいただき厚くお礼申し上げます。

　さて、弊社では、かねてより「タッチデジカメ」の後継機種の開発を進めておりましたが、この度晴れて完成いたしました。

　新製品「タッチデジカメ」は、従来機種と比較して機能が大幅に強化され、また、デザインも精錬された考えておりますので、皆様方のご期待に十分添える製品となったと確信しております。

　つきましては、販売店の皆様におかれましては、新製品「タッチデジカメ」の販売にご協力を賜りますよう、よろしくお願い申し上げます。なお、後日営業担当により、詳細な製品説明をさせていただきたく存じますので、その際は、お時間をいただけましたら幸いです。

　まずは、書中をもちまして新製品「タッチデジカメ」の発売開始のご案内かたがたご挨拶を申し上げます。

敬具

記

添付書類
　1　「タッチデジカメ」カタログ　　　　　10部
　2　「タッチデジカメ」開発のあらまし　　10部

以上

第9課　新製品説明会の案内状

1

　（1）開催　（2）製品化/実用化　（3）メリット　（4）多忙　（5）勝手ながら　（6）広がった　（7）要望

2

　（1）一般公開に先立ち、特約店の皆様にいち早くご高覧いただきたく、新製品説明会を開催することになりました。
　（2）2年間の保証付きで、ユーザーのご要望に添えると確信しております。
　（3）ぜひこの機会にご来場いただき、ご高批いただければ幸いに存じます。
　（4）発表会では、実際に〇〇シリーズに触れ、その可能性をご確認いただきます。
　（5）お客様へのソリューションの提案にご活用いただきたく存じます。
　（6）今般販売を開始するナノテク新素材は、繊維1本1本にさまざまな機能性コーティングを施しました。

3　参考文例

新商品「SO223」発表展示のご案内

　拝啓　時下、ますますご清祥のこととお慶び申し上げます。日頃は格別のご厚情を賜り、誠にありがとうございます。

　さて、このたび当社では、かねてより開発を進めてまいりました営業支援システム

「SO223」が完成いたしました。従来の支援システム「SO200」に顧客管理機能を追加し、より強力に営業業務をサポート致します。
　つきましては一般販売に先立ちまして、下記のとおり特別デモンストレーションを行います。ご多忙中誠に恐縮ですが、ぜひご来場くださいますようお願い申し上げます。

敬具

記

1　日　時　　4月2日(火)　　午前10時～午後5時
2　場　所　　弊社1階ショールーム
　　　　　　　地下鉄銀座線　表参道駅下車　2番出口より徒歩2分
　　　　　　　電話　　03-3334-1234

以上

第10課　新規開店の挨拶状

1

（1）私こと、かねて念願致しておりました和紙専門店「雛形紙業」を下記により開店致しました。
（2）これもひとえに皆々様のご支援ご指導の賜物と心から感謝致しております。
（3）休業中は何かとご不便をお掛けしましたことを、心からお詫び申し上げます。
（4）今後、社員一同、心を新たにして皆様へのご奉仕に専念いたす所存でございます。
（5）今後は同支店を通じて迅速にご注文の品をお届けすることができますので、何卒従来にも増して一層のご用命、ご利用の程をお願い申しあげます。

2

（1）あの人は商売ではまだ駆け出しだ。
（2）ご自愛のほどせつにお祈りいたします。
（3）使いやすいようにその辞書にいろいろ工夫を凝らした。
（4）特価でご奉仕しております。
（5）お母様のお喜びもひとしおでしょう。
（6）とりわけ注意を払っている。

3　参考文例

新規開店のごあいさつ

拝啓　紅葉の美しい季節となりました。皆様にはますますご健勝のこととお慶び申し上げます。
　このたび子供服専門店「キッズメイト」を、下記の通りオープンすることとなりました。当店では、子供服を中心におもちゃやベビー用品など豊富に取り揃え、お手頃な価格で販売するほか、中古品の買い取りと販売も行ってまいります。

さらに、各種子供向けのイベントも随時企画しておりますので、ぜひお子様とご一緒にお出かけくださいますよう、スタッフ一同、心からお待ち申し上げます。

敬具

記

開店日時　00年10月14日（火）
　　　　　午前10時子供服専門店
店　主　　佐藤花子
住　所　　〒336-1234　和光市本町0-0-0（スーパーマルヤマ裏）
電　話　　048-000-0000
FAX　　　048-000-0000

以上

第11課　見積もりの依頼状

1

请求对丙烯纤维进行报价及寄送相关资料

敬启者　承蒙关照，深表谢意。
　　前些天，我们和用户对褐色丙烯纤维的样品进行了研究。这种纤维的质量、规格等都符合用户的要求，希望订购一万磅。
　　因此，请尽快传真报价一万磅数量的CFR价格，且寄送相关材料。

谨启

2

（1）購入する・買い入れる
（2）お手数をかける・お手数ですが
（3）下記の条件をもとに
（4）値段が高いような感じ
（5）言ってよこし
（6）ご考慮の上

3　参考文例

USBディスクの見積り依頼状

拝啓　歳末の候、貴社ますますご盛栄のこととお慶び申し上げます。
　　さて、このたび販売促進に使うUSBディスクを取り揃えるにあたり、貴社から購入したく存じます。
　　つきましては、下記の通り、よろしくお見積もりくださいますようお願い致します。
　　まずは、取り急ぎ見積もりご依頼申し上げます。

敬具

記

販促用 USB3.0ディスク32G　　　　5色×1,000個　　　5,000個
販促用 USB3.0ディスク印刷代(デザインは当社指定)　5,000個

特記条件：
① USBディスクに社名とロゴを印刷
② 箱無しで直接お客様に手渡し出来る状態で納品
③ 見積最終期限は12月末

以上

第12課　見積案内状

1

(1) 照会　(2) 早速　(3) かたがた　(4) 諸掛　(5) 確認　(6) 参照　(7) 取り消し
(8) 仮押さえ　(9) 要請　(10) 鑑み

2

(1) ご用命致します→ご用命くださいますよう
(2) くださいませ→お願い申し上げます。
(3) 届けましたら→届きましたら
(4) 請求→要請
(5) 用心→用命

3 参考文例

13型ワイド液晶ノートパソコンの見積状

拝復　立春の候、貴社ますますご繁栄のことをお慶び申し上げます。
　この度は3月20日付け貴信の見積依頼をいただき、ありがとうございました。ご要請の5つの条件を満たした機種で、下記の通りお見積り致しました。

メーカー：Modoru社
種　　別：13型ワイド液晶ノートパソコン
型　　番：Mnoto13wndof（詳細は添付資料をご確認ください）
　　　　　OS：Windows10　ビジネスソフト：Office2010
価　　格：6万円×100台＝600万円(修理時の代替え予備機として2台無料進呈します)
保　　障：メーカー3年保障(引取修理)

　また、納期は注文書をいただき、総代金の50％をいただいてから2週間となっております。残りの50％は納品後2週間以内にお願い致します。
　この見積の有効期間は12月末迄です。
　以上よろしくお願い致します。

敬具

記

Mnoto13wndofの紹介書類　　1通

以上

第13課　見積もりの辞退状

①
(1) コーヒーカップ見積もりご依頼の件
(2) 拝復
(3) ありがたくお礼申し上げます
(4) おきましては
(5) 達しました
(6) 申し上げる
(7) 添えず
(8) ご賢察の上

②
(1) ご希望の数量をご指定日までにすべて納入することは不可能との結論に達しました。
(2) 何卒ご容赦くださいますようお願い申し上げます。
(3) 如何なる方法でも貴社のご要望にお応えできないです。
(4) ご再考賜りますよう、お願い申し上げます。
(5) お申し越しの期日には到底間に合いません。
(6) 当社の資金繰りの上で大変な無理を生じる結果となります。

③

キッチンコック見積書ご辞退の件

拝復
　貴社いよいよご発展のこととお慶び申し上げます。平素は格別のご高配にあずかり、厚く御礼申し上げます。
　さて、13日づけ貴信13号にてご依頼を受けました、当社の製品キッチンコンロにつきましての見積書をご依頼いただき、ありがとうございます。
　ご了承の通り、弊社は販売システムは欧米並みの現金取引にて通してまいり、お取引先にもそのように願っている次第でございます。つきましては、貴社よりご要望の30日決済の約束手形という条件でございますが、検討の結果、弊社のシステムに添いかねますので、見積書をご辞退するほかない仕儀に至りました。
　せっかくお引き合いをいただきましたのに、このような回答を差し上げますこと、心苦しい限りでございますが、事情をご賢察のうえ、なにとぞご了解くださいますよう、伏してお願い申し上げます。
　まずは取り急ぎ、見積もり辞退のお詫びかたがたご連絡を申し上げます。

敬具

第14課　交渉状

1
 (1) 承知
 (2) ともなう
 (3) 高騰
 (4) 上昇
 (5) なんとか
 (6) 削減
 (7) 削減
 (8) あらゆる
 (9) いよいよ
 (10) 値上げ
 (11) 達し

2
支払い期日変更のお願い。

3 参考例文

納入済商品へのクレームの件

拝啓　貴社益々ご清栄のこととお喜び申し上げます。
　さて、新出発株式会社様へ既納入済の貴社製部品TS123にクレームがあったことはすでにご高承のことと存じます。
　10月14日付にて、新出発株式会社様側から厳しい抗議を受け、損害補償についての申し入れがありました。
　先方で行なわれた検査に合格し、製品に組み込まれ、市場に出回ってからのクレームですので、弊社は貴社及び弊社には責任のない旨主張してまいりましたが、今回はなはだ不本意ながら、無償でTS123を同数量再納入および損害補償として80万円を支払うという条件を受け入れざるを得なくなりました。
　貴社の信用を守り、且つ先方との取引を維持するためには上記手段を講ぜざるを得なかったと認識しております。
　つきましては、貴社におかれましても、誠に恐縮ですが何卒事情をご賢察願いたく存じます。損害補償について何分かのご協力を賜りますよう切にお願い致します。金額の分担の詳細については、後日改めて貴社と話し合いの場を設けさせていただきたく存じます。
　取り急ぎ経緯のご報告及びお願いを申し上げます。

敬具

第 15 課　契約書

①
(1) 買主
(2) 締結する
(3) 売り渡し
(4) 買い受ける
(5) 残代金
(6) 引渡
(7) 変更
(8) 瑕疵
(9) 帰する
(10) 証する

②
(1) 甲の納品時に引き換えとして残金250万円を支払う。
(2) 甲は本件物品納入の際、必ず、乙の立会検査を受けるものとする。
(3) 翌月末日払いで現金にて代金を支払う。
(4) 本契約期間は、本契約日から満3年間とする。
(5) 乙は本件店舗を甲の許可なしに改装・模様替等行ってはならない。

③
加盟店契約書

(株)紅丸商事(以下「甲」という)と(有)chai店(以下、「乙」という)は、甲が展開する旨い居酒屋について、下記のとおり加盟店契約を締結する。

第1条　(出店場所)
　　　　乙は、次の場所に店舗を置き営業を行う。
　　　　店舗名　　　旨い居酒屋　渋谷店
　　　　所在地　　　東京都渋谷区○○1-2-3

第2条　(加盟金)
　　　　乙は、本加盟店契約により、甲に対し次の加盟金を支払うものとする。なお、当該加盟金は如何なる場合においても返却はしない。
　　　　加盟金￥1,000,000(消費税は別途)

第3条　(ロイヤリティー)
　　　　乙は、毎月1日から月末までの売上高に対して、16％を乗じた金額(100円未満の端数は切捨て)を、ロイヤリティーとして甲に支払うものとする。

(中略)

第8条　(食材・種類の仕入)
　　　　食材・種類については、甲の仕様書によるメニューを安定的に提供するため

に、甲又は甲の指定する業者から継続的に仕入れるものとする。
（中略）
第20条　（契約期間）
　　　　　本契約の有効期間は、〇〇年〇月〇日から〇〇年〇月〇日までの3年とする。なお、契約期間満了3ヶ月までに、甲又は乙から解約の申し出がない場合は、更に3年延長するものとし、以降も同様とする。
　　　　　この契約を証するために、甲乙それぞれ記名押印の上、各1通を所持するものとする。

〇〇年3月8日

　　　　　　　　　　　　　　　　　甲　（株）紅丸商事　㊞
　　　　　　　　　　　　　　　　　乙　（有）chai店　　㊞

第16課　注文状

1

(1) 先般と同様の条件にて追加注文をお願い申し上げます。
(2) このたびはお見積書をご送付いただき、ありがとうございます。貴社のお見積書に従いまして、下記のとおりご注文申し上げます。
(3) このたび大量注文でございますが、指定数量が揃わないときは、可能数量だけをお願いします。
(4) 総注文数50台の注文規模をご勘案いただき、1台当たりの単価を、貴社規定の購入価格より、さらに5％ダウンしていただきたくご依頼申し上げます。
(5) 遅くとも4月8日までには当店に着荷しますよう、重ねてお願い申し上げます。

2

注文取消のお願い

3

　　　　　　　　　　　什器注文の件

前略　このたびは什器カタログをお送りいただき、ありがとうございました。また、見本も、貴社の大田営業所にて拝見いたしました。色が落ち着いていて顧客の好みに十分こたえられるものと確信いたしました。
　早速ですが、下記のとおりご注文させていただきますので、10月14日までに当方へ到着しますようご発送をお願い致します。
　つきましては、品代金として金345,000円を本日、大信銀行豊橋支店を経て、第一銀行名古屋中央支店の貴店口座宛てに振り込みましたので、よろしくお取り計らいのほどお願い申し上げます。

　　　　　　　　　　　　　　　　　　　　　　　　　　　　　　　　草々

　　　　　　　　　　　　　　　記

1. カタログ26ページ　応接テーブル　MF-210　3脚
2. カタログ212ページ　電話台　TF-8R　2脚
　　　　　　　　　　　色　ローズウッド

以上

第17課　確認状

1

(1) 多くの
(2) 再度確認する
(3) 折り返し返事する
(4) 納入していただければ助かる
(5) 意見
(6) 計画どおり

2

(1) 確認
(2) 注文
(3) 改めて
(4) 手配
(5) 相違
(6) 手数
(7) 連絡
(8) 申し上げます
(9) 草々
(10) 納品日

3

　　　　　　　　　　ご依頼内容の確認について

拝啓　貴社ますます御隆昌のこととお慶び申し上げます。平素は格別のご厚誼にあずかり、厚く御礼申し上げます。
　さて、早速ではございますが、10月1日に佐藤初様より、お電話にてご依頼いただきました内容につきましてご確認賜りたく、本状を差し上げた次第でございます。
　下記の内容にて、相違点またはご不明な点などがございましたら、お手数ではございますが、ご一報いただきたくお願い申し上げます。
　今後とも末永くお引き立てくださいますようお願い申し上げます。
　略儀失礼ながら、書面にてご依頼内容の確認まで申し上げます。

敬具

記

業務内容　社員ボーナスの統計や計算（契約業務以外の作業は別途料金発生）
締切　　　○○年11月22日（期日厳守）
報酬単価　5万円（諸経費は除く）
支払い　　当月20日締め、翌月10日払い

以上

第18課　支払方法・信用状（L/C）

1

（1）信用状修正済みのご連絡
（2）貴社いよいよご隆盛のこととお喜び申し上げます
（3）済み
（4）増額する
（5）船積み/出荷

2

○○会社御中

○○会社

前略
　3月11日と21日付で双方が二回成約したので、半月以内貴社からの信用状が当社に到着し、当社は5月はじめに引き渡すことになりました。それからすでに1ヶ月近くになりましたが、理由がわかりませんが、信用状は本日になってもまだ到着していません。船積期日が近づいてきますが、当方納期通りにお引渡ししたいと存じますので、本信ご一覧後直ちに信用状をご開設くださるようにお願い申し上げます。
　まずは、取り急ぎお願いかたがたご連絡まで。

草々

3　参考文例

信用状訂正の通知状

拝啓　歳末の候、貴社にはますますご繁栄のこととお喜び申し上げます。
　さて、12月3日付貴社34号信用状によりますと、トランシップメントは認められないと規定されております。もし直行船が多いのであればよいのですが、最近年末が迫る原因で、積み出せる船は「クジラ丸」のみである上に、貨物が殺到するため、スペースがなかなか取れません。したがって、信用状を積替え許容に訂正いただけないでしょうか。そうしていただかないと、どうしても荷渡しが遅れてしまい、契約期日には間に合わなくなる懸念がありますので、本日ファックスにて上記の事情をお伝え致しました。どうぞよろしくお願い申し上げます。
　まずは、信用状訂正のお願いまで。

敬具

第 19 課　支払いの請求状

1

（1）貴社の帳簿とご照合のうえ、6月15日までに下記口座までお振込みくださいますようお願い申し上げます。

（2）○○年度の上半期決算時期を迎えるにあたりまして、現在の貴社売掛金の合計は別紙請求書の通りとなっております。

（3）以後の分につきましては、来期にご請求させていただきます。

（4）約束手形を貴社振り出しにて4月11日に拝領致しました。

（5）この不況の折から、貴社からのご入金がありませんと資金繰りにも支障をきたすこととなり、困却しております。

2

（1）以降の分につきましては来月分に繰り越しとさせていただきます。

（2）お手数ですが売上計算書作成の上、9月10日までに所定の方法にてお支払いくださいますようお願い申し上げます。

（3）当社にとってはこの未払いは経営を左右するほどの額ですので、至急お支払いくださるようお願い致します。

（4）本年も例年どおり、貴店お仕入れ勘定を、12月15日をもって締め切らせていただきます。つきましては、別紙計算書を同封致しましたので、至急ご照合の上、本月30日までにご送金のほど、よろしくお願い申し上げます。

（5）同封の別紙請求書ご覧の上、万一、違算などがございましたらご一報のほどお願い申し上げます。

3　参考文例

契約破棄による違約金の請求状

拝啓　貴社益々ご隆昌のことと、お喜び申し上げます。

　さて、当社は貴社に対し、ネットワークサーバー10台をリースする契約を○○年5月1日に締結し現在も貴社にリース中です。

　しかしながら、○○年10月以降、当社からの再三の請求にもかかわらず、毎月のリース料である金40万円の支払が滞っています。

　つきましては、契約書第5条の解除事由に該当するため、本書面をもって、契約を解除するとともに、リースした商品の返還と違約金の支払を請求致します。

　別紙の通り請求書を同封致しましたので、折り返しご送金のほどお願い申し上げます。

敬具

第 20 課　送入金関連通知状

1

（1）小切手

(2) 発注
(3) 査収
(4) 折り返し
(5) 送金

2

入金→送金
完了されました→完了致しました
ご通知になります→ご通知申し上げます
ご確認させていただきましたら→ご確認いただきましたら
とりあえず→取り急ぎ

3 参考例文

入金のご通知とお願い

謹啓　貴社いよいよご繁栄のこととお慶び申し上げます。平素は格別のご厚情を賜り、深謝申し上げます。

　さて、去る8月16日に納品致しました商品代金につきまして、本日確かに受領致しました。誠にありがとうございます。折り返し領収書をご返送致しますのでご査収くださいますようお願い致します。

　なお、ご送金いただく際に15時以降のご送金手続きですと、今回のように弊社への入金日付が翌日扱いとなってしまいます。大変恐縮ですが、次回分から15時までにはご送金願いたく、よろしくお願い申し上げます。

　今後とも変わらぬご用命を賜りますようお願い申し上げます。

　まずは取り急ぎご通知とお願いまで。

謹白

記

領収書　1通

以上

第21課　支払いの督促状

1

(1) 倘若在本函寄出的同时,贵公司也刚好付清货款,那还请予以谅解。
(2) 考虑到贵公司以往的惠顾,我们才给予了最大的通融,正因为如此,我们才倍感遗憾。
(3) 再次为款项去函,请将上次的垫款迅速归还。
(4) 切盼明察实情,速速寄款,结清账目。
(5) 上次去函所托之事,不知当下情况如何,敬候回音。

2

代金支払の督促→代金のお支払について

お送りいただきました→お送り申し上げました
きっと→おそらく
帳簿整理上→帳簿整理上の事情もありますので
早速→至急
もし→なお

3 参考文例

手付金お振り込みの件

拝啓　貴社ますますご清栄のこととお慶び申し上げます。

　さて、4月1日ご注文の品は、ご指定期日までに納品できるよう、早速準備を整えました。

　つきましては、4月4日のお打ち合わせでご承諾いただきましたように、ご注文と同時に手付金として代金の10％をお振り込みいただきたく存じますが、いかがなりましたでしょうか。

　再度改めてお伝えしますが、当社ではご注文と同時に手付金として代金の10％をお振り込みいただくシステムを採用しております。

　なお、本状と行き違いに既にお振り込みいただいているときは、ご無礼を悪しからずご容赦ください。

　以上、取り急ぎお願いまで。

敬具

第22課　包装に関するビジネス文書

1

(1) 唛头
(2) 运货板
(3) 叉车
(4) 预约、订舱
(5) 防水
(6) 透明包装
(7) 加固纸箱
(8) 发票
(9) 泡沫苯乙烯
(10) 集装箱

2

(1) 破損
(2) 拝読
(3) 取り扱って

（4）荷造り
　（5）生じて
　（6）にあたっては
　（7）指定
　（8）応じた
　（9）積み替え
　（10）いま一度

3　参考文例

包装についてのお願い

前略　8月16日付貴ファックスで貴社が当社のタブレットPC30台の発注をアクセプトしていただくことを知りました。近日中に貴社へ発注確認書をお送りします。

　包装の件については、ご存知のように、タブレットPCの一部の部品は振動による破損の恐れがあります。必ず海上運送用の木箱で包装してくださるようお願い致します。また、光沢のある金属部品には潤滑油を塗り、途中で湿気を受けないようにし、さらに、気候が変わりやすい状況のもとで、この種の潤滑油が溶けて、流失することのないように十分ご配慮ください。

　上記の説明で十分お分かりいただけたことと存じますが、どうか引渡し荷物に問題が生じないよう十分ご配慮のことを、お願い申し上げます。

草々

第23課　積み出しに関するビジネス文書

1

（1）为了买家的方便，想分2个发货港。最初的一批在广州，第二、三批都在黄浦。
（2）因为该货在××转船，我们要求联运提单。
（3）我们要求贵方寄送已装船，空白抬头清洁提单一式3份。
（4）由于舱位不足，××丸轮仅装了4月批次的一半。
（5）昨天我们电告，请允许分批交货，即×套在合同期内交货，其余×套在×月份交货。

2

（1）船積期日
（2）カーゴレディ（Cargo Ready）
（3）バラ積みコンテナ
（4）沖待ち
（5）航空貨物運送状／エア・ウェイビル（air waybill/AWB）
（6）積載重量
（7）デマレージ
（8）混載／積み合わせ

（9）コンテナ・ターミナル
　　（10）デッドフレート（dead freight）

③ 参考文例

船積み書類のご送付について

前略　用件のみ申し上げます。
　契約確認書 KUN/2345 の第1回目の品物計5トン、100箱は、本月16日富士丸に積み出されて、20日神戸港に到着しましたが、今に至っても、貴社より船積み書類の英文インボイス、パッキングリスト、B/L副本などを入手していません。そのために、当社はファックスまたは電話で三回に渡って督促申し上げましたが、なんらのご返事もなかったです。以上の書類が届かなければ、通関手続きができませんから、これ以上遅れることのないように、速やかに船積み書類を送っていただきたいです。
　取り急ぎ、事情のお知らせかたがたお願いまで。

草々

第24課　出荷・着荷の通知状

①

A. 年末年始休業期間
B. ご通知/お知らせ
C. 営業を開始する運びと相成りました
D. 並々ならぬご尽力とご支援の賜物
E. に当たっては
F. 多大のご指導、ご高配を賜わり
G. 着荷致しました
H. 全品異常なく
I. 間違いなく
J. ご査収くださいますよう

②

（1）平素は格別のご愛顧を賜わり、厚く御礼申し上げます。
（2）電話番号も変更となりますので、誠にお手数ですが、お手元の名簿等を変更していただきたくお願い申し上げます。
（3）請求書をご査収の上、誠に恐れ入りますが、ご契約通り5月31日（金）までに下記の口座にお振込みくださいますようお願い申し上げます。
（4）移転を機に、社員一同一層業務に専心し、皆様にご奉仕申し上げたいと存じております。
（5）このたび弊社におきましては、サービスの質的向上を図るために営業部を改組し、これに伴う責任者を任命することになりました。

3 参考文例

着荷と現品違いのご通知

拝啓
　陽春の候、貴社におかれましては益々ご清栄のこととお慶び申し上げます。
　さて、3月5日付で注文番号[No. M1245]を受領し、受け入れ検査を行った結果、弊社の注文品「HI369」に対し「HS369」が納品されております。納品明細を確認したところ品名は、「HI369」となっておりますので、速やかに正規品をご送付ください。
　なお、現品は、本日発送元である静岡工場へ返送致しました。
　取り急ぎ、現品違いのご通知まで。

敬具

第25課　保険に関するビジネス文書

1

（1）请告知是否对上述货品投保。
（2）我方会投保此险种，但是费用须由贵公司承担。
（3）贵公司如果同意5％的费用率的话，请传真告知详细装船货物信息。
（4）一旦收到保险公司的凭证，我方马上会寄给贵公司。
（5）如果是FOB和CFR价，则由买方投保。

2

（1）お知らせ
（2）希望
（3）申し上げます
（4）割増
（5）料率
（6）破損保険
（7）参照
（8）同意
（9）保険証券
（10）早急に

3 参考文例

荷揚げ不足による損害賠償について

拝復　貴社ますますご繁盛のこととお喜び申し上げます。平素は格別のお引き立てを賜り、厚く御礼申し上げます。
　さて、中国軽工業品進出口公司が大阪に輸出した30ケースの子供服について申し上げます。この貨物が青島に船積出荷され、20○○年8月2日仕向け地に到着した際、1ケースの中身が1ダース不足していることを発見しました。これは「大阪港の損失証明」に基

づき、船会社としての貴社が当然責任を負うべきものであります。

われわれは上記貨物の保険者として、すでにこの損害に対し荷受人 RMB2,500 を賠償しましたので、何卒至急われわれに同一金額を償還くださるようお願いします。

以上書面にてご通知まで。

敬具

第 26 課　代理の申入れや依頼

1

（1）できれば、当社は中国の日本におけるハンカチの総代理になりたいですが、御社のお考えではいかがかと、腹蔵のないご意見をお聞かせくだされば幸いと存じます。

（2）豊富な経験と深い人脈を持ち、上海におけるこの分野での実力ある会社として社会に認められております。

（3）御社が日本シルク服業界のトップクラスに位置されることは、以前から承知していましたが、残念ながら連絡先がわからず、ずっと取引するチャンスがありませんでした。

（4）御社は上海にシルク服装製品のエージェントがあるでしょうか。もし、まだ無いようでしたら、唐突ですが、当社には御社のシルク服装の上海単独エージェントになる意向がございます。

（5）ここで遺憾ながらお知らせ致しますが、今年12月31日をもって当社の電気製品が対九州地区での販売を停止することになりました。このような決定をしなければならないのは、過去三年間にわたり、九州のマーケットがすでに飽和状態となり、当社の電気製品は同地域への輸出数量が衰退しつづけ、会社経営コスト面から考え、そうせざるを得ませんでした。

2

（1）弊社は、日本における貴社製品、○○の販売に非常に関心を有しております。

（2）すでに3年以上にわたり研究を続けてきましたので、かなりの認識を保有しているからです。

（3）貴社が東北地方では食品販売の大手商社で、多数の加工商品の販売に大きな成功を成し遂げられたことを以前から伺っております。

（4）詳しい提案を差し上げますから、ご意向をお知らせください。

（5）その理由と致しましては、弊社におきましてはアフター・サービスのための機能が十分確立されておりますからです。

3　参考文例

販売に関する提案の件

拝啓

20○○年3月10日及び4月10日付貴社書簡落手致しました。有難う御座います。

日本が工作機械産業の分野に於いて極めて進歩しているので、弊社と致しましても日

本に於ける弊社製品数値制御装置の販売に大いに興味あるところであります。
　当社は、貴社が日本でこの種の製品の信頼のおけるディストリビューターである事を知っておりますので、試用期間としてまず2年間、貴社を我々の独占ディストリビューターとして取引致したい所存であります。しかしサービスが行き届き、多量の注文を得る事が出来た時には更に2年の延長を考慮致したく存じます。
　ここに当社製品のカタログ、価格表及び仕様書を同封致します。
　尚、別便にて既に我々の署名済の販売契約書を送付申し上げておりますが、同契約書にカウンターサインをしたコピー1部を御返送下さるようお願い申し上げます。
敬具

第27課　抗議状

1

(1) 返送
(2) 送付
(3) 判明
(4) 異なり
(5) さまざま
(6) 心配
(7) このまま
(8) 返品
(9) 折り返し
(10) 厳重

2

(1) ご注文に関してですが、記載額に誤記がありましたので、ご報告致します。
(2) これについては、確かに申し上げたつもりでおりますが、弊社のご説明が不十分であったためと思われ、ここに深くお詫び申し上げます。
(3) このような不良品の混入は、今年はすでに4回もございますので、貴社の検品体制には、甚だ疑問を抱かざるを得ません。
(4) 今後同様の不備があれば、貴社とのお取引を見直すことにもなりかねませんので、十分ご注意くださいますよう、併せてお願い致します。
(5) 申すまでもなく同商品は、販売時期を逃せばまったく無用の物となりますので、ご確認のうえ、早急にご配送くださいますよう、お願い申し上げます。

3 参考例文

弊社ロゴ無断使用警告について

拝啓　春暖の候、ますますご盛栄のこととお喜び申し上げます。
　先日、弊社ロゴが貴社ホームページにおいて無断使用されている件について、使用中止

を求める警告文書を送付致しましたが、いまだに掲載されており、誠に遺憾であり、改めてここに強く抗議する次第でございます。

　弊社としましては、貴社から全く誠意あるご回答がなく、警告を無視しているこの状況に対し、このまま見過ごすことはできません。よって、貴社が掲載を中止しない場合、法的手段を検討せざるを得ませんので、ここにお知らせ申し上げます。

　まずは、取り急ぎ書面にてお願い申し上げます。

敬具

第28課　弁解状・反駁状

1

(1) 前略
(2) 納得・承諾
(3) 儀・旨
(4) 不良
(5) 合っていない
(6) 合致
(7) 督促
(8) 告知
(9) 検収
(10) を提起します

2

(1) 支払い遅延の件につき、次の如くご釈明させていただきます。
(2) 貴我双方の長期にわたる友好的関係に鑑み、損害額を双方にて折半負担することを提案致します。
(3) 貴方の一方的解約に遭って、当方は大きな損失を被りました。
(4) 事故の原因につきまして今一度詳細にお調べいただきたくお願い致します。
(5) 損失賠償のご請求には納得しかねますので、ご諒承願います。

3 参考文例

ご指摘について

拝復　時下ますますご清祥の段、お喜び申し上げます。平素は弊社商品「ふりかけ」を御愛顧いただき、厚く御礼申し上げます。

　さて、4月19日付の貴書を正に拝読致しましたところ、大変驚き入り、早速お返事差し上げた次第でございます。

　ご指摘の内容は、「以前に比べ品質が落ちたので、価格から1割値引して欲しい」とのことでございますが、そのようなお申し出を了承することはできかねます。

　商品の製造にあたりましては、原材料の吟味・生産・パッケージ封入に至るまで何段

階にもわたって品質のチェックを重ねており、特に商品の風味を一定に保つための品質管理には細心の注意を払っております。
　つきましては、客観的な根拠をご提示いただけない限り、このたびのご要望は承諾しかねますので、あしからずご了承くださいますようお願い申し上げます。

敬具

第29課　お詫び状

1

(1) 誤送
(2) 賜りました/いただきました
(3) 誤って
(4) 改めて
(5) 厳重
(6) 同様
(7) 容赦
(8) 手数
(9) 返送
(10) かたがた

2

(1) 調査いただきました→調査いたしました
(2) 発送あげました→発送申し上げました
(3) ご注意くださいます→注意いたします
(4) 優遇させてください→優遇してくださっている
(5) お応えになり→お応えし

3 参考文例

請求金額誤算のお詫び

謹啓　平素は一方ならぬお引き立てにあずかり、誠にありがとうございます。
　さて、7月26日付で貴社へお送り致しました弊社請求書に誤りがあるとのご連絡をいただきました。早速調べましたところ、担当者の納品伝票の計算ミスによるものであることがわかりました。御社に大変ご迷惑をおかけし、衷心よりお詫び致します。
　本日、正しい請求書をお送り致しましたので、ご査収のほどよろしくお願い申し上げます。
　なお、今後は同じミスを繰り返さないよう徹底致しますので、なにとぞお許しくださいますようお願い申し上げます。
　まずは、取り急ぎ書中をもちましてお詫び申し上げます。

謹白

第三章　社内文書

第30課　始末書

1

(1) 心より反省しております
(2) 固く誓います
(3) 心からお詫び申し上げます
(4) 注意することを誓います
(5) 会社の決定に

2

(1) 電話の連絡も不可能な状態が生じたわけです。
(2) 無断欠勤をし、○○商事との取引に支障をきたしてしまいました。
(3) 印刷ミスにより、会社に対して多大な損害を与えてしまいました。
(4) 調査した結果、下記の通りの原因が判明いたしました。
(5) このような事態を二度と起こさぬよう注意することを誓います。

3

始末書

　私は業務中に業務と関係の無いホームページを閲覧し、IT部門から警告を三回受けた後、インターネット接続不可とされてしまいました。一回目の警告以降、ホームページは一度も見ていなかった為にIT部門に抗議した所、私のパソコンからウイルスが発見されました。これにより、インターネットへの接続は可能となりましたが、私が原因でウイルスが社内に広がり、IT部門に迷惑を掛けてしまいました。
　今後、業務外のホームページを閲覧しない事はもちろん、ウイルス対策を徹底致します。この度は誠に申し訳ございませんでした。

以上

第31課　報告書

1

(1) 報告書
(2) 結果
(3) 達成
(4) 購入
(5) 先着
(6) 考えられる
(7) 維持
(8) 図り

(9) 拡大
(10) 添付

2

(1) 当社「DVDプレーヤー」についてのクレームがありましたので、ご報告します。

(2) 私の不注意によりかような事故が起こし、会社に多大な迷惑と甚大な損害を与えましたことは、お詫びを申し上げようもなく、深く反省するばかりでございます。

(3) 売上低下は、自社のみの原因によるものとは考えにくく、来期も今期同様、売上の向上は望み薄なので、販売品目、価格設定などを抜本的に見直す必要がある。

(4) このほど、地方企業が国際経済に参入するための方法というテーマの研修会に参加致しましたので、下記の通り報告します。

(5) 去る○月○日から2週間、青森・岩手・山形の東北3県の特約店(8店)へ、販売促進のために出張しましたので、下記の通り報告します。

3

○○新製品の販売促進キャンペーン会議出席報告書

題記の会議に出席致しましたので、下記の通り結果をご報告致します。

記

《日時》 ○○年4月3日(火) 10:30～12:50
《場所》 本社3階、第1会議室
《出席者》 営業部長、同部課長
　　　　　販売部部長、同部課長
　　　　　営業企画室室長、同室室員
　　　　　合計6名
《テーマ》新製品○○の販売戦略
《経過》
　1. 営業企画室室長から、新製品のキャンペーン企画案の内容の概要紹介と、売上目標の説明あり。
　2. キャンペーン企画案の個々の内容の説明が、営業部課長より詳しく行われた。
　3. 販売部部長から、キャンペーンの実施案についての質問。商品特性との違和感が指摘された。
　4. 予算、期間等について討論。
《決定事項》
　1. キャンペーンは、5月10日から3週間とする。
　2. 期間中の土、日曜日は店内の海産物商品コーナーでは○○新製品による試食サービスを実施する。
　3. キャンペーン実施店は5月3日までに決定する。

以上

第32課　掲示文

1

(1) 図る　　開き
(2) つく　　参加
(3) お誘い
(4) 確認　　防災
(5) 未経験　大

2

(1) 今年は特に女子社員からのリクエストによって〇〇温泉へ行くこととなりました。
(2) 〇〇のこれからの展開と〇〇の需要動向を察知するための資料として各部に回覧致しますので、ご活用ください。
(3) この度、安全衛生委員会では、職場の安全衛生の向上を目的として、安全意識を高揚させる標語を募集することとします。
(4) 下記の日程で、管理職を対象とした管理能力養成研修を実施致します。部課長級の皆さんは、スケジュールを調整の上、必ずご参加ください。
(5) 電力不足のため、以下の省エネ対策の徹底を図り、更なるご協力をお願いします。

3

早期退職者の募集

人件費削減の一環として、早期退職者を100名募集致します。
応募資格：
以下の3つすべてを満たす必要が有ります。
① 20〇〇年3月31日までに満40才を超えている事
② 勤続年数が1年以上である事
③ 組合員（課長より下の職位）である事
早期退職条件：
（勤続年数＋16）×基本給　分の早期退職金支給
〈例〉勤続18年で基本給が25万円の場合
　　　（18＋16）×25＝850万円
希望者は3月31日までに直属上司に申し出を行ってください。
応募者が100名を越えた場合、希望に添えない可能性が有ります。

以上

第33課　回覧文

1

(1) お知らせ
(2) 新入社員

(3) 歓迎会
(4) 交流
(5) 一層
(6) 出欠
(7) 連絡
(8) 以上

2 Aに Bが Cで Dとして Eに Fを Gで Hを Iと

3 参考文例

回覧

訃　報

　人事部人事課長林　一郎様には、5月4日15時12分、享年38歳にて交通事故のため急逝されました。誠に痛恨の念にたえません。
　通夜、葬儀、告別式は下記のとおり執り行なわれます。ご冥福を心よりお祈り申し上げますとともに、生前親しかった方、お世話になった方は、できる限りご弔問、ご会葬くださいますよう、お願い致します。

記

- 通　　夜　　　5月10日　18時より
  　　　　　　　場所：ご自宅（○○区○○番地○○号）
- 葬儀告別式　　5月11日　8時～10時
  　　　　　　　場所：松山寺（○○区○○番地○○号）
- 喪　　主　　　林　直子　様（夫人）

以上

第34課　通知文

1

(1) 停電になる理由がわからないと、不便になると感じる。
訂正例：本社の電気設備点検のため、停電となります。
(2) 電源を切らないとどうなるかをはっきりするべき。
訂正例：パソコンはちゃんと切ってください。電源が入っている状態でブレーカーを落とすと、精密機器の破損、データの消失などにつながる恐れがあります。

2

(1) 今年度の健康診断を下記のとおり実施しますので、対象者は、日程を調整して必ず受診してください。
(2) 当社就業規則第6条により○年○月○日で定年退職となりますのでお知らせします。

（3）来る8月1日より、広島西営業所の改修工事にともない、しばらくの間広島支店内に移転・仮設営業します。

（4）新種のウィルスが、ネット上で猛威を振るっています。感染すると自動的にファイルの破壊、ネットワーク接続の妨害などが行われます。

（5）各営業所は過去2年間の製品別販売実績を持参して会議に参加してください。

3 参考文例

社内忘年会のご案内

　年の瀬も押し迫ってまいりまして、師走のあわただしい中、日々の業務も大変だとは思いますが、いよいよ忘年会シーズンです。恒例の忘年会を下記のとおり行いますので、全員参加していただきますようよろしくお願い致します。

記

- 日　時　12月26日（金）　18：00　～　22：00（一次会）
  　　　　　　　　　　　　22：00　～　25：00（二次会）
- 場　所　花咲きレストラン　　電話　〇〇〇-〇〇〇-〇〇〇〇
  　　　　（二次会会場は決定次第お知らせします）
- 会　費　8,000円
- その他　参加不可能な方は12月23日までに総務課まで申し出てください。

以上

第35課　案内文

1

(1) 利用
(2) 厚生施設
(3) 風呂
(4) あり
(5) 資格
(6) 家族
(7) お問い合わせください。
(8) 先着
(9) 内線
(10) 以上

2

(1) 時間に余裕がある方はぜひ足を運んでみてください。
(2) 社員同士の親睦を深めるためにも、旅へと出かけてみませんか。
(3) これまでの感謝と今後のご活躍を祈念するために、下記の通り送別会を開催します。

(4) 新製品の展示のほか、最新技術や業界の動向についてのセミナーもあります。
(5) 当社のイメージにふさわしい、魅力あるネーミングを期待しております。

3 参考文例

クリスマスパーティーのご案内

毎年恒例の社内クリスマスパーティーを12月25日の午後7時から開催致します。
立食パーティー形式で、レセプション終了後の午後8時からは入退場とも自由です。
社員であればどなたでも参加でき、参加は自由となっておりますが、社長から優秀社員の表彰を受ける方で、ご本人が出られない場合は必ず代理人を指定して下さい。
また、参加者全員が漏れなく貰えるクリスマスプレゼント抽選会が午後9時から有ります。参加資格は午後9時時点で会場にいる方となっておりますので、ご注意ください。

以上

第36課　照会文

1
(1) について
(2) 特急で
(3) 報告
(4) 受け付ける
(5) 行いたい

2
(1) 来年度からの女性社員ユニフォーム変更に際して、それぞれ貴課の必要着数をお知らせください。
(2) 先日提出された販売実績報告書の、下記の点について疑義がありますので、今月末までにご回答お願いいたします。
(3) 社名・ロゴ変更のため、新しい名刺を発注することになりますので、各部署ごとに一人あたりの必要枚数をお知らせ願います。
(4) 株主会で配るギフトセットをつくるため、当社製品の在庫状況をお知らせください。
(5) 至急で恐縮ですが、下記について調査してくださいますようお願い致します。

3 参考文例

OA機器の使用状況について（照会）

このたび社内OA機器の整備・補修にあたり、各部署における使用状況を調査しますので、下記の事項につきご回答願います。

記

1. OA機器の使用状況
(1) 複合機　カラー

（2）複合機　モノクロ
（3）パソコン　デスクトップタイプ
（4）パソコン　ノートタイプ
（5）ファクシミリ
（6）その他　具体的機種
2．増設希望OA機器
【メーカー、製品名、台数】
なお、回答は、別添の回答用紙に記入願います。

以上

第37課　回答文

1

（1）就6月9日询函中内容，有关销售业绩的增减理由，和对销售业绩不平衡的改善，现答复如附页。
（2）就上述事宜如毫无印象或不明之处，请询问下述人员。
（3）2月19日询函中询问的本科一个月的邮件发送以及邮票使用情况，作如下答复。
（4）销售出现减退的理由之一，是每年3月学生春假而导致营业额减少10%。
（5）作为改善方案，现在考虑使用发传单和广告投放，今后还可研究以邮件告知销售活动，以及符合地区的新策划等方法。

2

（1）売上が前月比、前年同月比で著しく落ち込んでいる理由について
（2）周辺地域の都市開発により、新規ショッピングセンターが進出。
（3）ご依頼のあった以下の点についてお答えいたします。

3　参考文例

在庫処分について（回答）

〇〇年3月25日付で照会がありました標記について、回答致します。

記

1．去年の冬物については、バーゲンセールの実施を検討中。5月中旬に実施する予定。
2．去年の春物については、すぐに4割で在庫処分を実施する決定。
3．その他の在庫については、取引先である〇〇商事へ販売済みです。

以上

第38課　依頼文

1

（1）お願い
（2）いただき
（3）申し上げます。

(4) 伝え

(5) ところ

(6) 執筆

(7) 若手

(8) 締め切り

(9) 問い合わせ

(10) 以上

2

(1) このたび、情報システムの変更にともないまして、社内講習会を行うこととなりました。

(2) 新入社員の研修のために、工場見学を実施させていただきたく存じます。

(3) 保険は来る10月1日に満期になります。つきましては、例年同様、下記により部員の継続手続きの取りまとめをよろしくお願い申し上げます。

(4) 自動コーヒーメーカーにあたり、社員の皆様の意見をまとめたいと思いますので、下記アンケートへのご協力をお願い致します。

(5) 主任研修として、新しい製造ラインの説明をしてほしいとの要望があがっていますので、貴課より講師を派遣いただきたく、お願い致します。

3 参考文例

書類提出のお願い

次年度の予算計画作成のため、以下の資料が必要となりますので提出を、お願いいたします。

不明な点がありましたら企画課までお問合せください。

記

1. 資料名　　　　20〇〇年度備品購入計画書
   　　　　　　　（購入比較書添付のこと）
2. 提出期限　　　20〇〇年1月30日
3. 問合せ先　　　企画課 鍋嶋（内線0024）

以上

第四章　社交・儀礼上のビジネス文書

第39課　招待状

1

(1) 会社創立記念祝賀会へのお招き

(2) 候

(3) お喜び

(4) ひとえに

　　(5) 深く感謝致しております

　　(6) 下記の通り

　　(7) 多用中

　　(8) なにとぞご来臨賜りますようお願い申し上げます

　　(9) ご案内申し上げます

　　(10) なお、お手数ながら

②
　　(1) 新工場操業式に引き続き、ささやかな小宴を催したく存じます。

　　(2) 本状にて○名様まで入場できますので、どうぞお誘い合わせの上にぎにぎしくご参集ください。

　　(3) ○○パーティーにおきまして、貴殿に乾杯の音頭をおとりいただければたいへんあり難く存じ上げます。

　　(4) これは、ひとえに市政府当局並びに日中双方の各部門、関係各位の格別のご支援の賜物であります。

　　(5) なお、お手数ですが同封のはがきにて諾否のほどを○月○日までにお知らせくださいますれば幸甚に存じます。

③ 参考文例

開店5周年記念謝恩パーティーへのご招待

　拝啓　秋冷の心地よい季節、皆様にはますますご清祥のこととお慶び申し上げます。平素は当店を御利用いただき御厚情のほど、心より御礼申し上げます。

　　さて、当店はお陰様にて、来る○○年10月を持ちまして開店5周年を迎えます。創業以来の多事多難を乗り越えることができましたのも、ひとえに皆様のご贔屓とご支援の賜物と深く感謝申し上げます。

　　つきましては、開店5周年を記念して、特にご愛顧いただいております方々をペアでお招きし、心ばかりのパーティーを催したく存じます。

　　ご繁忙の折、大変恐縮ではございますが、何とぞ繰り合わせの上、ご来臨の栄を賜りますようお願い申し上げる次第でございます。

　　当日は、○○によるステージ、有名店の本場イタリア料理、ソムリエによるセレクトワインなど、皆様にお楽しみいただける趣向を多数ご用意して、お待ち申し上げておりますので、心ゆくまでおくつろぎいただき、楽しいひとときをお過ごしいただければ幸いに存じます。

　　なお、誠にお手数とは存じますが、ご来場の際は、同封のご招待券を受付にてご提示くださいますようお願い申し上げます。

敬具

第40課　祝賀状

1
(1) ○○百貨店○○店ご開業の由承ります、ご同慶の至り、衷心より祝意を表します。
(2) ○○センター設立の朗報に接し、欣快の至り、誠におめでたくお祝い申し上げます。
(3) ご要職に就かれ、順調なスタートを切られ、ますますのご成功、ご発展を祈り上げます。
(4) 貴社○○工場○○製造ライン新設竣工、操業開始とのこと、慶賀申し上げます。
(5) 貴我双方の協力、合作が更なる発展を遂げることを期待致します。

2
(1) 御社が新会社をご設立の由、誠におめでとう存じます。
(2) これまで蓄積された知識やノウハウを活かされ、存分にご活躍されますようお祈り申し上げます。
(3) かような形で高く評価されましたことは、喜ばしい限りでございます。
(4) このほど貴社におかれましては、めでたく創立25周年をお迎えになられます由、ご同慶の至りに存じ上げます。
(5) 当日は、謹んで列席させていただき、親しくご祝詞を申し上げたいと存じます。

3

株式上場のお祝い

拝啓　盛夏の候、いよいよご清栄のこととお喜び申し上げます。平素は格別のお引き立てをいただき、厚く御礼申し上げます。
　さて、このたび貴社におかれましては、20○○年7月10日付で東京証券取引所市場第一部に上場の由、心よりお祝い申し上げます。これもひとえに、佐藤様をはじめ社員の皆様の弛まぬ努力が実を結ばれたものと、深く感服致しております。
　これを機に、貴社がさらなるご発展を遂げられますよう、ご祈念申し上げます。
　なお、お祝いの気持ちをこめまして、心ばかりの品を送らせていただきました。お納めいただければ幸いです。
　まずは略儀ながら、書中をもってお祝い申しあげます。
敬具

第41課　お見舞い状

1
(1) 急啓
(2) とのこと
(3) お見舞い申し上げます
(4) お力添え
(5) お申し付けください

(6) まずは、取り急ぎ書中をもってお見舞い申し上げます
(7) 草々

②
(1) 祈られます→お祈り致します
(2) いただいていた→させていただいていた
(3) お申しください→お申し付けください/おっしゃってください
(4) ご養生いたし→ご養生なさり
(5) お見舞い致します→お見舞い申し上げます。

③ 参考文例
急啓　このたびは貴社事務所が盗難に遭われた由、謹んでお見舞い申し上げます。
　　日頃から万全の保安管理を行っておられた貴社にとりまして、誠に予期せぬ事態に皆様のご心痛もいかばかりかとお察し申し上げます。
　　社員の皆様にもおけががなかったとはいえ、さぞかし驚かれ、ご不安なことと存じます。皆様にはご心労のこととお察し致しますが、くれぐれもお力落としなきよう心からお祈り申し上げます。
　　なお、私どもでお役に立てることがございましたら、何なりとお申し付けください。
　　まずは、取り急ぎ書面にてお見舞い申し上げます。
　　　　　　　　　　　　　　　　　　　　　　　　　　　　　　　　　　　　　草々

第42課　お悔やみ状

①
(1) 由
(2) 悔やみ
(3) 具合
(4) いかばかり/いかほど
(5) 祈り
(6) 冥福
(7) ばかり
(8) 供え
(9) 取り急ぎ
(10) 合掌

②
(1) 虽说会者定离是人世之常，但过早地离开我们，实在令人深感命运之残酷，简直无法用语言来安慰。
(2) 生前，我们一直深受他的照顾，无以回报，实感愧疚。
(3) 本应速去吊唁，表示哀悼，并在灵前奉香祈祷，然而未能如愿，深感内疚，敬请谅解。

(4) 想必您一定因××的谢世而悲痛万分,请节哀保重。
　(5) 令堂享有如此高寿而安详长眠,您应节哀保重,早日从悲痛中振作起来。

3 参考文例

　ご尊父様には突然のご逝去の由、まことに驚き入りました。
　数日前、ご入院とうかがいましたが、よもや悲報に接するとは思いもよりませんでした。
　ご家族の皆様にはさぞご心痛のこととお察し致します。
　つい先ごろおうかがいした折、ご趣味の釣りのお話を朗らかに語っていらっしゃったこと、ご立派な魚拓を拝見したことなどがいまさらに懐かしく思い出されて、新たな悲しみが沸いてまいります。
　しかしながら残されたご家族のためにも、どうかお気を強くもたれ、一日も早く立ち直られますよう願ってやみません。心よりお悔やみを申し上げ、謹んでご尊父様のご冥福をお祈り申し上げます。

合掌

第43課　礼　状

1

　(1) ますます
　(2) 格別
　(3) 企画
　(4) 誠
　(5) 目標
　(6) なりました
　(7) ひとえに
　(8) 協力
　(9) ほど
　(10) 略儀

2

　(1) 先般お願い致しました「30代女性の結婚に関する意識調査資料」を早々にご送付いただきまして誠にありがとうございます。
　(2) おかげさまで、業界最先端の作業システムを長時間にわたり見学させていただき、大いに理解を深めることができました。
　(3) このたびは弊社新製品○○をご注文いただき、誠にありがとうございます。早速手配させていただき、ご指定の日時には必ずお届けできるように致します。
　(4) このたび私儀代表取締役社長就任に際しましては、さっそく過分なるご祝詞を頂戴したうえ、大変結構なお品までお贈りくださいまして、まことにありがとうございます。

（5）このたびはお忙しいところ、取引先ご紹介の労をおとりくださいまして、まことにありがとうございます。さっそく、本日株式会社〇〇様にお会いしたところ、9月よりお取引させていただくということで話がまとまりました。

3 参考文例

拝啓　晩秋の候、ますます御健勝のこととお慶び申し上げます。

　先日はご多用の中、弊社主催の「ブランド戦略セミナー」でのご講演を賜わりましてありがとうございました。非常に内容の豊か、有益な楽しいご講演で、弊社でも好評を得ております。改めて御礼申し上げます。

　つきましては、本日ご指定の日本銀行松江支店口座にご講演料を振り込ませていただきましたので、ご査収くださいますようお願い申し上げます。

　今後とも、ご指導のほどよろしくお願い申し上げます。

　日を改めまして、お礼に参上致す所存でございますが、まずは書中をもってお礼申し上げます。

敬具

附　録

よく使う　ビジネス用語集

あ		
愛顧	あいこ	目をかけてひいきにすること、引き立てること。
甘んじて	あまんじて	不満でもよしとすること。
遺憾	いかん	思ったようにならず残念であること、心残りなこと。
委託	いたく	他の人や会社に頼んで代わりにしてもらうこと、他に頼んでまかせること。
一身上	いっしんじょう	自分の身に関すること。
異動	いどう	地位・勤務などが変わること、主に人事の動きを表す。
遺漏	いろう	そそう。もれがあること。
引見	いんけん	目上の人を呼び寄せて対面すること、引接。
請書	うけしょ	承知・保証する旨を記した書類、うけがき、承諾書。
英気を養う	えいきをやしなう	能力を十分発揮できるように、事に備えて休養を取ること。
栄光	えいこう	大きな名誉。
永年	えいねん	永い年月。「長年」と同じ意味。
追討ち	おいうち	弱っているものにさらに打撃を与えること、転じて、窮地に立っている者を更に困らせること。
お心置	おこころおき	頭に入れておく、覚悟しておく、遠慮。
折合い	おりあい	相手の要求を敬って述べる言い方、妥協。
折り入って	おりいって	特に心を込めて。じっくりと。
御地	おんち	相手の住む土地の尊称。「貴地」と同じ意味。
か		
賀詞	がし	目をかけてひいきにすること。
格別	かくべつ	普通とは違うこと。程度がはなはだしいこと。

かたがた		ついでに、～をかねてという意味。
刮目	かつもく	思ったようにならず残念であること。
過般	かはん	先ごろ、先般。
勘案	かんあん	色々と考え合わせること。
鑑みる	かんがみる	先例や手本に照らして考える。
感服	かんぷく	感心して敬うこと。「敬服」とも。
疑義	ぎぎ	内容に対して疑問に思うこと。「～を差し挟む」。
貴台	きだい	相手を敬って述べる言い方。「高台、尊台」とも。
休心	きゅうしん	安心すること。
急逝	きゅうせい	急に亡くなること。
共栄	きょうえい	一緒に栄えること。
教示	きょうじ	知識・方法などを教えしめすこと。
教導	きょうどう	教え導くこと。
苦境	くきょう	苦しい立場。苦しい境遇。
愚察	ぐさつ	自分の推察をへりくだって述べる言い方。
苦衷	くちゅう	言葉に表せない苦しい胸のうち。
苦慮	くりょ	苦心してあれこれと考えること。考え悩むこと。
慶祝	けいしゅく	よろこび祝うこと。
敬白	けいはく	頭語「謹啓」に対応する結語。
決裁	けっさい	部下の差し出した案の採否を、長が決めること。
賢察	けんさつ	相手の推察を敬う表現。お察し。
研鑽	けんさん	磨いて研ぎ澄ますこと。
健勝	けんしょう	健康にすぐれ、元気なこと。すこやか。
堅調	けんちょう	堅実な調子。調子が上がり気味なこと。
好感触	こうかんしょく	良い印象のこと。
交誼	こうぎ	親しく付き合うこと。よしみ。
高誼	こうぎ	目上の人から受ける、深い思いやり。
厚誼	こうぎ	非常に親しく付き合うこと。
厚志	こうし	相手の好意、親切な気持ち。
高承	こうしょう	承諾を意味する尊敬語。
厚情	こうじょう	思いやりが深いこと。

幸甚	こうじん	非常にありがたく、幸せに思うこと。
高配	こうはい	相手の配慮を意味する尊敬語。
高批	こうひ	相手を敬って、その批評や批判をいう語。
高覧	こうらん	相手を敬って、その人が見ることをいう語。
沽券	こけん	人前で保ちたい品位や体面のこと。「〜にかかわる」。
懇願	こんがん	誠意を込めてお願いすること。
懇情	こんじょう	心のこもった親切な心配りのこと。
懇篤	こんとく	丁寧で、心がこもっているさま。
今般	こんぱん	このたび、今回、と同じ意味。

さ

再興	さいこう	復興すること。再びやり直すこと。
催告	さいこく	債務者に対して債務の履行を求めるなど、相手方に対して一定の行為をするように請求すること。
在世中	ざいせちゅう	この世にいらした間
指値	さしね	客が売買の値段を指定すること。また、客が指定した値段。
査収	さしゅう	了解のうえで申し入れを受け止めること。
参画	さんかく	政策・事業などの計画に加わること。
慚愧	ざんき	反省し恥じ入ること。「〜に堪えない」。
自愛	じあい	自分の体を大切にすること。
至極	しごく	非常に
次第	しだい	というわけ、という意味。順序のこと。
辞退	じたい	他人の勧めや与えられた権利などを受けられないとして引き下がること。
示談	じだん	民事上の紛争を、裁判によらずに当事者間の話し合いで解決すること。
謝意	しゃい	感謝の心、謝罪心
重責	じゅうせき	重大な責任。「〜を担う」
周知徹底	しゅうちてってい	くまなく多くの人に知れ渡ること。
修養	しゅうよう	学問をおさめ徳性を養って、人格を高めるように努力すること。
祝詞	しゅくし	祝いの言葉。「祝辞」とも。
遵守	じゅんしゅ	法律・規則・教えなどに従い、それをよく守ること。

小社	しょうしゃ	自分の会社をへりくだっていう語。「弊社」とも。
精進	しょうじん	一つのことに心を打ち込んで励むこと。
小康	しょうこう	病気の悪化がとまり、ややよい状態で落ち着いていること。
笑納	しょうのう	謙遜して、笑って納めてくださいとの意味。
処遇	しょぐう	ある人に対し、ふさわしい地位・職務などの扱いをすること。「～を受ける」。
所存	しょぞん	心に思っていること。考え。
深謝	しんしゃ	深く感謝するか深くお詫びする。
尽瘁	じんすい	労苦をいとわず、疲れ果てるまで全力を尽くすこと。尽力とも。
進退	しんたい	とどまることとやめること。
親展	しんてん	名宛人自身が開封して読んでほしい意で、封書の宛名のわきに記す語。親披。直披（じきひ）。
親睦	しんぼく	親しみ合うこと。
清栄	せいえい	相手の健康と繁栄を祝う挨拶のことば。「御～の段」。
逝去	せいきょ	「死ぬ」の敬語
清祥	せいしょう	相手が健康で幸せに暮らしていることを祝うあいさつのことば。「御～の段」。
誠心誠意	せいしんせいい	まごころをもって、偽りのない気持ち。真心。
精励	せいれい	精を出して努め励むこと。「～恪勤（かつきん）」。
積年	せきねん	積もり積もった年月。長い年月。多年。
尊名	そんめい	他人を敬って、その氏名をいう語。芳名。
た		
大慶	たいけい	大きな喜びのこと。
卓越	たくえつ	ぬきんでてすぐれていること。
多幸	たこう	たくさんの幸せ。
多事	たじ	事件などが多くて世の中がおだやかでないこと。
賜物	たまもの	他者から受けた恩恵。
懲戒	ちょうかい	懲らしめることと戒めること。
衷心	ちゅうしん	心の奥底。
痛惜	つうせき	非常に悲しみ惜しむこと。
丁重	ていちょう	扱いなどが礼儀正しく心がこもって手厚いこと。

顛末	てんまつ	できごとの最初から最後までの一部始終。
当該	とうがい	そのことに関係のあること。
同慶	どうけい	同じように喜ばしいこと。
頓挫	とんざ	勢いが途中で急に弱くなること。

な

なおざり		おろそか、いい加減
捺印	なついん	印鑑を押すこと。押印。「署名〜」。
並々ならぬ	なみなみならぬ	普通ではないようす。
難渋	なんじゅう	物事がスムーズに運ばないこと。

は

倍旧	ばいきゅう	程度が以前より倍ぐらいに大きいこと。以前にも増して、という意味。
拝察	はいさつ	推察することをへりくだっていう語。
拝承	はいしょう	聞くこと、承知することをへりくだっていう語。
拝聴	はいちょう	聞くことをへりくだっていう語。つつしんで聞くこと。
拝復	はいふく	手紙文で、返信の冒頭に書く語。復啓。敬復。
拍車(がかかる)	はくしゃ	物事の進行が早まること。
抜本的	ばっぽんてき	根本からさかのぼること。
万障	ばんしょう	いろいろのさしさわり。あらゆる差し支え。
反駁	はんばく	他人の意見や批判に反対して論じ返すこと。反論。
販路	はんろ	商品を販売するルート。
引き立て	ひきたて	特に目をかけてひいきにすること。
引き回し	ひきまわし	あれこれと指導して世話をすること。
一方ならぬ	ひとかたならぬ	普通の程度ではないこと。大変に。
疲労困憊	ひろうこんぱい	ひどく疲れること。
不祥事	ふしょうじ	好ましくない出来事。
復興	ふっこう	一度衰えたものが再び盛んな状態に戻ること。
訃報	ふほう	人が死去したという知らせ。訃音ふいん。
奮って	ふるって	進んで、積極的に。
平素	へいそ	常日頃。普段。
弁解	べんかい	言い訳をすること。

鞭撻	べんたつ	努力するように強く励ますこと。
弁明	べんめい	自分のしたことを説明すること。言い開き。言い訳。
報恩	ほうおん	恩に報いること。恩返し。
芳志	ほうし	相手を敬って、その親切な心づかいをいう語。芳情。芳心。「～を賜る」。
報奨	ほうしょう	勤労や努力に報い、さらに奨励すること。

ま

邁進	まいしん	元気よく目的にまっしぐらに進むこと。
まずは		何はともあれ、とりあえず。
末筆	まっぴつ	手紙などの末尾に書きしるす文句。「～ながら皆さまによろしく」。
冥福	めいふく	死後の幸福。
申し越し	もうしこし	言ってよこすこと。

や

薬石	やくせき	種々の薬剤と治療法。
融通	ゆうずう	金などをやり繰りして貸し借りること。
勇退	ゆうたい	潔く官職をやめること。行進に道を譲るために職を辞めること。
猶予	ゆうよ	実行の期日を延ばすこと。また、期日の延期を認めること。
融和	ゆうわ	打ち解けて仲良くすること。
容赦	ようしゃ	広い心で許すこと。
用命	ようめい	用事を言いつけること。商品などを注文すること。
要用	ようよう	さしあたって必要なこと。大事な用事。

ら

来駕	らいが	相手が来てくれることを敬っていう言い方。
来臨	らいりん	相手を敬って、その人がある場所へ来ることをいう。
落成	らくせい	建設工事が完成すること。
履行	りこう	契約・とり決めたことを実際に行うこと。
略儀	りゃくぎ	省略したやり方。略式。
隆昌	りゅうしょう	盛んなこと。栄えること。隆盛。
隆盛	りゅうせい	勢いが盛んなこと。
老朽化	ろうきゅうか	古くなって使い物にならなくなること。